Carlo Maria Martini

INCONTRO AL SIGNORE RISORTO

Il cuore dello spirito cristiano

a cura di *Giuliano Vigini*

SAN PAOLO

Piazza Soncino, 5 – 20092 Cinisello Balsamo (MI)
www.edizionisanpaolo.it
Distribuzione: Diffusione San Paolo s.r.l.
C.so Regina margherita, 2 – 10153 Torino

ISBN 978-88-215-6450-5

PRESENTAZIONE

di *Giuliano Vigini*

Ritratto di un vescovo

Negli oltre vent'anni del suo episcopato milanese (1980-2002), la figura del Cardinale Martini si è imposta per l'autorevolezza e il timbro del suo magistero spirituale ed etico. Egli è stato il vescovo di una "Chiesa in cammino", che ha saputo accompagnare nella fatica di cercare, ascoltare, educare. Cercare: cioè prendere continuamente coscienza delle realtà e dei problemi, senza mai dare nulla per definitivo o per scontato. Ascoltare: le domande della fede, le inquietudini della ricerca, i silenzi dell'indifferenza, i drammi quotidiani della vita. Educare: imparare a scoprire insieme il piano di Dio per l'uomo e il modo in cui tradurre nella vita i valori del vangelo.

Nel guidare questa "Chiesa in cammino", Martini ha seguito la strategia dei piccoli passi, preoccupandosi quindi non della velocità del procedere, ma della perseveranza nel camminare, avendo cura di svolgere bene ogni giorno il compito affidato. Con un suo caratteristico stile pastorale e umano: schivo, austero, di poche parole, controllato, senza enfasi. Non cercava di far presa usando parole altisonanti o ad effetto, che colpiscono la mente ma non toccano il cuore; cercava, al contrario, di attirare con la forza delle idee, trasmesse in modo sobrio e naturale, con i termini più adatti alle circostanze. Un linguaggio essenziale e diretto, che ha contribuito in modo determinante a rendere familiare la sua figura, creando nei fedeli e nell'opinione pubblica un grande impatto comunicativo.

Nella sua attività di predicazione – testimoniata da un imponente numero di scritti, di diversa natura e destinazione (lettere pastorali, interventi e omelie, esercizi spirituali, discorsi alla città, lettere di Natale alle famiglie, ecc.) –, la riflessione del vescovo si è imposta innanzitutto per la sua forte impronta spirituale. Già dalle prime lettere pastorali – *La dimensione contemplativa della vita* (1980), *In principio la Parola* (1981) e «*Attirerò tutti a me*» (1982) – il solco del cammino che il vescovo intendeva proporre risultava chiaro nei suoi indirizzi fondamentali. Egli non si preoccupava, in primo luogo, delle cose da fare, ma del modo d'essere della sua comunità. Né gli importava gestire in prima persona la complessa «macchina» della più grande diocesi del mondo, quanto piuttosto individuare le idee e i momenti attraverso i quali proiettare la sua Chiesa in un itinerario di maturazione e rinnovamento.

Così, non senza sorpresa per una metropoli frenetica ed efficientista come Milano, Martini poneva subito al centro il primato di Dio, il bisogno di silenzio e preghiera, l'eucaristia come condizioni preliminari per ritrovare se stessi e fare un'autentica esperienza di fede. Solo, infatti, una comunità cristiana capace ogni volta di «ripartire da Dio», il «Padre di tutti»; di tenere lo sguardo fisso al Signore, vigilante nell'attesa e nella speranza (*Sto alla porta*, 1992); di vivere in preghiera il suo anelito alla santità, si mette in grado di far risplendere Cristo e irradiare con gioia la luce del vangelo. È sul fondamento di questa ricerca spirituale che si sono direttamente impiantati i piani pastorali relativi all'evangelizzazione e alla testimonianza missionaria (*Partenza da Emmaus*, 1983; *Ripartire da Emmaus*, 1991) e alla carità come programma di vita (*Farsi prossimo*, 1985). Più in generale, però, si può dire che tutta la predicazione di Martini abbia assunto un rilievo caratteristico e profondo proprio a partire dalla sua forte connotazione di spiritualità in progress, che spesso ha anche la freschezza e l'intensità della preghiera vissuta.

Strettamente intrecciato alla dimensione spirituale è il discorso sull'educazione, sviluppato da Martini da un punto di vista teologico (*Dio educa il suo popolo*, 1987), formativo in senso stretto (*Itinerari educativi*, 1988) e pastorale (*Educare ancora*, 1989). Un tema complesso e delicato che non si è esaurito peraltro in questa trilogia di scritti, ma è diventato un leitmotiv di tutta quanta la sua predicazione. Nella costante tensione e passione educativa di Martini si può cogliere soprattutto lo sforzo di aiutare i giovani a scoprire la loro identità e a dare un senso alla loro vita, imparando l'esercizio del «discernimento»: termine frequente nel suo vocabolario per indicare la capacità di identificare i valori e gli atteggiamenti che conducono a scelte libere e responsabili e, più specificamente, la capacità di riconoscere la propria vocazione e rispondere alla chiamata di Dio. Da qui la particolare attenzione riservata alla catechesi e alla pastorale giovanile, additate come uno dei compiti inderogabili e prioritari della Chiesa. Il vescovo, però, ha insistito molto anche sull'educazione degli adulti, creando apposite «scuole» di formazione (al lavoro pastorale e all'impegno socio-politico); sull'aggiornamento del clero e dei fedeli; sul ruolo educativo della famiglia e della scuola. In pratica, ha posto tutta la sua diocesi in stato di educazione permanente.

Alla dimensione educativa è riconducibile la stessa analisi del fenomeno comunicativo fatta da Martini sul piano interpersonale, ecclesiale e sociale. *Effatà, apriti* (1990) e *Il lembo del mantello* (1991) – lettera sul ruolo e l'uso dei mass media che ha avuto una vasta risonanza – sono da considerare in tale ottica una riflessione importante, non solo come contributo al dibattito generale sulla comunicazione e sui suoi effetti, ma soprattutto sui luoghi e i momenti attraverso i quali si arriva a stabilire un vero rapporto comunicativo. È un tema su cui Martini è tornato più volte, considerando l'educazione al comunicare uno degli obiettivi essenziali della convivenza tra le persone, i gruppi sociali, i vari ambiti della Chiesa stessa, e alla quale occorre pertanto allenarsi con quotidiana costanza.

Negli scritti di Martini sono numerosi i passi in cui egli si è confessato a cuore aperto sulla missione del vescovo e sul ministero sacerdotale in una grande città. Egli si è domandato come e con quale stile tradurre tanti programmi, proposte e suggestioni in gesti pastorali efficaci e durevoli. Così come non ha mancato poi di verificare il lavoro compiuto: se ciò che è stato fatto ha corrisposto alle attese, quanto restava da fare nei singoli ambiti, che sviluppi hanno avuto gli impegni assunti e le numerose iniziative lanciate nel corso degli anni: come la Scuola della Parola (1980), il Convegno eucaristico nazionale (1983), i grandi convegni sui «Catechisti testimoni» (1984) e sul «Farsi prossimo» (1986), la Cattedra dei non credenti (1987), l'Assemblea di Sichem (1989), il Gruppo Samuele (1990) e il Sinodo diocesano (1993-1995).

Se Martini ha ripensato di continuo al modo d'essere Chiesa della sua comunità, è stato anche attento al proprio modo di farsi presente alla città e di agire in essa per trasformarla alla luce del vangelo. Ipotizzando anche un modello di città, da edificare assieme a tutti coloro che si mettono alla ricerca di valori comuni: vale a dire una città aperta al sacro, viva negli ideali, animata da una forte tensione etica; una città armoniosa nei rapporti tra singoli, generazioni, popoli, culture e confessioni religiose diverse; nel suo sviluppo economico, sociale e urbanistico; nel suo impegno a conciliare tradizione e innovazione, passato e futuro, in una sintesi di fedeltà creativa alla propria storia; una città accogliente, capace di dialogo e amicizia, solidale con tutti. A questa idea di città si è sempre ricondotta, sia la sua riflessione tesa a ridare slancio agli ideali, attivare la coscienza delle responsabilità, educare al senso del servizio, sia il suo impegno concreto, volto ad attuare quel progetto di città nella quotidianità dei gesti e delle iniziative.

Tutto questo è possibile – ci ha insegnato Martini – se si è innanzitutto nutriti dalla Parola. Al centro della sua predicazione c'è sempre stata, infatti, la parola di Dio e intorno ad essa ha ruotato tutto il resto. La sua opera, in realtà, è una lunga meditazione e catechesi biblica, mediante la quale si può dire che egli abbia continuato a fare il biblista come prima di venire a Milano, naturalmente ponendosi su un piano diverso rispetto a quello degli anni d'insegnamento: allora, la ricerca scientifica e la critica testuale per il progresso degli studi; poi, la *lectio divina* per la meditazione e la contemplazione della Parola. Questa è la strada maestra su cui – congiungendo l'esegesi e la pastorale, cioè traendo dalla prima gli insegnamenti, gli esempi e le direttive pratiche per la seconda – Martini ha metodicamente portato avanti il suo progetto di pedagogia della fede e della vita cristiana. Non ha infatti tralasciato occasione, nei luoghi e nelle circostanze più disparate, per meditare la Bibbia e richiamare alla necessità di attingervi: creando anzi, fin dagli inizi, la Scuola della Parola, rivelatasi con gli anni una delle iniziative più riuscite e senza dubbio più feconde.

Dopo aver fatto scoprire il legame inseparabile esistente tra il progetto d'amore di Dio e il destino di ogni creatura, Martini si è preoccupato di aiutare a vivere la fede, non come una religiosità fatta di tradizioni e abitudini passivamente accolte, ma come esperienza personale e comunitaria che nasce da convinzioni e scelte di vita profonde.

Un punto specifico in questo itinerario di formazione è stato l'educarsi da parte di tutti a diventare una vera comunità, evitando la tendenza alla frammentazione e all'individualismo riscontrabili a volte nei movimenti, nei gruppi o nelle parrocchie. Una comunità davvero incardinata nella parola di Dio e capace di portare la speranza nel Cristo risorto è per Martini quella che mette al centro l'eucaristia, vive di preghiera e si sforza ogni giorno di essere, nella generosità e nell'accoglienza, una comunità d'amore: dinamica, mai appiattita sulla routine o meccanica nei gesti, bensì tesa a rinnovare la propria testimonianza al vangelo. Una comunità aperta, disposta alla verifica, pronta a correggersi; che abbatte i muri e favorisce momenti d'incontro e riconciliazione; che non emargina o esclude, ma dà a tutti l'occasione e la gioia di poterla servire. Una comunità, dunque, unita e fraterna, dove nessuno agisce come se avesse il monopolio della verità e, sentendosi superiore e diverso, si confina in un improduttivo isolamento, ma dove al contrario ciascuno è consapevole di esser parte di un'unica famiglia e si mette umilmente al servizio degli altri, al solo scopo di far crescere l'intero corpo della Chiesa.

Lungo il cammino che dalla Parola porta alla vita nell'incontro con l'uomo si erge come pietra angolare la carità. Testimoniare senza riserve e con slancio creativo l'amore di Cristo è ciò a cui deve tendere una fede consapevolmente vissuta.

La stessa parola e azione del vescovo hanno fatto chiaramente intendere come il «farsi prossimo» all'uomo – specialmente a coloro che si trovano in situazioni di particolare sofferenza o disagio fisico, spirituale o sociale – debba costituire per ogni singolo cristiano un imperativo d'obbligo. I problemi degli antichi e nuovi poveri, degli emarginati e degli ultimi, ma più in generale tutte le situazioni di conflitto e precarietà che per motivi diversi vengono a prodursi nella società di oggi, rappresentano una sfida continua per le comunità cristiane. Senza mai dimenticare, nel raccogliere la sfida, il discorso etico – chiave di volta di ogni costruire sociale durevole –, il vescovo si è fatto personalmente incontro alle necessità concrete, invitando il suo popolo a seguirlo sulla strada della gratuità e della solidarietà, della condivisione e del servizio, ovunque si trattasse di andare incontro ai bisogni immediati dei singoli, ma anche di promuovere la dignità e i diritti della persona umana, la giustizia sociale, la qualità della vita.

La sorgente primaria che genera questo atteggiamento di Chiesa che vive la pienezza della carità è l'eucaristia. La Chiesa diventa specchio trasparente del vangelo proprio in quanto, nell'eucaristia, ogni suo membro, non solo accoglie il dono dell'amore di Dio, ma si dispone nel cuore a lasciarsi trasformare da quell'amore. Nutrita e modellata dall'eucaristia, la comunità cristiana può allora mettere in atto tutte quelle forme di carità che testimoniano il suo impegno di servire l'uomo e tutti gli uomini, tenendo sempre fisso dinanzi a sé l'esempio di Gesù, donatosi tutto a tutti.

Incontro al Signore Risorto

All'interno di questo orizzonte emerge tutto l'impegno del vescovo per una Chiesa che prega, pensa e agisce nella tensione costante a vivere lo spirito di Cristo e ad essere sempre in prima linea nel servire l'uomo. Questa raccolta di scritti è uno specchio di tale impegno e viene proposta in questo tempo quaresimale come occasione quanto mai feconda per riflettere sulla nostra fede e sul nostro modo di viverla. Discorsi, omelie, catechesi, corsi di esercizi spirituali in cui il vescovo – nei modi giudicati più adatti ai suoi interlocutori del momento – ripercorre le varie tappe del cammino cristiano, istruendo, esortando e insieme condividendo con noi il travaglio della fede. Sempre a cuore aperto, in modo molto coinvolgente, con uno stile parlato e dialogico cadenzato sulle domande e le risposte della fede, in presa diretta con la vita. Spesso anche pregando, quasi interrompendo a metà il filo della riflessione, per farla respirare a pieni polmoni attraverso l'orazione del cuore. E in queste preghiere sparse qua e là – che valgono da sole un intero libro – si possono cogliere altri aspetti della personalissima meditazione del cardinale.

Diventa quindi un'esperienza molto intensa entrare con lui nel clima del tempo quaresimale, quanto mai propizio per verificare se la conversione, la penitenza e la riconciliazione sono per noi soltanto parole abitudinarie oppure se diventano realmente momenti di preghiera, contemplazione, meditazione della Parola, vita sacramentale per fare silenzio e lasciar risuonare la voce del Signore che ci chiama.

L'esperienza interiore dell'itinerario quaresimale prende qui le mosse dalla figura di Giacobbe, rappresentato nella sua situazione di smarrimento e inquietudine, senza più riferimenti certi sui quali fondare il proprio cammino nella vita. Egli è un po' il simbolo dell'uomo fuggiasco, che non sa dove va e si smarrisce nell'oscurità della notte, ma che Dio alla fine sottrae all'abbandono e accompagna verso il destino che gli ha preparato.

È da questa consapevolezza della presenza di Dio – non astratta, ma concreta e personale – che inizia anche il cammino dell'uomo che cerca Dio e che da Dio è già cercato. Dio cerca per chiamare a sé, e questa chiamata è per tutti, indipendentemente da quello che uno è, da quello che uno fa, da dove uno viene. Spesso, tuttavia, non ci si rende conto per che cosa si è chiamati e – come i discepoli sulla barca che pescano tutta la notte senza prendere nulla (Gv 21,3) – si sperimenta l'amarezza della delusione e del fallimento, che tuttavia non è vana perché serve come salutare purificazione per capire, proprio attraverso l'insuccesso, che si è chiamati a qualcosa di più grande.

A chi cerca, Dio spesso si nasconde o resta in una luce velata. Non si concede allo spettacolo, alla ribalta, al palcoscenico su cui noi vorremmo vederlo. Si nasconde, ma solo per accrescere in noi il desiderio di cercarlo e, in realtà, chi persevera lo trova. Allora, come in montagna, al rischio dell'ascensione subentra la gioia di aver conquistato la cima, ossia di essere arrivati a conoscere Dio, non per sentito dire, ma direttamente. Ci vuole naturalmente pazienza, costanza, resistenza per salire fino in alto. Perché la conoscenza di Dio è essenzialmente un'esperienza d'amore. E, come la sposa del Cantico dei cantici, non sempre si trova subito l'amore che si cerca ("L'ho cercato, ma non l'ho trovato"). Oltretutto, bisogna anche che quello che si insegue non sia un miraggio, una falsa luce, ma un amore vero che appaghi fino in fondo la sete d'amore. Il rischio, altrimenti, è di trovarsi ogni volta al punto di partenza, umanamente più scettici e spiritualmente più aridi. Chi ama davvero, però, non si arrende; non solo continua a cercare, ma lo fa con un'intensità d'amore maggiore di prima. E, se questo accade, vuol dire che ha imparato ciò che il Signore voleva insegnare: a guardare oltre il proprio limite, a uscire da sé per entrare nell'orizzonte nuovo del suo amore. Che non si conquista, in ogni caso, una volta per tutte, come un porto a cui si è definitivamente approdati.

Occorre sempre – ci richiama il cardinale – "ripartire da Dio", metterlo al centro, dargli il primato che gli spetta, senza mai avere la presunzione di essere arrivati, adagiandosi comodamente sulle verità possedute. Avere fede non dispensa dall'interrogarsi e dal rimettersi sempre in gioco. La fede è un continuo confronto con il vangelo, una continua prova di fedeltà, un continuo camminare in cerca di nuova luce. C'è una santa inquietudine, dunque, che ci viene richiesta come esortazione a non accontentarci di ciò che siamo o crediamo di essere, o di quanto presumiamo di aver raggiunto nella conoscenza e nel rapporto con Dio. Ci viene richiesto, in altre parole, di trovare uno slancio sempre nuovo nella capacità di credere e di amare.

Per questo abbiamo tutti bisogno di "conversione". Ci sono vari tipi di conversione che il Cardinale Martini esemplifica attraverso quattro figure di santi. Agostino è chiamato ad illustrare la "conversione religiosa", mostrando come in lui sia avvenuto il passaggio dalla non conoscenza del Dio della Bibbia alla conoscenza del Dio di Gesù Cristo. Ignazio di Loyola è assunto come esempio di "conversione morale", che cambia non solo il suo modo personale di vivere, ma anche di essere nella Chiesa, di obbedirle e di mettersi al suo completo servizio. Newman rappresenta un modello di "conversione intellettuale", nel suo sforzo di ragionare e approfondire per poter riconoscere – tra tante filosofie e dottrine confuse e contradditorie – la verità certa di Cristo e della sua Chiesa. Infine, Teresa d'Avila è proposta come riferimento per il "di più" della "conversione mistica", che con mirabile semplicità sa vedere e contemplare in Dio tutte le realtà.

Questo bisogno di conversione trova nel tempo quaresimale uno dei suoi momenti privilegiati. La Quaresima ci sollecita in modo forte a guardare dentro noi stessi e a riconoscere che, nonostante la nostra vicinanza, il nostro cuore indurito è sempre un po' distante dai pensieri di Dio. Convertirsi è farsi interpellare e plasmare dalla sua Parola; è diventare continuamente discepoli del vangelo. Ed è proprio questo che è difficile. Le resistenze all'esperienza della conversione sono molteplici; una delle più insidiose – su cui Martini qui mette particolarmente l'accento – è quella che chiama le "resistenze della mente": la mente, cioè, non vuole sottomettersi a Dio, afferrata com'è da mille confusi e vani pensieri che la fanno roteare in un carosello senza fine e finiscono col privarla d'ogni vigore.

Di fatto, noi non sappiamo – come fecero invece Abramo, Giobbe e soprattutto Gesù, modello per eccellenza dell'"obbedienza della mente" – accogliere il disegno imperscrutabile della Provvidenza; non sappiamo abbandonarci, al di là di ogni evidenza, al Dio più grande di noi, che tutto conosce e che a tutto provvede, anche a tenere amorevolmente per mano la nostra vita. La nostra pretesa è di riuscire a spiegare tutto con la forza del ragionamento, con geometrica precisione, là dove occorrerebbe invece l'umiltà di fare silenzio e contemplare con amore il Mistero che ci salva. La tentazione nostra, quando non riusciamo a capire o siamo di fronte a una dura prova, è di ribellarci in modo scomposto oppure di abbandonare il campo. Gesù, nel Getsèmani, ci insegna a reagire restando: cioè a non fuggire ma, accettando il proprio limite umano, ad affrontare la lotta rimanendo fedeli fino all'ultimo alla volontà del Padre (Mt 26,42; Mc 14,36; Lc 22,42).

La vittoria che è chiesta anche a noi nella Quaresima è proprio questa: resistere alla tentazione della ribellione o dello scoraggiamento affidandoci totalmente alla misericordia di Dio. Che va oltre tutte le nostre debolezze e i nostri errori, perché – come mostra Gesù nei confronti dello stesso Pietro – nessuno può sbagliare e tradire al punto da non poter più meritare il suo perdono e la sua fiducia. L'importante è pentirsi e rientrare nella pienezza del rapporto d'amore con lui e così imparare che la vocazione cristiana è fondamentalmente una chiamata all'amore. È sempre all'amore, infatti, che ci si converte e sull'amore che si è interrogati ogni volta che si deve misurare la propria capacità di seguire e testimoniare Gesù.

In questa prospettiva, penitenza e riconciliazione sono gesti essenziali da vivere intensamente – secondo l'itinerario tracciato dal cardinale – come "confessione di lode", per i tanti doni ricevuti; come "confessione di vita", per gli errori, le mancanze, le negatività da cui ci si vuole liberare; come "confessione di fede", per il proposito di farsi illuminare e trasformare dalla potenza di Dio. Da queste tre "confessioni" nasce il pentimento sincero che apre gli occhi e fa vedere il Signore. L'esame di coscienza in forma di preghiera, proposto nel libro come seguito di questo colloquio penitenziale, sembra particolarmente adatto ad esprimere il volo spirituale in cui il cristiano deve librarsi per afferrare le realtà eterne di Dio. In queste quattordici meditazioni personali – dove lo slancio della fede e lo slancio lirico formano un'unica voce – si impara a pregare dal profondo del cuore. Che non vuol dire pronunciare delle parole – le parole spesso così povere e insufficienti del linguaggio umano –, ma mettersi in ascolto della parola di Dio, meditarla e viverla in Gesù, parola vivente del Padre. Quel Padre che invochiamo nella preghiera e che non dobbiamo mai stancarci d'invocare, perché pregando con continuità rinnoviamo la consapevolezza della nostra condizione di figli e la fiducia nella sua amorevole presenza di Padre. Non importa quello che si chiede e, del resto, spesso non si sa neppure che cosa chiedere. Quello che conta è ciò che si riceve: il grande dono dello Spirito santo, la forza di Dio in noi che ci purifica e ci dà la capacità di perseverare nella fede. Così ci si dispone ad "aprire le porte a Cristo amore": a far sì che il suo amore entri nella nostra vita, dilati il nostro cuore fino a renderlo disponibile, accogliente, generoso nella carità che si fa dono di sé e diventa segno di speranza per il mondo. È con questo spirito – accompagnati dal cardinale – che ci apprestiamo a vivere la Settimana santa.

La prima tappa è la domenica delle Palme, con Gesù che fa il suo ingresso in Gerusalemme e la folla festante che lo acclama. Gesù entra in città, non con la fierezza di un re, ma con l'umiltà e la mitezza di un servo, a dorso d'asino, ispirando fiducia, pace, speranza. Il suo esempio è un modello per ogni cristiano che, animato dalla gioia della fede, si impegna a fare della propria vita un dono di fraternità per tutti. Ma dove attingere questa capacità d'amore gratuita e incondizionata? Troppo spesso anche noi, nella nostra pretesa autosufficienza, siamo portati a mettere al centro noi stessi, a confidare nelle nostre sole forze, a puntare tutto sulle nostre idee e i nostri programmi. Ci dimentichiamo in tal modo che la sorgente di tutto è nell'eucaristia, nel momento in cui la si vive, non come un ritualismo statico e formale, ma come una continua presenza di grazia, che rivela tutto il dinamismo del progetto d'amore che racchiude in sé. L'eucaristia celebrata da Gesù la sera del giovedì santo segna l'inizio di un compimento attraverso il quale egli attua il piano di salvezza del Padre, perpetua nel tempo il miracolo della sua misericordia, trasforma la vita dei credenti col fuoco della sua carità e li fa vivere nell'unità e nel servizio reciproco della comunione ecclesiale.

Il passaggio obbligato per entrare in questa visione dell'amore incommensurabile di Dio attuato in Gesù e per lasciarsi poi irradiare dalla luce splendente della Bellezza che salva è il cammino della croce, che Gesù stesso percorre assumendo su di sé i peccati e i dolori del mondo. Se Dio mette alla prova perfino suo Figlio, anche per l'uomo la croce è una prova necessaria: prova, però, quanto mai difficile, non solo perché spesso non si ha abbastanza forza per accettarla fin dall'inizio, ma perché, anche quando si riceve la grazia di accoglierla con fede, è difficile – come dimostra lo stesso Giobbe, l'uomo integro, retto, innocente scelto qui per socchiudere la porta del mistero della sofferenza umana – avere poi il coraggio di perseverare, resistendo ogni giorno alla fatica di rinnovare il proprio sì a Dio.

Che cosa allora può soccorrere se non la preghiera? Bisogna pregare per essere forti nell'ora delle grandi prove, ma anche per non cedere alle mille tentazioni quotidiane: a cominciare dalla paura di guardare in faccia la realtà, di scegliere e decidere, assumendosi le proprie responsabilità. In una parola, le mille tentazioni della fuga. La preghiera di Gesù – che vince la sua fragilità e la sua angoscia abbandonandosi totalmente alla volontà del Padre – è la fonte ispiratrice anche della nostra preghiera. Imparare da lui a pregare vuol dire imparare a superare la paura che ci paralizza, per camminare con il coraggio che viene dalla sua potenza che agisce in noi.

Con il venerdì santo la riflessione spazia nei vasti territori in cui si incontra la croce di Gesù, la croce nostra, la croce degli altri e la croce del mondo. Tante realtà che non si possono affrontare a tavolino, in modo astratto, ma, a partire da una profonda conversione interiore, dal vissuto quotidiano. Tante realtà che non si può neppure avere la presunzione di dominare e guidare a proprio piacimento, nell'orgoglioso quanto confuso agitarsi di chi pensa di avere ricette e soluzioni bell'e pronte, salvo poi amaramente disilludersi. Perfino Pietro, il primo degli apostoli – ancora una volta chiamato ad esemplificare la nostra condizione umana e la nostra fragile fede, nello specchio del suo comportamento di ostentato coraggio ma, in realtà, di inconfessata paura – non sa comprendere il suo ruolo nei confronti di Gesù e della sua croce. Arriva addirittura a convincersi di essere lui a dover salvare Gesù; smarrito, perde il senso delle proporzioni; non si rende conto che è lui a dover essere salvato. Il giusto senso della croce è, prima di tutto, mettersi in ginocchio e lasciarsi conquistare dall'amore che viene dalla croce. Allora, come Pietro, si riuscirà a ritrovare la strada e a riconoscere, anche attraverso la croce, qual è il proprio posto nel piano di Dio.

Contemplare la croce – assieme a Gesù che, nella solitudine e nell'abbandono, innalza la sua ultima preghiera ("Padre, nelle tue mani consegno il mio spirito") – dovrebbe significare deporre la propria esistenza nelle mani del Dio della vita, sapendo che in questo atto di totale affidamento c'è la speranza e la salvezza. Contemplare la croce – assieme a Maria, madre del dolore, della vigile e paziente attesa, dell'amore perseverante – dovrebbe significare abitare nel tempo con la speranza dell'eternità, sapendo che porta molto frutto soltanto il chicco di grano che muore (Gv 12,24). Ma chi è davvero capace di abbandonarsi così, vivendo con tanta intensità e purezza di fede l'esperienza della croce di Gesù e di Maria?

La porta del sabato santo si schiude su questo interrogativo che, mentre esprime la consapevolezza delle nostre insufficienze e delle nostre paure, è anche un implicito invito a fare di più, senza scoraggiarsi e senza temere il futuro, perché sta per venire il giorno del Signore risorto e glorioso. Se, come i discepoli il sabato santo, ci sentiamo spesso anche noi smarriti e tristi, sotto il peso opprimente di tante tensioni e inquietudini, è consolante sapere che il buio della notte sta per essere illuminato dalla luce del giorno e che a tutti è data la possibilità di essere inondati da questa luce.

La veglia pasquale ci prepara ad annunciarla, accoglierla, portarla con slancio agli altri come fonte di una gioia nuova ed unica. Col battesimo il cristiano è entrato nella morte di Cristo; con lui ora risorge. Con la morte e la risurrezione di

Cristo tutto ci è stato donato; ora inizia per ciascuno l'avventura della grazia e della carità che lo rende testimone di questo inesauribile dono d'amore. Se la morte è il "dies natalis" – il giorno della nascita di Dio –, l'evento pasquale è l'inizio del tempo della crescita del Regno. Il Risorto chiama ciascuno per nome, e la risposta a questa chiamata consiste nell'annunciare al mondo la grande speranza del Dio eternamente presente e vivo che attua la sua opera di salvezza.

Questi semplici spunti sono il filo che lega insieme i vari momenti dell'ampia e profonda meditazione a cui il cardinale ci invita in questo tempo pasquale. Sta ora a noi farne tesoro per maturare una visione e vivere un'esperienza di fede sempre più consapevole.

INCONTRO AL SIGNORE RISORTO

1

DOVE SONO, SIGNORE?

Ti chiediamo, Padre, per la morte del tuo Figlio sulla croce, di aprire il nostro cuore alla conoscenza della tua Parola. Donaci di non spaventarci di questa nuova esperienza ma di viverla con pazienza, minuto per minuto, con la certezza che tu ci conduci anche attraverso i momenti di silenzio, di aridità, di fatica, di deserto, perché tu sei più grande di noi e il nostro cuore trova soltanto in te il suo riposo.

Giacobbe, il viandante sbandato[1]

«Giacobbe partì da Bersabea», nel sud della Palestina, «e si diresse verso Carran». Non era un viaggio da poco perché si trattava di percorrere tutta la Palestina, di entrare in Siria, passare in Mesopotamia e ritornare quindi al paese da cui molto tempo prima era partito Abramo dando inizio alla storia del popolo. Un percorso almeno di 1.600 km a piedi, e perciò una sorta di avventura nel buio. «Capitò così in un luogo dove passò la notte, perché il sole era tramontato; prese una pietra, se la pose come guanciale e si coricò in quel luogo».

Ricaviamo l'impressione di un viandante sbandato, di un fuggitivo che non ha nemmeno un sacco su cui posare la testa e che si addormenta per la grande stanchezza senza sapere bene dove si trova.

[1] Gen 28,10-16.

«Fece un sogno: una scala poggiava sulla terra, mentre la sua cima raggiungeva il cielo. Ed ecco gli angeli di Dio salivano e scendevano su di essa. Ecco il Signore gli stava davanti e disse: "Io sono il Signore, il Dio di Abramo tuo padre e il Dio di Isacco. La terra sulla quale tu sei coricato la darò a te e alla tua discendenza. La tua discendenza sarà come la polvere della terra e ti estenderai da occidente a oriente, a settentrione e a mezzogiorno. E saranno benedette per te e per la tua discendenza tutte le nazioni della terra. Ecco io sono con te e ti proteggerò dovunque tu andrai; poi ti farò ritornare in questo paese, perché non ti abbandonerò senza aver fatto tutto quello che ti ho detto". Allora Giacobbe si svegliò dal sonno e disse: "Certo, il Signore è in questo luogo e io non lo sapevo"».

Possiamo suddividere il brano nei suoi due principali momenti: il primo momento ci presenta Giacobbe da solo; il secondo momento ci presenta Giacobbe con Dio, nel sogno.

Mi sembra utile specificarli in due domande: dove Giacobbe crede di essere? Dove Giacobbe è, in realtà?

Dove Giacobbe crede di essere

– Geograficamente, come appare poi dalla finale dell'episodio, in un luogo che si chiama Luz e che, in seguito, verrà chiamato Betel (Bet = casa; El = Dio); più o meno a circa tre giorni di viaggio da dove è partito e abbastanza lontano, quindi, per sentirsi ormai alle spalle il passato. Tuttavia, sarà necessario un altro mese di cammino per giungere alla meta e per questo Giacobbe si sente completamente sperduto, abbandonato, privo di riferimenti. È una prima coordinata geografica che viene specificata dalle coordinate sociologiche, relazionali della sua vita.

– Qualche tempo prima Giacobbe ha rotto con il fratello, concretamente con la famiglia. È estremamente amareggiato perché il suo comportamento ha causato gravi conseguenze, come appare dal capitolo precedente: «Esaù perseguitò Giacobbe per la benedizione che suo padre gli aveva dato. Pensò Esaù: "Si avvicinano i giorni del lutto per mio padre; allora ucciderò mio fratello Giacobbe"» (Gen 27,41).

Si tratta di quella drammatica lotta tra fratelli che costituisce la storia del peccato dell'umanità, che comincia con la lotta Abele-Caino, continuerà con la lotta tra Giuseppe e i suoi fratelli e si protrae oggi tra ebrei e arabi. Giacobbe vive quindi la sofferenza di una famiglia umana spezzata non solo da piccole incomprensioni ma in maniera quasi irreparabile.

Ma c'è di più. In questa situazione Giacobbe non ha la protezione della madre, come invece l'aveva avuta prima, perché Rebecca ha preferito tirarsi indietro: «Furono riferite a Rebecca le parole di Esaù, suo figlio maggiore» – che meditava di far del male a Giacobbe – «ed essa mandò a chiamare il figlio minore Giacobbe e gli disse: "Esaù tuo fratello vuol vendicarsi di te uccidendoti. Ebbene, figlio mio, obbedisci alla mia voce: su, fuggi a Carran da mio fratello Làbano. Rimarrai con lui qualche tempo, finché l'ira di tuo fratello si sarà placata; finché si sarà placata contro di te la collera di tuo fratello e si sarà dimenticato di quello che gli hai fatto. Allora io manderò a prenderti di là. Perché dovrei venir privata di voi due in un solo giorno?"» (Gen 27,42-45).

La madre, non riuscendo più a tenere l'equilibrio tra i due figli, deve scegliere il male minore, che però è gravissimo, e invitare uno ad andarsene.

Giacobbe è un uomo i cui legami più intimi sono stati dolorosamente colpiti – ha dovuto abbandonare anche il padre senza poterlo nemmeno salutare –; un uomo che è stato costretto a staccarsi da tutte le sue coordinate visibili.

– Nemmeno la sua situazione morale è a posto. Ha carpito l'eredità del fratello con un imbroglio, è un soppiantatore, come dice lo stesso nome, e non può pensare che Dio lo protegga; il peccato gli rimorde la coscienza.

– Finanziariamente, ha perso tutto e cerca scampo senza poter contare sul denaro.

In conclusione, Giacobbe non ha più i tre riferimenti che fin dall'inizio della Bibbia sono costitutivi dell'uomo: Dio, la famiglia e le amicizie, la terra e il lavoro. Egli si sente in qualche maniera un maledetto come Caino e non a caso la Scrittura ce lo rappresenta nell'oscurità della notte, solo, sconsolato, e con la domanda che gli brucia nel cuore: dove sono? Quale sarà il mio avvenire?

Giacobbe crede di essere in una situazione nella quale per lui non c'è che affidarsi alla ventura, alla buona o alla cattiva sorte, come chi non può più realmente contare su coordinate precise nella sua vita.

Dove Giacobbe è, in realtà

Appare allora lo straordinario della seconda parte del racconto: dove Giacobbe è, in realtà?

Perché nel sogno la parola di Dio gli rivela quali sono le coordinate invisibili e tuttavia decisive della sua vita.

Dividiamo la narrazione in tre parti: il simbolo, la dichiarazione di Dio, la lunga promessa.

1. Il *simbolo*: «Fece un sogno: una scala poggiava sulla terra, mentre la sua cima raggiungeva il cielo; ed ecco gli angeli di Dio salivano e scendevano su di essa» (Gen 28,12). Questo simbolo è stato ripensato infinite volte nella storia e lo riprende Gesù stesso quando dice: «Vedrete il cielo aperto e gli angeli di Dio salire e scendere sul Figlio dell'uomo» (Gv 1,51). Tanti sono i significati che i Padri hanno attribuito alla visione di Giacobbe. San Bernardo, ad esempio, vede il rapporto dell'uomo con Dio come una scala su cui si sale e si scende.

Che cosa, in realtà, indica questo simbolo? Che Dio si interessa di noi. Là dove crediamo di essere privi di coordinate precise, c'è una coordinata assoluta nella nostra vita, che possiamo chiamare la Provvidenza oppure il mistero di Dio. Questa è la prima rivelazione fondamentale, legata al grande atteggiamento della religione ebraica, il "timore di Dio": Dio misteriosamente ha cura dell'uomo, non lo abbandona nemmeno nei momenti più difficili e oscuri. Anche nella notte buia di un uomo ramingo e fuggiasco c'è un'attenzione del cielo per lui; noi siamo oggetto di una Provvidenza che ci segue passo passo, anche là dove ci sentiamo desolati, anche abbattuti, scoordinati. E questa è la verità fondamentalissima che rimette in sesto l'esistenza di una persona. È una coordinata non necessariamente cristiana, perché è quella di ogni uomo e donna di questo mondo, che intuisce come la vita non sia tutta maledizione, tutta fatica, tutta disgrazia o tutta fortuna, ma è retta da qualche cosa più grande di noi. Questo grande senso della Provvidenza fa l'uomo religioso almeno in un primo grado sostanziale, e possiamo incontrarlo ovunque perché è diffuso su tutta la faccia della terra.

Dio ha cura di me, io sono nelle sue mani. Tutte le persone che attraversano la vita, la sofferenza, senza maledirle, senza volerci giocare, sono, sotto questa rivelazione, che è la prima coordinata: una coordinata che non dobbiamo mai perdere, qualunque cosa ci accadrà, in qualunque situazione verremo a trovarci.

Giacobbe ha bisogno di questa certezza che comunque Dio lo cerca, ha cura di lui, e pure noi ne abbiamo sempre bisogno.

L'opposto di tale riconoscimento è il pensare all'esistenza come a un fato, a un destino cieco, e il credere, di conseguenza, che occorre approfittarsene il più possibile, schiacciando gli altri, sfruttando le situazioni. La perdita del senso di Dio induce poi ogni degradazione umana; ma fino a quando l'uomo ha questo sostanziale timor di Dio egli, per quanto peccatore, scontento, deluso, amareggiato, portato al pessimismo, è tenuto in mano dal Signore.

L'immagine della scala che poggia sulla terra e la cui cima raggiunge il cielo ci rivela che Dio si interessa di me, degli eventi della mia vita, delle mie quotidiane difficoltà che io solo conosco, e che misteriosamente mi avvolge e mi è propizio.

2. Su questo simbolo si innesta la *dichiarazione*: «Ecco, il Signore gli stava davanti e disse: “Io sono il Signore, il Dio di Abramo tuo padre e il Dio di Isacco”» (Gen 28,13a).

Il volto di Dio si presenta personalmente a Giacobbe: *Io sono*, e si presenta in amicizia, in parentela. Talora ci succede di trovarci in una città anonima e improvvisamente qualcuno ci si avvicina dicendoci: io sono il tale, amico dei tuoi genitori, ti conosco. Dio qui si rivela in questo modo: Io sono il Signore, colui che ha fatto il cielo e la terra, ma anche il Dio di Abramo tuo padre, il Dio di Isacco. Cioè, ti conosco, conosco la tua famiglia, i problemi che vi affliggono, conosco tuo padre che è quasi fuori di senno e non riesce più a tenere in mano la situazione, conosco tua madre che è troppo debole per mettere d'accordo voi due fratelli, conosco i motivi per cui sei fuggito: ti conosco da vicino.

Questa seconda rivelazione è formidabile, perché Dio si rivela amico dell'uomo, amico che conosce il cuore degli uomini, le loro emotività, i loro squilibri. Dio ti conosce, è tuo amico, ti coglie là dove sei veramente.

3. La *promessa.* Menzionando Abramo e Isacco, il Signore ha confermato implicitamente le promesse che sono poi espresse in maniera inattesa e straordinaria. Distintamente, Dio riprende tutte le coordinate della vita di Giacobbe – la terra, la discendenza, le nazioni, l'alleanza, la protezione nel viaggio –, facendogli capire che le tiene in mano.

– Anzitutto, la promessa sulla *terra*: «La terra sulla quale tu sei coricato la darò a te e alla tua discendenza» (Gen 28,13b). Questa terra in cui Giacobbe si sentiva sperduto, sulla quale temeva di dormire per paura delle bestie selvatiche, gli viene donata.

È interessante come il Signore si preoccupi del rapporto dell'uomo con la terra e qui c'è il grande mistero di Israele, che ancora oggi si gioca nella storia. Israele non può fare a meno della sua terra, perché è quello con cui Dio l'ha costituito popolo e se noi non comprendiamo tutto questo non capiremo mai il mistero politico di Israele e il mistero ebraico.

– Con la terra, la promessa della *discendenza*, concretamente del rapporto di Giacobbe con la sua famiglia, con la famiglia che non ha ancora formato: «La tua discendenza sarà come la polvere della terra e ti estenderai a occidente e a oriente, a settentrione e a mezzogiorno» (Gen 28,14a). Notiamo la sproporzione tra ciò che Giacobbe cercava (salvare la vita) e la promessa di una discendenza innumerevole, che fa scoppiare, per così dire, le sue coordinate. Dio gli allarga l'orizzonte del rapporto con i suoi simili.

– La terza promessa riguarda le *nazioni*: «Saranno benedette per te e per la tua discendenza tutte le nazioni della terra» (Gen 28,14b). Giacobbe aveva pensato, al massimo, a sé, alla sua famiglia, a un suo popolo, ma la parola di Dio lo apre verso tutta l'umanità perché non è possibile che una persona si consideri soltanto in rapporto a coordinate ristrette.

Noi siamo arrivati a capire la profondità di questo testo 3.500-4.000 anni dopo Giacobbe. Solo oggi, infatti, ci rendiamo conto di ciò che Giovanni Paolo II, nella *Sollicitudo rei socialis*, ha chiamato l'*interdipendenza*, cioè l'impossibilità di concepirsi come popolo civile, come nazione, nel proprio sviluppo economico e sociale, senza abbracciare tutte le altre. Un nuovo orizzonte che non esisteva all'inizio del secolo e che attualmente si impone così insistentemente che gli stessi responsabili dell'economia e della finanza avvertono la necessità di un'etica planetaria.

Nel nostro brano, il progetto di Dio ha tale vastità: *tutte le nazioni della terra.*

– Poi il Signore specifica le coordinate dell'*alleanza*: «Ecco io sono con te» (Gen 28,15a). È la parola chiave dell'alleanza, del mistero di collegamento indistruttibile che Dio vuole positivamente istituire con l'uomo e che, partendo da Abramo, in Gesù Cristo raggiunge tutti gli uomini. È la formula che viene pronunciata dall'angelo a Maria: «Ecco, il Signore è con te» (Lc 1,28) e che Gesù pronuncia al termine della sua vita: «Ecco, io sono con voi tutti i giorni fino alla fine del mondo» (Mt 28,20).

Dio si rivela non soltanto come coordinata globale che protegge lo sviluppo dell'uomo e dell'umanità, ma vuole essere una coordinata specifica, di rapporto privilegiato e indistruttibile [...].

– L'ultima promessa è la *protezione specifica* nel viaggio: «Ti proteggerò dovunque tu andrai, poi ti farò ritornare in questo paese, perché non ti abbandonerò senza aver fatto tutto quello che ti ho detto» (Gen 28,15b).

Il viaggio di Giacobbe, che sembra un'avventura nell'ignoto, un salto nel buio, è tutto seguito dal Signore; non è una scelta di Rebecca, la madre, e nemmeno una scelta di Giacobbe, perché in realtà è nelle mani di Dio.

È facile, a questo punto, comprendere l'esclamazione di Giacobbe: «Allora Giacobbe si svegliò dal sonno e disse: "Certo, il Signore è in questo luogo e io non lo sapevo"» (Gen 28,16). Egli fa la scoperta straordinaria di chi si vede al centro delle coordinate di Dio e reinterpreta tutta la sua vita – l'essere solo, in viaggio, ramingo e povero –, che acquista chiarezza e incoraggiamento.

Questa è la riflessione che possiamo fare paragonando la situazione apparente di Giacobbe – dove lui crede di essere – e quella vera – dove è in realtà.

Ora Giacobbe ha assunto una nuova umanità, una missione, un impegno di cammino che affronterà fiduciosamente.

Dove sono io

Siamo così invitati a un'analisi in due tempi, nel desiderio di applicare il racconto biblico alla nostra esperienza.

Un primo tempo consisterà nella meditazione sulle coordinate visibili della mia vita; un secondo tempo nella ricerca di quelle invisibili. Soltanto in questo contesto globale, infatti, sarà possibile operare un vero discernimento della parola di Dio su di me, su ciascuno di noi.

1. Le *coordinate visibili della mia vita.* Anzitutto vorrei sottolineare che noi ci conosciamo poco. Leggevo recentemente una relazione sulla pastorale giovanile nella quale si mette appunto in rilievo come anche un giovane, che sta cercando la vocazione, è poco conosciuto e si conosce poco: «La prima cosa da considerare con attenzione è il giovane – afferma il relatore –, la sua situazione effettiva, il contesto in cui vive, la sua storia umana e di fede; cosa sta cercando, qual è la motivazione che lo spinge a questa ricerca, quale grado di docilità mostra di avere, quale desiderio ha di essere guidato... Tutto questo costituisce l'oggetto di una ricerca delicata e impegnativa, in cui è importante non avere fretta e cercare di capire con precisione. A volte scopro che sacerdoti o religiosi che mi mandano un giovane per un discernimento vocazionale, o per un aiuto spirituale, credono di conoscere quel giovane ma sanno ben poco di lui. Ne conoscono le idee ma quasi nulla delle sue abitudini reali, della sua storia, della sua famiglia. Ho l'impressione che in questi anni siamo scaduti in un certo spiritualismo disincarnato e sottovalutiamo paradossalmente le influenze, i condizionamenti, lo strascico che comportano le scelte via via fatte. Dico paradossalmente perché per altri versi la nostra cultura è impregnata di attenzioni psicologiche o psicoanalitiche; ma questi aspetti vengono usati per lo più da noi in funzione di una valutazione morale mentre, al di là delle responsabilità soggettive od oggettive, c'è quello che uno in effetti è divenuto. A me pare che c'è molta superficialità nella conoscenza delle persone... Presi da molte cose, gli educatori non hanno molto tempo da dedicare a questa paziente ricerca».

Per questo, credo che la ricerca ciascuno deve farla su di sé, e suggerisco alcune coordinate su cui sostare più o meno a lungo, a seconda della materia che ci forniscono.

– Ci sono le coordinate che riguardano la *vita di relazione* e comprendono soprattutto due realtà: la famiglia, nel senso più ristretto e più vasto, e le amicizie. Ed è molto utile domandarsi: io come mi situo veramente in rapporto alla famiglia? Spesso trascuriamo, sottovalutiamo dinamiche positive e anche negative o perverse che talora si creano e che poi, proprio perché non ben considerate, riemergono. Magari, dopo aver compiuto certe scelte, ci si accorge che erano condizionate da situazioni familiari non assunte criticamente. Le storie sono infinite e ciascuno ha la sua. Evidentemente, parlando della nostra famiglia, noi la vediamo istintivamente sotto un aspetto luminoso; però ogni storia di relazioni familiari, parentali, fraterne, o di relazioni più ampie, è fatta di luci e di ombre, che ci condizionano molto. Ci condiziona il rapporto con la madre, con il padre, con i fratelli. La Bibbia si dilunga nei racconti patriarcali mostrando rapporti giusti o sbagliati con i genitori e tra fratelli [...].

Le relazioni familiari sono talmente dentro il nostro corpo da condizionarci, consciamente o inconsciamente, nelle scelte, e noi dobbiamo saperlo. Talora, per esempio, ci sono vocazioni in cui influisce inconsapevolmente un certo desiderio di fuga dalla famiglia, a causa di qualche insofferenza pesante. Non è ancora detto che questo non sia volontà di Dio – perché attraverso una situazione storica Dio fa emergere una scelta – però è bene che sia chiarito, in maniera che uno conosca i dinamismi che operano nella sua psiche.

Va inoltre considerato l'aspetto delle *amicizie*, che vuol dire pure inimicizie, vuol dire essere o non essere capito, essere accolto o respinto, accettato o deriso, essere messo sul piedistallo o essere snobbato. La dinamica delle amicizie gioca nelle grandi scelte, perché i cerchi di amicizia o attraggono o respingono diversamente.

– Altra coordinata è quella che la Bibbia chiama la *terra* e che comprende almeno le seguenti realtà: il corpo, il lavoro e lo studio, il denaro.

Nel corpo va considerato il tema della salute, dello sviluppo fisico, delle possibilità o impossibilità fisiche. Nessuno ha una salute perfetta e siamo condizionati fatalmente dalle *défaillances*, da ciò che vorremmo ma non riusciamo a fare. E poi gioca la depressione, l'umore, tutto ciò che è temperamentale dentro di noi. Gioca la sensualità in senso lato: la fantasia, l'accensione dei sentimenti e dei desideri, la sessualità, tutto ciò che appartiene al rapporto tra me e il corpo. Poiché, infatti, il corpo è parte della terra, esso va gestito come un bene che Dio mi ha dato e devo interrogarmi su cosa mi concedo o non mi concedo: il mangiare, il bere, il fumare, il divertirsi sono modalità attraverso cui mi rapporto col corpo.

Il *lavoro*, o concretamente per parecchi lo studio, che è parte del lavoro, è quella fatica con cui uno si piega alla terra. Mediante lo studio acquisisco le nozioni che mi permettono di dominare la terra, di assoggettarla. È necessario che ciascuno si chieda quale rapporto vive con lo studio per comprendere se è puramente di sopportazione oppure di eccessiva curiosità o magari di equilibrio positivo con la realtà. Al di là degli squilibri drammatici – asocialità, droga, ecc. – esistono infatti squilibri quotidiani che esigono una faticosa disciplina di noi stessi. Proprio per questo è importante situarsi in maniera oggettiva e disincantata rispetto a lavoro e studio.

Il *denaro* è pure oggetto di domanda: che uso ne faccio? Tendo all'avarizia o, al contrario, lo tengo in poco conto oppure lo uso male? L'attenzione che ho o che non ho verso il denaro è determinante della personalità.

Il discorso andrebbe poi allargato al nostro rapporto con la società, la cultura, la politica, lo sport e ciascuno, a seconda delle sue esperienze, può riflettervi per cogliere come si situa rispetto a tutte queste realtà che popolano la terra.

– Un'ultima coordinata che mi viene suggerita dal racconto di Giacobbe in viaggio è il *futuro*. Temo il futuro? Lo attendo? Ho paura di non fare le scelte giuste? Come vedo il rapporto tra il mio futuro e le scelte a cui sono chiamato?

Ho semplicemente indicato una serie di coordinate visibili della vita sulle quali avrebbe potuto riflettere Giacobbe prima di addormentarsi: chi sono, dove sono, cosa mi succede, come mi sto trovando?

2. Le *coordinate invisibili* ma sommamente reali della nostra esistenza. Perché, secondo quanto diceva il racconto del *Piccolo principe*, le cose invisibili si vedono col cuore e però sono quelle che contano.

Possiamo riprendere le tre coordinate che abbiamo visto espresse nel brano di Giacobbe: la Provvidenza come sfondo generale; la Parola; la Promessa.

– Come mi situo di fronte alla Provvidenza, ossia quale *senso di Dio ho nella mia vita?* È presente, mi conforta, mi sostiene la coscienza che Dio ha cura di me oppure è assente, è oscurata dalla prova, dalla tentazione di ateismo, di incredulità, di fuga? Tutte queste diverse prove per le quali passiamo non sono solo realtà negative, ma costituiscono anche la dinamicità delle nostre relazioni invisibili.

– Quale *senso della Parola ho?* In particolare, come mi pongo di fronte alla rivelazione vivente che è Gesù Cristo e di fronte alla rivelazione scritta che è la Bibbia, che sono i Vangeli?

Sono forse come Giacobbe che deve ammettere: veramente attorno a me c'era la parola di Dio e io non lo sapevo, perché per me contava poco?

Oppure mi fido della Parola, ma con momenti di fatica e di oscurità?

– La parola di Dio è *promessa,* è promessa anche per me, che si traduce nella formula: Io sarò con te, io sono con te. Dio non è soltanto il Dio di mio padre, della mia gente, della mia stirpe, della mia tradizione, della mia cultura, della mia Chiesa milanese, ma è il Dio *per me* e con me.

Attualizzare in noi la parola di Dio come promessa è fondamentalissimo per ogni scelta di vita, fosse pure la più difficile; mentre l'istintiva paura, angoscia che provo di fronte a certe scelte indica la mancanza del senso della divina promessa. Per alcuni di noi può esserci la "scelta" di una vita sofferente; quante volte ho incontrato giovani che, per una disgrazia, per una malattia insorgente, si trovano costretti a vivere in carrozzella e ho avuto la gioia di vedere che la parola di Dio come promessa è divenuta per loro una nuova ripresa di vita: io sono con te! La promessa del Signore ha illuminato la loro esistenza in forma straordinaria.

Solo così l'uomo può affrontare i cammini impervi e dolorosi e può scegliere vocazioni difficili che la parola di Dio suggerisce.

2

L'INIZIO DEL CAMMINO

Gesù «si manifestò così: si trovavano insieme Simon Pietro, Tommaso detto Didimo, Natanaele di Cana di Galilea, i figli di Zebedeo e altri due discepoli. Disse loro Simon Pietro: "Io vado a pescare". Gli dissero: "Veniamo anche noi con te". Allora uscirono e salirono sulla barca, ma in quella notte non presero nulla» (Gv 21,2-3).

Consideriamo questi versetti come immagine dell'uomo che cerca Dio, che da Dio è cercato e che da Gesù riceve la sua missione nella Chiesa, tenendo però presente la domanda centrale di tutto l'episodio: «Pietro, mi ami tu, sei capace di amare, che cosa sei capace di fare nel tuo amore per me?».

Il primo passo che facciamo è quello di cercare di comprendere chi è quest'uomo Pietro, per capire dietro a lui chi sono io, perché anziché dire l'uomo Pietro, posso dire "me", il mio nome.

La domanda di questa meditazione è la domanda che sant'Agostino ripeteva sovente: «Che io mi conosca, Signore, che io mi conosca!», ed è una domanda alla quale finiamo per non rispondere. Quante sorprese col passare degli anni nella risposta a questa domanda: «Che io mi conosca!».

Farò semplicemente al testo tre interrogazioni che ci aiuteranno a riflettere. Poi suggerirò qualche esercizio di lettura biblica, di preghiera e di ricerca su noi stessi.

«Non presero nulla»

Cosa ci dice il brano su Pietro e i suoi? Il testo dice che si trovavano insieme Simon Pietro, Tommaso detto Didimo,

Natanaele di Cana di Galilea, i figli di Zebedeo (sono Giacomo e Giovanni) e poi altri due discepoli: sette.

Già sorge una domanda: come mai sono sette e non tutti? Come mai sono solo sette discepoli e non undici (lasciamo Giuda)?

Perché questa comunità, che pure era stata ricostituita da Gesù dopo la risurrezione, stenta a camminare come comunità. Anche negli episodi precedenti, quando era venuto Gesù la sera del primo giorno dopo il sabato, mancava uno di loro, Tommaso. Questa volta Tommaso c'è, ma mancano altri. Dov'è Matteo, per esempio, dove sono altri che conosciamo come discepoli?

Si vede che il ricostituire la comunità dei credenti non è una cosa facile, e Gesù opera con pazienza, prendendo le persone un po' così, una per una. La grande opera di Gesù è di costituirci in comunità, in Chiesa, ma sa che è difficile, che è faticoso e allora ci prende così come siamo.

Qui prende questi sette – anche se era certamente da deplorarsi che non ci fossero tutti –, comincia col poco che c'è.

Noi tutti tendiamo a una vita di comunità, di comunione, di gruppo, a fare comunità nella Chiesa e spesso ci lamentiamo che non si riesce. È importante *partire da ciò che c'è*: non deplorare ciò che non c'è. Se i sette si fossero messi a fare il processo agli altri, non si sarebbero mossi e Gesù non si sarebbe mostrato.

Anche noi qui potremmo dire: siamo cento, è un bel numero, ma gli altri dove sono? Perché non siamo in cinquecento o in cinquemila a fare questa esperienza?

Non ci sarebbe niente di strano che tutti i giovani la facessero. Nel mondo ortodosso greco, ad esempio, sono molti i giovani che arrivati a questa età vanno a passare qualche mese nel monastero del monte Athos per una esperienza di preghiera prolungata. Ma se noi ci attardassimo a dire: «Perché? Dove sono gli altri?», non andremmo mai a pescare.

Invece il Signore ci chiede di buttarci anche per gli altri e di ringraziarlo, sicuri che lui, a partire dal poco, produce il molto. Se lui vorrà, questa esperienza, come *granello di se-*

nape potrà crescere e diventare un albero grande, un'abitudine per tutti.

Abbiamo visto perché gli apostoli non sono tutti e cosa significa. Vediamo adesso chi sono, perché il testo ci dà i nomi. Non sempre il Vangelo è così accurato nel riferire i nomi delle persone presenti: questa volta c'è un elenco quasi completo, e pensiamo cosa vuol dire.

C'è Simon Pietro; Simone è il nome di nascita e Pietro è il nome di battesimo. Poi c'è Tommaso detto Didimo, Natanaele di Cana di Galilea e i figli di Zebedeo. Come mai alla fine del Vangelo c'è bisogno di ricordare che Tommaso è detto Didimo, che Natanaele è di Cana di Galilea, che Giacomo e Giovanni sono i figli di Zebedeo? L'evangelista ci vuol ricordare che *ciascuno di questi ha una storia*, un carattere, è un personaggio, è un tipo. C'è una grandissima varietà di temperamenti.

Simon Pietro è quello che è partito con grande entusiasmo e poi ha rinnegato Gesù. Pietro è un uomo, da una parte pieno di sé, sicuro, impulsivo, di cuore grande, però fragile in certi momenti: un uomo complesso, anche discusso, proprio perché non è stato sempre fedele.

Tommaso è quello che si era "buttato" un giorno, quando andavano a Gerusalemme (Gv 11,16) ed erano incerti se andare o no a Betania dagli amici di Gesù (Lazzaro stava morendo: anzi era morto) e Tommaso dice: «Andiamo anche noi e moriamo con lui»; cioè fa superare tutte le paure dei discepoli di andare a Gerusalemme.

Quindi un uomo coraggioso, entusiasta, che però è anche incredulo, messo da parte, risentito, facile alla chiusura, incapace di comunicare, che si fa pregare dai discepoli perché dice: «Non credo finché non vedo» (Gv 20,25). Anche lui ha gravemente mancato verso la comunità.

Natanaele è un altro tipo. Per quanto lo conosciamo è il ragazzo semplice a cui tutto va bene, quello che fin dall'inizio accetta Gesù con grande entusiasmo. Ha fatto, è vero, le sue obiezioni: «Che cosa può venire di buono da Nazareth?» (Gv 1,46), ma quando ha avuto una parola di Gesù ha detto: «Tu sei veramente il Figlio di Dio, colui che aspettiamo». È un carattere riflessivo, ragionevole, costante, profondo.

La varietà dei temperamenti indica che *c'è una chiamata ecclesiale per tutti*. Nessuno può dire di avere un temperamento che non va... C'è una chiamata per i più focosi, c'è una chiamata per i collerici, c'è una chiamata per i placidi, per i semplici: per tutti. Non importa dove siamo o chi siamo: cioè, importa sapere chi siamo per vedere la nostra strada, ma con la tranquillità che Gesù mi accetta così come sono, mi vuol bene così come sono. Anche se i miei amici e le mie amiche mi criticano, Gesù non critica, mi accoglie volentieri, come sono, per chiamarmi.

È uno dei significati che possiamo vedere in questa lista di nomi che ci viene riferita. I due discepoli di cui non si fa il nome sottolineano che ci sono altri anonimi nella comunità, *altri chiamati* di cui però non si conosce il carattere e forse neppure loro lo conoscono. Ma anche questi sono amati da Gesù.

Adesso ci domandiamo: che cosa fanno? Qui il testo è da considerare con attenzione. «Disse loro Simon Pietro: io vado a pescare». Un po' strano questo modo di esprimersi perché, se veramente fanno gruppo, Pietro dovrebbe dire: «Andiamo a pescare». Dicendo: «Io vado a pescare» e aspettando la risposta: «Veniamo anche noi con te» (risposta che certamente lo rallegra molto), si vede che sta riconquistando gradualmente un'influenza perduta. Siamo nel momento di faticosa ricostituzione della comunità.

Ma perché san Giovanni racconta queste cose? Non c'è niente di strano che dei pescatori vadano a pescare. La ragione è molto semplice. In questo andare a pescare, perché hanno fame, c'è il dinamismo costante dell'uomo che sempre vuol fare qualcosa, che sempre ha qualche progetto. Noi siamo produttori istintivi di progetti e di azioni; l'uomo è per natura sua attivo, creativo, inventivo e l'aspetto dinamico salta fuori anche nelle cose più semplici.

Il bisogno dei discepoli di mettersi in azione fa contrasto con il più doloroso insuccesso: «Allora uscirono e salirono sulla barca; ma in quella notte non presero nulla». Questa azione programmata dei discepoli non riesce.

L'evangelista ci vuole anche dire che l'andare a pescare è sì un'azione normale, ma a questo punto è un'azione ambigua. Infatti, erano stati mandati a conquistare il mondo e, invece, si rimettono a pescare come se niente fosse stato. C'è in loro una certa ambiguità tra i grandi ideali a cui sono stati chiamati e il quotidiano che li riassorbe, e questa ambiguità viene fuori nel grande insuccesso e nella umiliazione. Erano pescatori abili, capaci, e non prendono niente.

Credo che in quella notte mentre tiravano le reti una volta, una seconda e una terza volta sempre vuote, si saranno chiesti: ma che cosa ci sta succedendo? È proprio questo il nostro mestiere? O forse è un'altra la nostra vocazione? Gesù non ci aveva detto: «Non preoccupatevi di che cosa mangerete e berrete, cercate prima il Regno di Dio»? Non ci ha detto: «Sarete pescatori di uomini»? E in questa inquietudine (Gesù lavora attraverso l'inquietudine e l'umiliazione) cominciano a capire che quello che sembrava loro una vocazione evidente, una chiamata evidente («andiamo a pescare»), non era la loro vera chiamata.

Il Signore si serve dell'insuccesso per purificarli amaramente, affinché capiscano che la loro felicità non è lì, non è fare una buona pesca e una bella mangiata di pesci. Sono tutte cose buone che Gesù non disprezza (e lui stesso, dopo, preparerà il pasto per loro), ma il desiderio che sentono dentro di muoversi, di far qualcosa è molto più grande di queste cose. Essi non possono più essere definiti come semplici pescatori. La loro vocazione è più alta.

Ecco ciò che leggiamo dietro a queste righe sulla vicenda vissuta dagli apostoli nella loro imperfezione e nella loro tristezza. Erano andati a pescare perché non sapevano cosa fare d'altro; perché erano tristi e non avevano un progetto più grande di vita. Un po' come un ragazzo che dice: «Io vado a ballare» e gli altri: «Veniamo anche noi perché non sappiamo cosa fare e così occupiamo la domenica». È quel mettere avanti delle cose tanto per farle, perché non sia vuoto il tempo e non perché è scattato dentro un ideale.

Chiamati a qualcosa di più

Che cosa ci dice questo testo sull'uomo? Che antropologia c'è dietro? Esprimo due osservazioni che partono da ciò che abbiamo detto sui discepoli, ma le applichiamo all'uomo, perché questo è un testo che rivela l'uomo, che rivela chi siamo noi.

a) Prima osservazione: *l'uomo è mosso dai desideri.* Noi siamo un fascio di desideri, una centrale produttiva di desideri. E questi desideri sono formidabili, perché hanno un'ampiezza, una instancabilità e una capacità di ricrearsi senza fine. Se conosciamo veramente noi stessi sappiamo di essere una fornace di desideri.

Questo è ciò che distingue l'uomo da tutto il resto: l'uomo non è mai stanco di desiderare e di volere, non è mai soddisfatto. A differenza dell'animale, che è contento perché ha mangiato, l'uomo anche dopo un buon pranzo dice: «In fondo però non abbiamo raggiunto ciò che volevamo, dovevamo stare più insieme, dovevamo capirci di più, parlarci di più». Sono formidabili i desideri dell'uomo perché sono vissuti nella forza moltiplicatrice e acceleratrice dei sentimenti e delle emozioni. Non sono desideri sottili come un filo di seta, ma corposi come una valanga che si mescola con le emozioni che continuano a crescere, e questo è il mistero che portiamo dentro di noi.

È lo spessore che c'è in ciascuno, anche nella persona apparentemente più timida, che non parla mai, che è sempre in un angolo. Se la potessimo conoscere ci accorgeremmo che è una fornace di desideri. Qualche volta lo spiraglio si apre e allora si vedono grovigli di cose, aspirazioni, recriminazioni, risentimenti, amarezze, ire, speranze. Spesso non ce ne accorgiamo, perché tutto è coperto dal velo della quotidianità. Andiamo a pescare, ci occupiamo della pesca, e quando rientriamo in noi stessi ci accorgiamo della immensa e pericolosa ricchezza che portiamo dentro e che, peraltro, è il valore della vita umana.

Da qui deriva subito una conseguenza: che per essere veramente noi stessi, per giungere veramente a essere autentici, a saper amare, bisogna *appropriarsi di questi desideri*, fare ordine in essi, chiarirli, tenerli in mano e non spegnerli. Perché spegnerli sarebbe la morte, la morte civile e umana. Certe volte si incontrano persone che hanno spento i loro desideri: per loro tutto è uguale, su tutto sono scettici. In fondo uno dei mali maggiori della droga è che spegne tutti i desideri eccetto uno. Non c'è più desiderio e infatti dicono: «La testa non mi gira più», cioè non si interessa più a niente: c'è una sola cosa, un'unica cosa che si stringe come un pozzo fino a diventare praticamente invisibile.

D'altra parte, i desideri non possono nemmeno essere tumultuosamente lasciati andare perché rischierebbero di diventare distruttivi di noi stessi e degli altri.

Per questo ho detto che dobbiamo appropriarcene: appropriarci dei nostri sentimenti, delle nostre emozioni, delle nostre intenzioni, delle nostre capacità di amare fino in fondo. Quella che chiamiamo "capacità di amare" è un po' la sintesi di questa potenza di desiderio che c'è nell'uomo. Ordinare il desiderio è una delle cose più importanti.

E per questo la preghiera è un'attività fondamentale dell'uomo; *la preghiera ordina i desideri*, li assume e li indirizza verso il bene. La preghiera ci aiuta a non spegnerli. E questo è vitale perché senza desideri, i sentimenti, le emozioni e le nostre azioni avrebbero lo spessore di una ragnatela e non faremmo mai niente, non costruiremmo niente.

Senza desideri uno non affronta una famiglia, non si sposa, non affronta una vocazione, non si impegna in un lavoro difficile: cerca gli impieghi più comodi e nascosti, che non danno fastidio; e alla fine è inquieto perché l'uomo questi desideri li ha in sé e non può farne a meno. È meglio affrontarli e guardarli in faccia, appropriarsene ragionevolmente, indirizzarli e allora si diventa più autentici, cioè più capaci di amare e di rispondere alla domanda: «Pietro mi ami tu?». Pietro era un uomo di violentissimi desideri e perciò anche di sbagli e di paure; ma aveva raggiunto, attraverso una penosa purificazione, la chiarezza sui suoi desideri.

Dunque la prima osservazione è che l'uomo è mosso dai desideri e deve fare ordine in essi.

b) Seconda osservazione: *l'insuccesso mostra all'uomo lo scarto tra l'infinità dei suoi desideri e la possibilità di realizzarli.* La pesca infruttuosa suscita nei discepoli l'amara sensazione che non basta dire di andare a pescare per riuscire a pescare. C'è uno scarto tra la potenza dei desideri e la loro realizzazione effettiva. Quanti sogni di gioventù restano castelli in aria proprio per lo scarto tra ciò che noi vorremmo essere nella vita e ciò che poi si realizza! Vorremmo essere come il tale o il tal'altro, il nostro "io ideale" si proietta e alla fine vediamo che c'è una differenza enorme; l'insuccesso mostra la distanza tra l'infinità dei desideri e la possibilità di realizzarli.

La pesca infruttuosa diventa il simbolo di questo scarto, ed è una delusione salutare perché ci permette di riappropriarci con ordine dei nostri desideri. Ma può essere anche molto pericolosa: scatena reazioni negative e drammatiche.

Ricordo il caso di un uomo molto per bene che non riuscì ad accettare l'umiliazione di essere retrocesso nella carriera e per questo giunse a uccidere. L'insuccesso aveva provocato in lui lo scatenamento di desideri, che c'erano ma che prima riusciva a dominare perfettamente. È un'immagine di ciò che l'insuccesso provoca, per la violenza delle forze che si agitano dentro di noi, e che gli antichi chiamavano le passioni dell'uomo. Le passioni non sono soltanto la sensualità; sono anche l'invidia, l'ambizione, l'orgoglio e i risentimenti più forti; come pure sono passioni l'amore, la fedeltà, l'impegno, il coraggio, l'entusiasmo e la perseveranza. Queste sono le forze dell'uomo che dobbiamo imparare a conoscere e a dominare.

Anche se non arriviamo a casi drammatici, dobbiamo però dire che la pesca infruttuosa si ripete spesso nella nostra vita. Viene ad esempio, magari in giovanissima età, una malattia che immobilizza ed ecco tutta una serie di sogni che crollano. E uno passa due, tre, quattro anni prima di riuscire, se riesce, a ricomporre la profondità dei suoi desideri con la realtà che sta vivendo. Conosco situazioni in cui da questa ricomposizione è venuta fuori una forza speculare formidabile. Ma quanta fatica per arrivare a questa ricomposizione! Anche un'amicizia che sfuma è spesso fonte di grande delusione; un posto non ottenuto, un posto di lavoro sul quale avevamo puntato, soprattutto in situazioni in cui c'è una carriera quasi obbligata. È la notte sul lago di Tiberiade. E il Vangelo non dice tutto; ma quando cominciavano a tirar su la rete vuota, sarà cominciata la litania delle colpe: «È colpa tua, quanto mai siamo venuti, chi ci ha fatto uscire, chi ha avuto questa idea». Cioè vengono fuori tutti i sentimenti negativi.

Dobbiamo riflettere per capire, come gli apostoli, che in fondo l'importante non è "andare a pescare", che si è chiamati a qualcosa di più grande e che il Signore può farci conoscere quel "qualcosa di più" attraverso l'insuccesso.

Guardare dentro se stessi

Che cosa dice questo testo a me? Ciascuno dovrà ascoltarlo soprattutto nella preghiera. Io cerco solo di aiutarvi, suggerendovi quattro interrogativi.

a) *Quali sono i desideri che mi muovono* nelle cose più importanti della mia vita? Cerchiamo di scavare un po' dentro la fornace dei nostri desideri, e capire perché faccio ciò che faccio. Perché io faccio il vescovo, chi me lo fa fare? Per quale motivo? Quali sono le radici del mio vivere così? Perché studio? Perché vivo questo tipo di vita, perché attendo ciò che attendo? Quali sono i desideri che mi muovono nelle cose più importanti della vita?

b) *Sono in buona coscienza con questi desideri?* È la domanda che gli apostoli hanno cominciato a porsi quando non pescarono niente. È davvero la cosa più importante quella che stiamo facendo? Siamo veramente chiamati a essere pescatori come prima o stiamo sfuggendo alla vera chiamata? O forse desidero cose che non si possono avere? Ricordatevi che due comandamenti dei dieci sono sui desideri: «Non desiderare la roba d'altri»; «Non desiderare la donna d'altri». Quindi toccano le due grandi fonti dei desideri umani: le cose, le situazioni, le posizioni; poi le persone. I nostri desideri possono sbagliare gravemente sulle persone. E la gran parte dei conflitti umani – uccisioni, gelosie, perversioni, rotture di famiglie – nascono da un errato orientamento dei desideri.

c) *Vi sono in me dei desideri profondi sotto la cenere?* Desideri nobili, grandi, che io sto soffocando? Questa domanda si può porre anche così: ho veramente stima di me? Ci sono tante persone che hanno talmente ridotto o svilito l'ambito dei loro desideri che se ne vergognano, cioè non sono contenti. Non hanno vera stima di sé, perché non hanno capito l'ampiezza infinita dei loro desideri.

d) *Come mi comporto quando "non prendo pesci"?* Cioè come mi comporto quando mi capita quel che è capitato agli apostoli? Mi autoaccuso con delle forme ulteriori di masochismo contro di me, me la prendo perché mi sento buono a niente, non valgo, non riesco; oppure, con forme inconsce di sadismo, accuso gli altri, la società, la Chiesa, la comunità, il gruppo, la parrocchia? Oppure mi comporto ragionevolmente chiedendomi: «Ho ben orientato i miei desideri?».

La preghiera su queste riflessioni potrebbe essere il salmo 63. Il primo inizia con: «L'anima mia anela a te»: è l'uomo dei desideri, che ha un desiderio infinito di Dio. «L'anima mia anela a te... nella terra arida, senz'acqua... così nel santuario ti ho cercato...»: è la storia di un desiderio lucido, perfetto, chiarito, appropriato.

Oppure potrebbe essere il salmo 8, che dice: «Che cosa è l'uomo perché te ne ricordi... che cosa è l'uomo perché te ne curi? Eppure l'hai fatto poco meno degli angeli, di gloria e di onore l'hai coronato». Noi siamo grandi per questa grandezza di desideri veri [...].

3

CERCARE IL DIO CHE SI NASCONDE

L'itinerario verso il Mistero

Dio si nasconde per farsi cercare e trovare; la ricerca di lui, anche se sofferta e dolorosa, fa parte del gioco d'amore, necessario passaggio a un'esperienza più vera. «L'ho cercato, ma non l'ho trovato» (cfr. Ct 3,1.2): a sottolineare un formidabile dinamismo della nostra conoscenza di Dio.

In fondo, anche Giobbe può dire: ho cercato e non ho trovato, perché non ha avuto la risposta nella quale voleva intrappolare Dio. Ma giungerà ad affermare: «Ora i miei occhi ti vedono», mentre prima «ti conoscevo per sentito dire» (cfr. Gb 42,5), perché sono penetrato più profondamente nel tuo mistero.

Se abbiamo il dono di vivere noi stessi o di partecipare all'esperienza di altri che attraversano momenti di oscurità, di sofferenza, di ricerca e di amore, noi possiamo forse intuire qualcosa di più – anche se non è razionalmente esprimibile – del mistero della notte e della prova. Esso non è legato ai rigidi canoni della giustizia – essendo cieco, «chi ha peccato, lui o i suoi genitori?» (cfr. Gv 9,1) –, ma è inserito nel mistero espresso da Gesù: «Perché si manifestino in lui le opere di Dio» (Gv 9,3).

Nascondimento e presenza

Dal momento che Dio è mistero di relazionalità sorprendente e continuamente in moto, egli si comunica nel dinamismo di una ricerca intessuta di ombre e luci, nascondimenti e manifestazioni. Non dunque nella chiarezza logica, cristallina, cartesiana, che l'uomo vorrebbe sempre. Non come vorrebbero i fratelli di Gesù che lo esortano a manifestarsi. Gesù si manifesta in relazione a quel mistero, cioè rendendosi presente e nascondendosi. Si manifesta nei miracoli e si nasconde nell'umiliazione della croce; si manifesta nella risurrezione, però soltanto ad alcuni intimi, e si nasconde alle grandi attese spettacolari del suo mondo e del mondo di ogni tempo.

A noi risulterebbe certamente più facile credere a un Dio che utilizza il palcoscenico della storia per un grande spettacolo pirotecnico.

La gioia della cima

Tuttavia, il Dio della Rivelazione è di natura misteriosa; non è soltanto ostensione piatta e plateale di sé, bensì ricerca, gioco, relazione continuamente rinnovata.

Per conoscerlo dobbiamo quindi cercarlo, stare al suo gioco. Chi lo vuole ridurre a una dialettica diversa da quella che gli è propria, farà fatica a conoscerlo e ad accettarlo. Lo accetterà con l'intelligenza, ma non si rassegnerà al fatto che non sia come lui si attende. Occorre entrare nel gioco, «esultare come giganti» percorrere questa strada, così come la percorre il sole dall'uno all'altro estremo. Il gioco racchiude sempre la serietà di un rischio e insieme leggerezza e gioia. Mi viene in mente l'immagine dell'ascensione di una parete di montagna; anch'essa è fatta per gioco, non si fonda su nessun calcolo di interesse. Per questo fa piacere, anche perché è rischio e c'è timore di non farcela. Ma quando, superando le varie difficoltà, a poco a poco si intravede la cima, scoppia nel cuore la gioia di averla conquistata, gioia che non può provare chi la raggiunge seduto comodamente in seggiovia.

Comprendere tutto questo equivale a entrare nella conoscenza vera di Dio. La conoscenza «per sentito dire» presenta qualche crepa; possiamo conoscerlo come relazionalità fantasiosa, giocosa, sorprendente, creativa; e possiamo conoscerlo come Trinità d'amore solo se corriamo il rischio di arrampicarci cercando di rassomigliare al Figlio di Dio che si è giocato nell'universo creato fino a dare la vita.

4

DI FRONTE AL MISTERO

La vera ricerca di Dio

La celebrazione della memoria di santa Maria Maddalena, insieme con le letture che la liturgia ci propone come proprie, ci fanno riflettere su quell'archetipo dello spirito umano espresso, ad esempio, da Freud con la menzione dell'*animus* e dell'*anima*. Ossia con la menzione di quella duplicità che vive in unità nell'essere umano.

L'*animus* è lo spirito razionale, volitivo, logico, costruttivo, calcolatore, mentre l'*anima* è la dedizione, l'affetto, la scoperta interiore dell'altro. Tutto questo viene anche espresso in un certo senso con il principio maschile e femminile, tenendo però conto che è l'insieme dei due principi a comporre l'archetipo della persona.

La figura di Maria Maddalena, come ci viene presentata, è l'archetipo dell'*anima*, di quella realtà che nell'uomo e nei corpi sociali è data dall'intuizione, dalla dedizione gratuita, dalla tenerezza, dalla capacità di comprendere a fondo le persone. La liturgia si limita a contemplare, nella santa, soprattutto questo aspetto che costituisce la parte più recondita e più difficilmente definibile dello spirito umano. Aspetto che se viene trascurato produce personalità imperative, volitive e tuttavia rigide, quasi inumane.

Sarebbe interessante commentare le due letture (Ct 3,1-4a; Gv 20,1.11-18) cercando di cogliere il rapporto tra *animus* e *anima* nella completezza della psiche umana e vedere come il rapporto religioso li comprenda entrambi: quindi, la razionalità della fede, la teologia come scienza, la percezione dei valori delle cose visibili e delle realizzazioni visibili, e insieme la mistica, l'adorazione, l'estasi, la lode, la gioia profonda e indicibile, affettuosa della fede, la contemplazione del Crocifisso. Noi siamo sempre un po' carenti nell'uno o nell'altro aspetto e dobbiamo riflettere su di essi per giungere a quella unità in cui tutte le coordinate della persona si fondono.

Mi limito a qualche sottolineatura del brano tratto dal *Cantico dei cantici*.

«L'ho cercato, ma non l'ho trovato»

«Così dice la sposa: "Sul mio letto, lungo la notte, ho cercato l'amato del mio cuore; l'ho cercato, ma non l'ho trovato. Mi alzerò e farò il giro della città; per le strade e per le piazze; voglio cercare l'amato del mio cuore. L'ho cercato, ma non l'ho trovato. Mi hanno incontrato le guardie che fanno la ronda: avete visto l'amato del mio cuore? Da poco le avevo oltrepassate, quando trovai l'amato del mio cuore"» (Ct 3,1-4).

Mi colpisce anzitutto la duplice ripetizione: «L'ho cercato ma non l'ho trovato». Che cosa concluderebbe l'*animus*, cioè quella parte di noi che è calcolatrice ed efficientista? Se non l'hai trovato, vuol dire che non è per te, che forse è troppo alto, che non sei fatto per lui, che sei sulla strada sbagliata.

Invece l'*anima*, più profonda, intuisce.

Ricordo il titolo di un libro scritto da un ateo, che riporta le parole del *Cantico*, in latino: «Quaesivi et non inveni»[2]. E l'autore racconta la sua ricerca di Dio affermando di non essere riuscito razionalmente a trovarlo.

Si è evidentemente fermato all'*animus*, lo ha cercato attraverso i ragionamenti esteriori e, a un certo punto, si è stancato. La personalità completa è quella che dice: «L'ho cercato e,

[2] Augusto Guerriero, *Quaesivi et non inveni*, Milano, Mondadori, 1973.

dal momento che non l'ho trovato, lo cerco ancora di più, lo cerco con maggiore amore».

Non l'ho trovato vicino a me, e allora: «Mi alzerò e farò il giro della città; per le strade e per le piazze; voglio cercare l'amato del mio cuore» (Ct 3,2). Qui leggiamo l'estasi interiore, la presenza già nascosta di Dio che opera.

Questo è importante per capire a fondo noi stessi. In noi c'è un dinamismo della ricerca di Dio, che opera anche quando non lo troviamo, e opera di più. Se diamo voce a tale dinamismo, che è già la grazia dello Spirito santo, il dito dello Spirito santo che scrive la lettera di Dio in noi, noi entriamo nella totalità della nostra persona, che è ricerca razionale e logica, ma poi ricerca affettiva, amorosa. Ed entriamo anche a conoscere meglio il mistero di Dio che è amore. Amore non significa soltanto efficienza, produzione di beni in serie; amore è libertà di Dio, capacità di amare ciascuno in modo diverso, gusto di nascondersi per farsi trovare. Quando arriviamo a comprendere qualcosa di questo mistero di Dio che è Trinità di amore, gioco di amore perenne in sé, che è dono, non ci stupiamo più scoprendo che Dio talora si nasconde a noi per acuire nel nostro cuore il desiderio di cercarlo e per darci la gioia di ritrovarlo.

Dio è vitalità infinita, inventività continua nell'amore, libertà assoluta [...].

Aprirci al "di più"

Entrare nel dinamismo dell'amore trinitario significa "andare oltre". Perché se non vado oltre me stesso e oltre l'orizzonte della vita quotidiana, ho toccato ben poco del mistero di Dio. Questo mistero è come una cascata di montagna, che uno capisce solo buttandosi dentro, per così dire, lasciandosi portare giù come l'acqua che precipita, senza timore, perché la sua natura è di precipitare. Il mistero di Dio è un dinamismo che possiamo cogliere solo aprendoci al "di più".

Tutte le volte che nella nostra vita ci accordiamo alla tonalità del «più oltre», ci sentiamo contenti, sperimentiamo che

Dio ci è vicino e anche se non lo troviamo continuiamo a cercarlo con una intensità che può diventare eroica. Al contrario, quando ci limitiamo o vogliamo precisare, chiudere i conti, stabilire dei confini – questo è lecito, quest'altro non lo è –, siamo già nel mercantilismo gretto e Dio allora scompare davvero perché non è così.

Se dunque pensiamo di aver conosciuto la verità di Dio, ma non siamo entrati nel fuoco e nel gioco dell'amore, siamo in realtà un po' lontani.

Il dono che il Signore vuol farci e che da sempre ci ha fatto con il suo Spirito è di capire che l'uomo si realizza andando oltre se stesso, che si realizza donandosi.

Dio non esiste se non nella relazione di donazione del Padre al Figlio, e non è pensabile al di fuori dello Spirito che è effervescenza continua di amore. Egli è fuoco che brucia senza consumare, è al di là del mistero stesso del fuoco, pur essendo fuoco.

E la preghiera di adorazione davanti al Crocifisso ci aiuta in questo cammino di conoscenza del divino mistero. Non c'è studio di teologia che equivalga a questa crescita nella conoscenza di Dio, anche se poi l'*animus* che è in noi richiede razionalità, riorganizzazione coerente dei dati.

Senza l'aspetto dell'*anima* – che Maria Maddalena rievoca e il brano del *Cantico dei cantici* descrive – non c'è gioia del Vangelo e non viene presa nessuna decisione autentica.

Infatti, ogni realizzazione veramente esistenziale richiede l'uscita da sé, il lasciarsi afferrare dalla dinamica dell'amore di Dio che è Dio stesso; ogni realizzazione esistenziale richiede la ricerca perseverante di ciò che abbiamo intravisto.

Non dobbiamo quindi aver paura di cercare «l'amato del mio cuore», anche se non lo troviamo. La ricerca ci fa uscire da noi e prima o poi incontreremo quel barlume, quella frangia della tunica di Cristo che ci basta per guarirci, per nutrirci, per darci coraggio, entusiasmo, per vincere le nostre grettezze.

5

LA LUCE VELATA

Signore Gesù, hai messo dentro di noi tanti desideri, e li hai messi perché ci hai fatto per te. L'uomo è fatto per te e "il nostro cuore è inquieto finché non riposa in te"[3].

Ti ringraziamo, Signore, perché ci hai fatto così grandi nei nostri desideri, ci hai fatto senza limiti. Soprattutto ti ringraziamo perché ti manifesti a noi, perché possiamo conoscere che tu sei l'oggetto ultimo dei nostri desideri, colui che cerchiamo in tutte le cose attraverso tutte le cose. Il tuo Regno è la pienezza della realtà desiderabile, quella che ci fa chiedere ogni giorno: Venga il tuo Regno. Ti ringraziamo anche, o Gesù, perché talvolta ci fai poveri, perché attraverso la pesca infruttuosa diventiamo i poveri del Regno, coloro che sentono che Dio colma la nostra fame e sete di giustizia, asciuga le nostre lacrime, riempie il nostro cuore.

Fa', o Signore Gesù, che noi ti riconosciamo sulla via dei nostri desideri, che sappiamo aprire il cuore alla verità del tuo manifestarti a noi. Te lo chiediamo insieme con Maria, che ti ha riconosciuto fin dal tuo primo manifestarsi a lei, insieme con i santi dei nostri tempi, che hanno ascoltato la voce; con i martiri dei nostri tempi, con il beato Kolbe, con tutti coloro che hanno ascoltato la tua voce che parlava dentro e diceva: Fa' qualcosa per il tuo fratello.

Apri il nostro cuore perché anche noi viviamo questa esperienza nella semplicità. Tu che vivi e regni con il Padre e lo Spirito Santo nei secoli dei secoli. Amen.

[3] Agostino, *Confessioni*, I, 1.1.

Imparare a riconoscere Gesù

Vorrei proporvi una riflessione su Giovanni 21,4-6: versetti che ci raccontano come Gesù si manifestò. Tutto il racconto è sotto il segno della manifestazione di Gesù. Infatti al v. 1 si dice: «Dopo questi fatti, Gesù si manifestò di nuovo ai discepoli sul mare di Tiberiade. E si manifestò così».

Questi versetti ci dicono qual è stato quel "così" del manifestarsi di Gesù:

> «Quando già era l'alba Gesù si presentò sulla riva, ma i discepoli non si erano accorti che era Gesù. Gesù disse loro: "Figlioli, non avete nulla da mangiare?". Gli risposero: "No". Allora disse loro: "Gettate la rete dalla parte destra della barca e troverete". La gettarono e non potevano più tirarla su per la grande quantità di pesci».

Ecco il primo modo con cui Gesù si manifesta e la domanda che corrisponde a questa parola di Dio è: so riconoscere Gesù? Ho la pazienza di riconoscere Gesù?

Vedremo infatti che questo riconoscimento è un *cammino di pazienza*, non è una folgore. Ci interrogheremo quindi sulla nostra capacità di riconoscere Gesù mediante la pazienza. Poniamo tre domande al testo per cercare di gustarlo e assaporarlo.

1. Che cosa dice il testo su Gesù? Dice come Gesù si presenta e quando. Si presenta all'alba, cioè in una luce velata, in quel momento del mattino in cui si vede sì e no. L'angoscia della notte è passata ma il sole non è ancora sfolgorante.

A questa indicazione meteorologica-fisica si aggiunge l'altra: che i discepoli non si erano accorti. Gesù si presenta ma è un po' enigmatico, da lontano. Non si sa chi è, si vede qualcuno, una figura confusa, forse qualche presentimento, così come talora abbiamo. Questo modo velato di presentarsi di Gesù non è un'eccezione nei racconti dopo la risurrezione. La stessa cosa è raccontata dei discepoli di Emmaus: «I loro occhi erano incapaci di riconoscerlo» (Lc 24,16). E anche la Maddalena piangeva ma non riconosceva chi aveva davanti. Vuol dire che riconoscere Gesù quando si presenta a noi come Risorto non è così facile come riconoscerlo quando era uomo e bastava toccarlo. Qui c'è un cammino più lungo, un itinerario da percorrere. Per questo parlavo di pazienza necessaria per riconoscere Gesù.

Non è una cosa che dipende puramente dagli occhi, perché non è un'evidenza fisica: è un'evidenza morale e interiore, che richiede il cammino dell'uomo.

Questo è anche *il grande problema della conoscenza di Dio.* Se tanti dicono che Dio non c'è e cadono nell'ateismo; se tutti noi siamo tentati, in fondo, di cadere nell'ateismo è proprio perché la conoscenza di Dio non è come la conoscenza di un fiore o di un libro. La conoscenza di Dio è un cammino, in cui l'uomo ascende verso la sua autenticità e ascendendo verso di essa, riconosce questa presenza. È un cammino che comporta una dinamica, uno svolgimento ordinato dei desideri e questa cosa va capita, anche nel campo educativo. *Non basta dire le cose,* proclamarle; ma bisogna aiutare il ragazzo, il giovane a fare quel cammino che mette realmente in grado di riconoscere Gesù al proprio livello, nella propria vita, secondo la propria cultura.

La presenza di Gesù è velata, enigmatica, reale, ma tale da stimolare la la ricerca, che è fondamentale per l'uomo, così come lo è il cammino del desiderio purificato perché possiamo diventare noi stessi.

Qualche volta noi ci crogioliamo un po', ci lamentiamo col Signore, che non si manifesta in maniera più chiara, che permette tante beghe nella Chiesa, che non ci dice come fare. Adagio adagio, però, si capisce che il Signore vuole che noi cerchiamo, che cresciamo in questa ricerca. Noi diventiamo veri ricercatori di Dio cercando la sua volontà, cercandola in questa Chiesa, in questo mondo, in questa società, in queste situazioni difficili, crescendo nel dialogo, nella pazienza, nella sopportazione, nell'ascolto.

Così cresciamo. Se no saremmo degli automi; se ogni mattina ci risvegliassimo col programma già fatto da Dio, allora non ci sarebbe più problema. Invece siamo degli operatori attivi e cresciamo responsabilmente nel Regno di

Dio, ricercando umilmente la sua volontà e purificandoci in questa ricerca.

Ciò vale anche per la ricerca di Dio in se stesso, che è crescita interiore purificante, faticosa, e se molti arrivano a non credere in Dio, non è perché abbiano più o meno argomenti di noi, ma perché si sono stancati di cercarlo, cioè hanno finito di fare il vero mestiere di uomo che è *mettersi di fronte alla verità.*

Vedete quindi quante cose vuol dire questo Gesù presente sulla riva, che lascia gli apostoli inquieti: «Ma perché non lo dice chi è?». Gesù fa fare loro certe cose, dopo le quali soltanto capiscono che è lui.

Che cosa dice Gesù? Esaminiamo bene le sue parole: «Figlioli! Non avete nulla da mangiare?». Gli risposero: «No». Allora disse loro: «Gettate la rete dalla parte destra della barca e troverete». Pochissime parole, ma molto significative. Quel "Figlioli!" con cui comincia non si trova altre volte nel Vangelo. Giovanni lo usa altrove, ma nel senso di "bambini". Per esempio, quando l'ufficiale va da Gesù e dice: «Vieni prima che il mio bambino muoia» (Gv 4,49). È la stessa parola! Oppure quando si dice che la madre che dà alla luce il bambino è nella gioia (Gv 16,21). Questa parola "figlioli" è una parola affettuosa, paterna, che comincia a far breccia nei loro cuori un po' amareggiati.

La domanda: «Non avete nulla da mangiare?» è un capolavoro di finezza. Gesù non li rimprovera. Avrebbe potuto umiliarli, prenderli in giro, oppure sgridarli perché si erano sbagliati sulla vocazione. Invece non fa niente di tutto questo e pone la domanda come un bisogno: «Avrei bisogno di qualche cosa per me». Gesù, con estrema delicatezza, fa emergere la nullità del loro lavoro, mettendosi però un po' dalla loro parte.

È così che Gesù fa con i nostri desideri, non con quelli che sono già di per sé condannabili, evidentemente negativi, ma con tutta quella massa di desideri, in parte buoni e in parte ambigui, che ci muovono, che riguardano la vita, il lavoro, la sistemazione, lo studio, il successo, le relazioni, le amicizie, il trovarsi bene nella comunità, nel gruppo, il fare un certo cammino nella vita.

Gesù non ci prende a pugni nello stomaco, ma ci prende per la mano: «Forse potresti aiutare anche me, con questa tua massa di desideri, potremo lavorare insieme». Gesù ci dà coraggio, stimola, provoca la tensione verso il bene.

«Gettate e troverete». È una parola sicura: fa capire che se accettiamo che entri anche lui nella nostra ottica e ce la trasformi, ci andrà bene anche umanamente. Gesù vuole che facciamo una pesca fruttuosa, ma vuole che la facciamo lasciando che lui entri nella nostra ottica e la rettifichi.

Domandiamoci un po' cosa avrebbe fatto invece il diavolo se fosse apparso nella stessa mattina, nella penombra sulla spiaggia? Cosa avrebbe detto? Certamente li avrebbe rimproverati e derisi, perché l'azione del nemico di Dio è di spegnere i desideri, di accusarci, di smorzare tutto ciò che di buono c'è in noi. E ciò avviene quando lasciamo che questa voce negativa operi in noi. Abbiamo dentro di noi quello che la Bibbia chiama l'"accusatore" (Satana è il termine ebraico che traduciamo accusatore). E dobbiamo saperlo riconoscere, perché è accanito contro di noi. Sempre ci fa vedere i nostri lati negativi, i nostri sbagli e le nostre incapacità.

La parola di incoraggiamento di Gesù è invece piena di significato perché ripete il tono di altre parole del Vangelo: voi ricordate il «bussate e vi sarà aperto», «cercate e troverete», «chiedete e otterrete», «a chi bussa è aperto», «chi cerca trova». È la pazienza, la perseveranza che Gesù raccomanda: di non dare fiato né in noi, né nelle nostre comunità, né nel gruppo alle voci di disfattismo e di pessimismo, che sono voci del nemico.

I dilemmi della fede

2. Che cosa potevano fare gli apostoli di fronte a questa parola di Gesù? Mettiamoci sulla barca, mettiamoci nei loro

panni e cerchiamo di vedere come noi avremmo risposto e reagito dopo una notte insonne, con la rabbia, con l'amarezza dentro, e magari anche con l'idea che il Signore ci ha un po' abbandonato, che dopo tante parole ci ha piantati in asso.

Io ipotizzo tre risposte.

a) La prima: *rifiuto e derisione:* cosa ne sai tu, chi sei e che cosa vuoi insegnare a noi che siamo pescatori, cosa ne sai di questo lago? È l'atteggiamento dell'uomo che dice: «Cosa ne sa Dio della mia vita? Lo so io: se sbaglio, sbaglio io. Lui non c'entra nei miei progetti». Questo, in fondo, è il rifiuto pratico di Dio, che è tanto facile almeno implicitamente.

«Non esiste nessuno, né Dio né uomo a cui dare fiducia». È la scelta nichilista, o meglio scettica, e oggi tanti uomini di fatto vivono tristemente questa situazione.

b) La seconda: *disfattismo pratico, cioè l'indifferenza:* «Beh, lasciamolo parlare, è uno in più che ci dà consigli»; «non c'è niente da fare per me, per la mia comunità; non c'è niente da fare per la parrocchia, per il gruppo, per la Chiesa; non c'è niente da fare per il mondo oggi; ciascuno si aggiusti; si salvi chi può; ciascuno prenda il meglio che può avere». L'atteggiamento di disfattismo, il rifiuto di crescere, il rifiuto di riconoscere che Dio lo si conosce confidando e amando, e non chiudendosi nella freddezza.

c) La terza: *dare fiducia ai segni, ai presentimenti*. In questo modo si riconosce Gesù. Gli apostoli capiscono che quella parola ha un suono, un'affettività, ha delle memorie che richiamano loro delle cose profonde che forse non saprebbero spiegare. Vale la pena di ascoltarlo perché, dopo tutto, può avere ragione, può essere una voce dall'alto. Il riconoscimento pratico di Gesù nella vita è dare fiducia ai segni e quindi impegnarsi e coinvolgersi, buttare giù quella rete, più larga di prima, con più fiducia e attenzione di prima.

Questo è il cammino. Gesù non poteva essere riconosciuto dai discepoli tristi, amareggiati, sfiduciati; doveva gradualmente ricostruire un po' di entusiasmo, un po' di energia, perché l'uomo conosce Dio pienamente quando comincia a essere se stesso, cioè a lasciar aprire in sé le fontane dell'entusiasmo, della speranza, della disponibilità, dell'amore; quando comincia a dare fiducia lui stesso a un altro.

Gesù chiede la stessa fiducia che aveva chiesto a Pietro sulla barca, durante la prima predicazione: «Getta la rete» e Pietro aveva detto: «Sul tuo nome la getterò». È la pazienza di dare fiducia.

Dare fiducia ai "segni"

3. Che cosa dice il testo a me? La risposta che suggerisco, molto semplice, è un'ulteriore domanda: so fidarmi, so dare fiducia ai segni? I segni sono, per esempio, la preghiera, l'eucaristia, la carità, il sacrificio.

Bisogna dare fiducia alla preghiera. Se io voglio ottenere tutto e subito e mi stanco, non ho dato fiducia: sarebbe come gli apostoli che a metà della notte se ne vanno a casa. La preghiera richiede un investimento fiducioso di pazienza perché attraverso di essa l'uomo giunga alla situazione autentica nella quale Dio gli si manifesta.

C'è una pagina di un libro sulla preghiera[4] che mi ha molto colpito. Parla di questo saper pazientare nell'attesa, di aver la pazienza di riconoscere Gesù.

«La cosa più difficile – scrive – per coloro che si sono imbarcati nell'avventura della fede, è avere pazienza con Dio. La condotta del Signore con quelli che gli si dedicano è molto spesso disorientante, non c'è logica nelle sue reazioni, perciò non c'è proporzione tra i nostri sforzi per scoprire il suo volto velato e i risultati di tali sforzi, e molti perdono la pazienza e sconfortati abbandonano tutto. Nel dinamismo dell'economia di Dio esiste solo una direzione: quella del dare. Nes-

[4] Ignazio Larrañaga, *Mostrami il tuo volto*, Milano, Paoline, 2004[13].

suno può esigere da Lui alcunché; nessuno può interrogarlo, affrontandolo con domande».

È il dramma di Giobbe, che lo affronta dicendo: «Voglio che tu mi dia, esigo», e alla fine si accorge che Dio è dono e si concede non attraverso l'esigenza, ma la confidenza e la fiducia.

Dio risponde dopo aver provato la pazienza dell'uomo. Chiediamoci come è la nostra preghiera: se è perseverante oppure saltuaria, capricciosa o lunatica.

Un altro segno è l'eucaristia, connessa col sacramento della riconciliazione, della penitenza. Sono segni in cui Gesù ci si mostra: però bisogna usarne con perseveranza e intelligenza, altrimenti diventano solo delle cose.

Anche l'eucaristia può diventare un'abitudine, non un atto d'amore da parte di Dio a cui noi con amore ci accostiamo.

Sono segni la carità, il sacrificio, tutto ciò che ci costa, soprattutto quando ci costa davvero.

Ho letto un decalogo di un gruppo di giovani volontari che si stanno costituendo in un gruppo permanente di servizio, soprattutto dei più poveri; c'è questa regola che mi è parsa molto bella: "Saper nascondere molte pene sotto un sorriso". Questa è una cosa molto grande, perché spesso noi siamo lunatici, facciamo sacrifici quando ci vanno, e quando non ci vanno diventiamo intrattabili e li facciamo pesare. Questa non è la pazienza della ricerca di Gesù che è ancora sulla spiaggia, un po' lontano, si vede e non si vede e richiede che Pietro si butti nell'acqua, che sacrifichi qualcosa di sé.

Dunque, la domanda è: «So perseverare nell'attesa, con qualche sacrificio?». Spesso è in famiglia, in casa e nel gruppo che si fanno i migliori sacrifici di questo tipo perché è lì dove c'è da nascondere con un sorriso le pene, le cose che non vanno, i malumori, le idiosincrasie.

A volte viviamo vicino e non ci capiamo, diventiamo così ispidi gli uni verso gli altri da continuare a pungerci. Se poi uno si mette a ragionare su questo, peggiora la situazione; se invece prova a fare un gesto coraggioso e semplice come fare un sorriso, dire una parola buona e amichevole, come giocare col cuore, giocare le carte di cuori e non quelle di picche, allora forse ha fatto un passo reale per la conoscenza di Gesù nella sua vita.

E ancora: che cosa avviene quando non diamo fiducia a questi segni e non perseveriamo nella preghiera, non viviamo la riconciliazione e l'eucaristia, non ci sacrifichiamo nella carità, non esaltiamo le richieste di impegno nelle piccole cose quotidiane? Avviene che non cresciamo nella coscienza di noi stessi e i nostri desideri si sfilacciano, si ottundono e anche Dio ad un certo momento si "volatilizza".

C'è una pagina ancora di quel libro che mi sembra significativa:

> «Se per lungo tempo si trascura di pregare (e con la preghiera mettiamo gli altri modi di dare fiducia a Dio, appunto: carità, riconciliazione, sacrificio, passare oltre se stessi), Dio finisce per morire, non in se stesso, perché è per essenza il Vivente, l'Eterno, l'Immortale, ma nel cuore dell'uomo. Dio muore come una pianta rinsecchita che si è trascurato di bagnare».

È come dire che Dio non è più la realtà prossima, concreta e trascinante, e se si dice ancora che ha validità, però nella vita si vive come se Dio non esistesse, non è più in noi quella forza pasquale che ci strappa dai recessi del nostro egoismo per lanciarci in un perpetuo esodo verso un mondo di libertà, umiltà, amore e impegno.

Soprattutto il segno inequivocabile dell'agonia di Dio in noi è che il Signore non desta più allegria nel cuore. C'è ancora, si agisce esteriormente per lui, ma come fonte di letizia non è più presente.

Restiamo come sarebbero rimasti gli apostoli, quella notte, se non avessero risposto alla domanda e se fossero rimasti nel secondo atteggiamento, cioè nell'indifferenza. Anche Gesù si sarebbe allontanato, tutto sarebbe scomparso.

Ecco, dunque, che cosa avviene in me quando non do fiducia ai segni e non persevero: non cresco nella vera e autentica umanità, non cresco nella vera conoscenza della forza della Pasqua, che vive ed è presente in me.

Signore, fa' che io ti riconosca nella mia vita, fa' che io riconosca le tue domande, che vengono dalla spiaggia, da lontano, fa' che io non abbia paura di qualche impegno.

Preghiamo intensamente perché questo si compia in noi e possiamo anche noi esclamare con gioia: «È il Signore!».

6

CHE COSA SIGNIFICA RIPARTIRE DA DIO

Sono i profeti a insegnarci che cosa significa ripartire da Dio. Profeta è «colui che tiene lo sguardo fisso verso il Dio che viene» (Martin Buber), ma ha allo stesso tempo i piedi ben piantati sulla terra. Mi sembra che oggi ci sia penuria di profeti: c'è chi guarda in alto mentre i suoi piedi sembrano aver perduto il contatto con la terra degli uomini (è la tentazione di tanti spiritualismi caratteristici di un'età che si è autodefinita New Age); c'è chi è talmente incollato al proprio frammento di terra da perdere di vista l'insieme e l'orizzonte più grande. Ripartire da Dio richiede il coraggio di riproporsi le domande ultime, di ritrovare la passione per le cose che si vedono perché sono lette nella prospettiva del Mistero e delle cose che non si vedono.

Si potrebbe esprimere in tre modi il "che cosa" della proclamazione del primato di Dio.

Rispetto al cammino personale significa non dare mai nulla per scontato nel nostro cammino di fede, non cullarci nella presunzione di sapere già ciò che è invece perennemente avvolto nel mistero; significa santa inquietudine e ricerca.

Rispetto al nostro agire comunitario e sociale significa mettere tutti i nostri progetti umani sotto la signoria di Dio e misurarli sul Vangelo.

Rispetto ai frutti che tale atteggiamento suscita, significa godere una esperienza di profonda serenità e pace.

L'inquietudine della notte della fede

Ripartire da Dio vuol dire sapere che noi non lo vediamo, ma lo crediamo e lo cerchiamo così come la notte cerca l'aurora. Vuol dunque dire vivere per sé e contagiare altri dell'inquietudine santa di una ricerca senza sosta del volto nascosto del Padre. Come Paolo fece coi Galati e coi Romani, così anche noi dobbiamo denunciare ai nostri contemporanei la miopia del contentarsi di tutto ciò che è meno di Dio, di tutto quanto può divenire idolo. Dio è più grande del nostro cuore, Dio sta oltre la notte.

Egli è nel silenzio che ci turba davanti alla morte e alla fine di ogni grandezza umana; Egli è nel bisogno di giustizia e di amore che ci portiamo dentro; Egli è il Mistero santo che viene incontro alla nostalgia del Totalmente Altro, nostalgia di perfetta e consumata giustizia, di riconciliazione e di pace.

Come il credente Manzoni, anche noi dobbiamo lasciarci interrogare da ogni dolore: dallo scandalo della violenza che sembra vittoriosa, dalle atrocità dell'odio e delle guerre, dalla fatica di credere nell'Amore quando tutto sembra contraddirlo. Dio è un fuoco divorante, che si fa piccolo per lasciarsi afferrare e toccare da noi. Portando Gesù in mezzo a voi, non ho potuto non pensare a questa umiliazione, a questa "contrazione" di Dio, come la chiamavano i Padri della Chiesa, a questa debolezza. Essa si fa risposta alle nostre domande non nella misura della grandezza e della potenza di questo mondo, ma nella piccolezza, nell'umiltà, nella compagnia umile e pellegrinante del nostro soffrire.

È come nel cammino verso Emmaus (Lc 24,13-35). Da principio il Signore si fa sentire stimolando e interrogando l'inquietudine dei discepoli. Poi si manifesta nelle parole che spiegano le Scritture, le quali fanno comprendere ai due discepoli che c'è qualcosa al di là di quanto essi credevano di aver capito. Ma quando Gesù si rivela nella frazione del pane, subito scompare ed essi lo cercheranno correndo incontro ai fratelli. Gesù stimola, attrae, si manifesta, e insieme invita ad andare oltre, a non contentarsi della formula ricevuta o della gioia di un momento.

Talora presumiamo di avere già raggiunto la perfetta nozione di ciò che Dio è o fa. Grazie alla Rivelazione sappiamo di lui alcune cose certe che egli ha detto di sé, ma queste cose sono come avvolte dalla nebbia della nostra ignoranza profonda di lui. Non di rado mi spavento sentendo o leggendo tante frasi che hanno come soggetto "Dio" e danno l'impressione che noi sappiamo perfettamente ciò che Dio è e ciò che egli opera nella storia, come e perché agisce in un modo e non in un altro. La Scrittura è assai più reticente e piena di mistero di tanti nostri discorsi pastorali. Preferisce il velo del simbolo e della parabola; sa che di Dio si può parlare solo con tremore e per accenni, come di "Qualcuno" che in tutto ci supera. Gesù stesso non toglie questo velo, lui che è il Figlio: ci parla del Padre, ma "per enigmi", fino al giorno in cui svelatamente ci parlerà di lui. Questo giorno non è ancora venuto, se non per anticipazioni che lasciano ancora tante cose oscure e ci fanno camminare nella notte della fede.

Perciò anche la Chiesa, fatta a immagine della Trinità, non può capire mai a fondo se stessa né può cessare di ricercare con passione e pazienza la sua identità. Molti discorsi pastorali nascondono l'illusione di sapere tutto sulla Chiesa e sui suoi cammini nel mondo, come se si trattasse solo di applicare delle regole e di dedurre conclusioni da principi. Ma la Chiesa ha la sua origine nel Padre che è prima di ogni principio e va accolta come dono che si rinnova ogni giorno per la forza sorgiva dello Spirito.

Questo discorso potrebbe essere frainteso, quasi si trattasse di "rimettere continuamente in discussione tutto". Le certezze che ci sono date in dono sono ben certe e ciascuno le può ritrovare nel catechismo della Chiesa cattolica. Esse sono faro e guida per i nostri cammini, però non sono più di una «lampada che brilla in un luogo oscuro, finché non spunti il giorno e la stella del mattino si levi nei vostri cuori» (2Pt 1,19). Non ci dispensano dalla fatica dell'interrogarci, dal timore di illuderci, dal bisogno di esaminarci con umiltà su quanto diciamo e operiamo ogni giorno.

L'ultima misura di tutto

Ripartire da Dio vuol dire confrontare con le esigenze del suo primato tutto ciò che si è e che si fa: Egli solo è la misura del vero, del giusto, del bene. Vuol dire tornare alla verità di noi stessi, rinunciando a farci misura di tutto, per riconoscere che Lui soltanto è la misura che non passa, l'àncora che dà fondamento, la ragione ultima per vivere, amare, morire. Vuol dire guardare le cose dall'alto, vedere il tutto prima della parte, partire dalla sorgente per comprendere il flusso delle acque.

Ripartire da Dio vuol dire misurarsi su Gesù Cristo e quindi ispirarsi continuamente alla sua parola, ai suoi esempi, così come ce li presenta il Vangelo. Vuol dire entrare nel cuore di Cristo che chiama Dio "Padre". Il Vangelo, quando è letto con spirito di fede e di preghiera, ci rimanda a un Dio che è sempre al di là delle nostre attese, che supera e sconcerta le nostre previsioni; è l'esperienza che facciamo ogni volta che ci dedichiamo seriamente alla "lectio divina". Non sappiamo ancora leggere convenientemente il Vangelo se non ci sentiamo spinti verso l'oltre misterioso di Dio, verso il segreto del Padre, non riducibile a nessuna misura o comprensione umana.

Ripartire da Dio vuol dire abbandonare al soffio dello Spirito il nostro cuore inquieto, perseverare nella notte dell'adorazione e dell'attesa. È questa la sola via per uscire dalla violenza dell'ideologia senza cadere nella condizione di naufragio del nichilismo, senza etica e senza speranza.

Il Dio con noi è il Dio che può aiutarci a trovare le vere ragioni per vivere e vivere insieme. Rispetto alle acque basse in cui sembra stagnare oggi la vita civile, sociale e politica del nostro Paese, partire da Dio significa trovare senso, slancio, motivazione per rischiare e per amare. «Quando ami, non dire: ho Dio nel cuore. Di' piuttosto: sono nel cuore di Dio»[5]. Ripartire da Dio significa riconoscere di essere nel cuore di Dio per un'esperienza di fede e di amore vissuti: riconoscere di essere nati per imparare ad amare di più, osare di più, andare oltre i limiti delle nostre comodità e dei nostri piccoli traguardi.

Esperienza di pace e riconciliazione interiore

Ripartire da Dio significa farsi pellegrini verso di lui aprendosi al dono della sua Parola, lasciandosi riconciliare e trasformare dalla sua grazia. Non c'è altro porto di pace, altra sorgente di vita che vinca la morte. Solo il Dio della vita sa dare riposo al nostro cuore inquieto; solo lui può liberarci dalla paura di amare e contagiarci il coraggio di scelte di libertà da noi stessi, di servizio agli altri. Solo chi si riconosce amato dal Dio vivo, più grande del nostro cuore, vince la paura e vive il grande viaggio, l'esodo da sé senza ritorno per camminare verso gli altri, verso l'Altro.

Questa esperienza di pace e riconciliazione interiore la facciamo soprattutto quando diamo a Dio tempi gratuiti di preghiera, di silenzio, di ascolto della Parola; quando siamo fedeli alla preghiera quotidiana, senza fretta, con calma, con amore; quando dedichiamo a Dio con gioia il tempo della Messa domenicale; quando lasciamo che dalle nostre labbra scaturisca la lode al Padre, il ringraziamento per le cose belle e buone che ci dà, per le persone che incontriamo e anche per gli eventi sofferti di cui non capiamo subito il senso.

[5] Gibran Kahlil Gibran, *Il profeta*, Milano, 1987, p. 20.

Avere a cuore l'Eterno è al tempo stesso la sfida più profonda e l'offerta più grande che sia possibile vivere: testimoniare questo primato di Dio è il compito più alto che i credenti possano assolvere in questo tempo di cambiamento e di inquietudine.

Anche qui il Manzoni ci ha detto parole incisive, descrivendo in tanti episodi del suo romanzo la pace del cuore che invade l'animo di chi, in momenti burrascosi e oscuri, si affida alla Provvidenza divina: Agnese, Lucia, fra' Cristoforo, l'Innominato... Potremmo dire che Manzoni ha capito come nel cuore della nostra gente il primato di Dio si esprime spesso in quella fiducia semplice nella Provvidenza che impedisce all'attivismo di trasformarsi in ansietà della vita.

7

CHIAMATI ALLA CONVERSIONE

I vari tipi di conversione

La conversione è un evento molto importante, fondamentale per l'uomo. Cristiano è chi si converte dagli idoli a Cristo Gesù, rivelatore del Padre, e vive la sua esistenza in modo nuovo, con quel modo nuovo di guardare la realtà tipico di colui che si riconosce peccatore, ma salvato, figlio di Dio, amato e perdonato.

Se tuttavia esaminiamo da vicino l'evento della conversione ci accorgiamo che comporta diversi aspetti – non propriamente delle tappe – che storicamente si presentano talvolta anche separati.

Possiamo così parlare di conversione religiosa, conversione morale, conversione intellettuale e conversione mistica. A titolo puramente esemplificativo e nell'intento di illuminare meglio il tema della conversione intellettuale che ci siamo proposti come centro della nostra riflessione, vorrei contemplare quattro figure di santi – Agostino, Ignazio di Loyola, Newman e Teresa d'Avila – per cogliere, in ciascuno di essi, un volto della conversione cristiana. Tenendo tuttavia presente che questo volto, in loro, non è l'unico. Ogni cristiano, infatti, dopo la prima conversione, quella battesimale, dovrebbe giungere gradualmente anche alle altre.

La conversione religiosa

Agostino ci mostra chiaramente il passaggio dalla non conoscenza del Dio della Bibbia alla conoscenza del Dio di Gesù Cristo.

Egli era molto confuso sull'idea di Dio e pensava addirittura a una duplice divinità, al principio del Bene e del Male. Dunque, prima ancora di una conversione morale e di una conversione mistica, Agostino ebbe una radicale *conversione religiosa*, grazie al contatto con Cicerone.

La racconta nelle *Confessioni*, quando parla della sua lettura dell'*Ortensio*:

> «Quel libro, devo ammetterlo, mutò il mio modo di sentire, mutò le preghiere stesse che rivolgevo a te, Signore, suscitò in me nuove aspirazioni e nuovi desideri, svilì d'un tratto ai miei occhi ogni vana speranza e mi fece bramare la sapienza immortale con incredibile ardore di cuore. Così cominciavo ad alzarmi per tornare a Te» (*Conf.* III, 4.7).

Il ritorno, il cambiamento di direzione del cammino, è l'inizio della conversione religiosa.

> «Come ardevo, Dio mio, come ardevo di rivolare dalle cose terrene a Te, pur ignorando cosa volessi fare di me» (*Conf.* III, 4. 7-8).

Era ancora incerto sul futuro, viveva ancora un'esistenza disordinata, però aveva intuito che in ogni caso Dio è tutto, è al di sopra di tutto, che Dio ha il primato.

E se ci domandiamo dove questo è espresso nelle tappe della predicazione evangelica e dei Vangeli scritti, rispondiamo che si trova indubbiamente nel libro di Marco: esso proclama la «buona notizia di Gesù Cristo, figlio di Dio» (Mc 1,1) e chiama l'uomo a una scelta irrevocabile del Padre di Gesù Cristo, di *questo* Dio di Gesù morto sulla croce.

Il Vangelo di Marco rappresenta il livello della conversione religiosa cristiana.

La conversione morale

Ignazio di Loyola ci permette di vedere un secondo volto della conversione. Credeva in Dio, era stato educato alla fede cristiana, si dedicava anche a qualche pratica religiosa, ma gli piacevano le vanità del mondo e la sua vita era piuttosto disordinata.

Trovandosi infermo a seguito di una ferita alla gamba, si mise a leggere una «Vita» di Cristo e alcune biografie di santi, che lo posero a confronto con se stesso. Riflettendo seriamente sul suo passato, comprese che, pur riconoscendo già il primato di Dio, per essere degno dell'amore di Gesù, morto per salvarci, doveva cambiare modo di comportarsi. Da quel momento incomincia un cammino che lo porterà ad essere un vero uomo di Chiesa, profondamente obbediente alla realtà e all'istituzione ecclesiastica.

La sua è una *conversione morale* anche negli aspetti sociali, perché sfocia nel servizio alla comunità ecclesiale.

A tale aspetto della conversione richiama il Vangelo di Matteo rivolto in particolare a quei fedeli che, avendo già accettato Cristo come la pienezza della legge e il predetto dai profeti, devono convertirsi alla Chiesa quale corpo di Cristo, devono accoglierla nella sua disciplina, nelle sue regole, nella sua struttura dogmatica.

La conversione intellettuale

E vengo a quel livello di conversione intellettuale su cui vorrei più precisamente concentrare la vostra attenzione: una conversione sottile e difficile da definire. La leggiamo nella figura del cardinale Newman.

Egli credeva profondamente in Dio e in Gesù, era moralmente molto retto, di grande austerità e santità di vita. Intellettualmente, però, era molto confuso. Non sapeva quale Chiesa rappresentasse veramente la Chiesa istituita da Gesù. Ed è interessante vedere, nella sua autobiografia, la fatica mentale che ha dovuto compiere. Non dunque una fatica morale, e nemmeno religiosa, ma proprio la fatica di cogliere tra i diversi ragionamenti, le diverse argomentazioni, le molteplici teologie e filosofie, quella giusta.

A un certo punto del suo cammino, riflettendo attentamente sulle eresie del IV secolo, su come la Chiesa aveva superato l'arianesimo e il donatismo, intuì il principio di unità e la centralità di Roma. In proposito, Newman parla di «illuminazione» che cambiò la sua vita.

Si tratta di una *conversione intellettuale.* Essa tocca, infatti, l'intelligenza che, dopo aver vagato attraverso opinioni e punti di vista confusi, diversi, contraddittori, finalmente trova un principio per il quale riesce a decidersi e a operare, non sotto l'influenza dell'ambiente o del parere degli altri, bensì per una illuminazione chiara e profonda.

Mi preme sottolineare che la conversione intellettuale è parte del cammino cristiano, pur se sono poche le persone che vi arrivano perché è certamente più comodo, più facile accontentarsi di ciò che si dice, di ciò che si legge, di come la pensano i più, dell'influenza dell'ambiente anche buono.

Tuttavia, il cristiano maturo ha assoluto bisogno di acquisire convinzioni personali, interiori per essere un evangelizzatore serio in un mondo pluralistico e segnato da bufere di opinioni contrastanti.

In altre parole, la conversione intellettuale è propria di chi ha imparato a ragionare con la sua testa, a cogliere la ragionevolezza della fede grazie a un cammino, forse faticoso, che lo rende capace di illuminare altri.

L'opera di Luca – Vangelo e Atti – rappresenta quello stadio dell'itinerario cristiano in cui una persona, dopo la decisione religiosa di esser tutta del Dio di Gesù Cristo, dopo quella morale di vivere un'esistenza secondo la disciplina e gli insegnamenti della Chiesa, vuole a ogni costo cogliere il cammino cristiano nel mondo, nell'insieme delle filosofie e delle teologie tra loro diverse, con una chiarezza che deriva appunto dall'aver imparato a orientarsi in mezzo a un contesto difficile.

Luca insegna a orientarsi nel mondo pagano, a paragonare le tradizioni religiose pagane con quelle ebraiche, a mantenere la fedeltà al Dio di Israele, al Dio creatore e in Gesù redentore, pur vivendo al di fuori del popolo ebraico. La comunità primitiva si trovava di fronte a gravi problemi intellettuali e teologici; per esempio: bisogna imporre le forme religiose ebraiche, anche disciplinari, ai pagani oppure occorre operare una nuova sintesi?

Gli Atti degli apostoli ci fanno capire che è possibile un'evangelizzazione planetaria, che non è necessario riprodurre semplicemente il modello israelitico di pensiero e di pratica religiosa. Il grande merito di Luca consiste nell'aver affrontato in maniera diretta ed esplicita il problema della cultura religiosa, della conversione intellettuale, quindi anche dell'evangelizzazione delle culture.

E la sua opera deve esserci particolarmente cara oggi, dal momento che viviamo in un universo culturale scomposto e confuso. Anche al tempo di Luca erano venute meno le ideologie e si assisteva a una mescolanza di vecchie e nuove filosofie, di riti che venivano dall'oriente, di religioni misteriche; la gente era perplessa, inquieta, aveva bisogno di orientamento, di certezze, di imparare a cogliere l'unità del disegno divino.

Ispirato da Dio, Luca ci ha offerto un modello di comportamento missionario al quale riferirci ancora oggi. Giovanni Paolo II lo riprende nell'enciclica *Redemptoris missio*, dove presta attenzione alle diverse religioni, alle varie culture, al dialogo interculturale, ma con quella libertà, chiarezza e serenità che sono proprie di Luca.

Vorrei inoltre osservare che la stessa grande teologia di Paolo è uno sviluppo delle intuizioni di Luca. L'apostolo costruisce una teologia che non si limita a rinnegare gli errori; essa tiene conto dei concetti buoni del rabbinismo sulla giustizia di Dio e delle riflessioni dello gnosticismo sull'unicità del cosmo. Per questo è molto importante leggere il Vangelo di Luca e gli Atti degli apostoli nell'approfondimento teologico di Paolo, in particolare nelle Lettere ai Romani, ai Corinti, ai Galati, agli Efesini, ai Colossesi.

Il Signore ha dunque provveduto alle colonne della sua Chiesa, a dirigere il consiglio e la scienza di questi uomini per insegnarci a meditare sui misteri di Dio, per permetterci di viaggiare tra genti straniere investigando il bene e il male, senza lasciarci contaminare, indagando la sapienza di tutti gli uomini e dedicandoci allo studio delle profezie (cfr. Sir 39).

Luca è riuscito a operare una sintesi tra visione giudaica del mondo, a partire da Abramo e dalle profezie, e una visione cosmica che poteva anche essere compresa dai pagani, partendo dal Dio creatore e dal primo uomo, considerando quindi tutta la successione dell'umanità chiamata a un unico disegno.

Lasciamoci perciò scuotere dal messaggio lucano verso una conversione intellettuale, nel desiderio di utilizzare la nostra intelligenza per valutare i fenomeni e gli eventi che si verificano intorno a noi, per non esserne emarginati o intimoriti [...].

Il passaggio alla conversione intellettuale richiede sforzo, volontà, pazienza, tempo, ma vi invito a farlo. Rimango sempre perplesso quando, incontrando qualche comunità religiosa, anche contemplativa, mi accorgo che, pur conducendo una vita pia, devota, santa, sacrificata, questi uomini o queste donne non hanno l'intelligenza spirituale della situazione della Chiesa. I nostri Padri, come Agostino e Ambrogio, non si sono distinti solo per la pietà o per la moralità; essi avevano acquistato quell'intelligenza che può giudicare da sé ciò che è bene e ciò che è male, che può rendere ragione delle proprie opzioni di fede.

Di questa maturità cristiana, che nasce dalla conversione intellettuale, noi abbiamo bisogno oggi per evangelizzare un'Europa così sofisticata e attraversata dalle più strane correnti di pensiero.

La conversione mistica

Il Vangelo di Giovanni delinea il quarto volto della conversione cristiana, quella *mistica* che è bene esemplificata in Teresa d'Avila.

Teresa credeva in Dio, viveva una vita buona, e però lei stessa scrive che il monastero non l'aveva aiutata a compiere veramente un salto di qualità.

Dopo più di vent'anni di «mediocrità» ella entra, per grazia, in quello stato di semplificazione nel quale contempla il Signore presente in lei, in ogni membro del suo Corpo mistico, in ogni persona e in ogni situazione, e contempla tutta la realtà in Lui.

La conversione mistica è infatti quella condizione che ci permette di cogliere immediatamente la presenza di Dio ovunque. È lo stadio contemplativo del quarto Vangelo, il più consono per chi ha responsabilità presbiterali. Perché il presbitero è l'uomo della sintesi, l'uomo che sa vedere sempre lo Spirito santo in azione nella storia, e tutta la storia in Dio. Non è soltanto l'evangelizzatore che proclama la Parola, ma anche il responsabile e, come tale, deve cogliere l'unità nei frammenti, l'unità nelle disparate attività, attraverso la preghiera continua e il senso dell'onnipresenza divina.

8

QUARESIMA, TEMPO DI CONVERSIONE

Le tappe del cammino

La liturgia quaresimale si compone di valori che, nel loro insieme, sollecitano e illuminano lo svolgersi di un cammino di conversione. Accompagnare il Signore nel suo «salire verso Gerusalemme» significa rinnovare la scelta di comunione al suo mistero di morte e risurrezione che trova nell'abbandono di fede al Padre e nel servizio di carità ai fratelli le sue espressioni più autentiche. Il nutrimento della Parola – «Non di solo pane vivrà l'uomo, ma di ogni parola che esce dalla bocca di Dio», ripete il brano programmatico del Vangelo di Matteo alla prima domenica – illumina la direzione dell'itinerario spirituale dei credenti, rivelando la durezza del nostro cuore e la lontananza di tanti dei nostri atteggiamenti dai pensieri di Dio.

I molti richiami della liturgia quaresimale al battesimo costituiscono un invito a rinnovare l'alleanza con Dio e a intraprendere il sentiero che ci fa autenticamente discepoli di Gesù. Infine, le ricorrenti sottolineature della nostra fragilità e della situazione di peccato in cui viviamo nel mondo chiedono di avere accoglienza nei segni della penitenza che manifesta un cuore consapevole del proprio sbaglio e della propria povertà ma, nello stesso tempo, fiducioso nella misericordia del Signore.

Ognuno dei quaranta giorni quaresimali porta dentro di sé questi messaggi. Nelle forme della tradizione liturgica ambrosiana – il Messale, il Lezionario festivo e feriale, la Liturgia delle ore –, essi vanno anzi assumendo un'eco particolarmente profonda. Facciamo sì che il pregare come singoli e come comunità nelle celebrazioni liturgiche trasformi il nostro cuore e ci indichi i segni di una vera conversione. Sarà importante, per questo, che le comunità si confrontino da vicino con le infinite forme di peccato presenti al loro interno e nel mondo circostante; esse dividono e scardinano i rapporti, generano freddezza e abitudine, riducono Dio a qualcosa di generico e di lontano, coltivano la schiavitù per tanti idoli passeggeri che non sapranno mai riempire il cuore e svelare il senso vero dell'esistenza.

Quali segni di conversione ci chiede la Quaresima? A ognuno – singolo, gruppo, comunità – l'impegno di una risposta che darà verità al nostro itinerario di popolo di penitenti incamminato verso la Pasqua.

La scelta di dedicare un'attenzione specifica alla celebrazione pasquale del sacramento della riconciliazione si colloca quindi in un quadro di valori e di attese assai vasto ed esigente. Diventarne tutti più consapevoli significa anche credere a quel messaggio del Sinodo che ho sintetizzato con queste parole: «Illuminare l'evento di grazia celebrato nel sacramento della penitenza ponendolo in continuità tra il cammino di conversione della rigenerazione battesimale e la piena comunione significata e realizzata dalla cena eucaristica»[6].

Per facilitare l'attuazione pastorale di questi orientamenti e, nello stesso tempo, per impegnarci in un comune cammino penitenziale come comunità diocesana chiedo la fedeltà a questi punti:

– Ogni comunità celebri comunitariamente un «ingresso in penitenza» che esprima la volontà di intraprendere insieme un itinerario di conversione; questo potrà avvenire con una celebrazione apposita per la liturgia delle ceneri o con una celebrazione penitenziale da situare comunque all'interno della prima settimana.

[6] *A un mese dal Sinodo*, II, 3.

– Ogni venerdì veda lo svolgersi di una celebrazione penitenziale comunitaria che aiuti il realizzarsi di un concreto itinerario di conversione; sarà questo, tra l'altro, un modo per valorizzare il senso della liturgicità del venerdì di Quaresima nella tradizione della nostra liturgia.

– L'ordinata e tempestiva programmazione dei tempi della celebrazione sacramentale della riconciliazione in occasione della Pasqua conclusiva dell'itinerario di conversione; sarà da prevedere, in particolare, la celebrazione in forma comunitaria del sacramento con la confessione individuale (durante la celebrazione stessa o nei giorni successivi, conclusa poi dal rendimento di grazie).

Il sacramento della riconciliazione

Compresa in questo modo, la celebrazione sacramentale della riconciliazione nel tempo liturgico che prepara alla Pasqua rivela tutta la sua "verità"; essa non appare infatti soltanto come momento importante in se stesso, ma come fatto che esprime e realizza l'impegno di conversione che la liturgia continuamente ripropone come anima di tutto l'itinerario quaresimale.

Anche a questo livello possiamo ritrovare una grande sintonia tra l'impegno pastorale che ci proponiamo per la prossima Quaresima e uno dei messaggi fondamentali del Sinodo. Dedicare infatti una grande attenzione all'itinerario spirituale del penitente significa raccogliere l'invito frequentemente risuonato nel Sinodo a percorrere con lucidità e coraggio tutti i sentieri che possono far ritrovare l'unità al cuore dell'uomo spesso smarrito e diviso e alla società ferita da drammatiche divisioni.

È un impegno di ampie proporzioni, che deve coinvolgere tutte le risorse della fede e della carità: «Come aiutare l'uomo a riconoscere nella verità il proprio volto sfigurato o rattristato e il volto paterno di Dio che lo cerca? Come dare un nome e un giudizio alle proprie scelte sbagliate, alle proprie azioni scorrette e a ciò che di negativo ciascuno coltiva nel cuore?».

Il compito pastorale della Chiesa rispetto al peccato è di vasta portata. Chiede impegno a liberare la libertà dell'«uomo dai mille condizionamenti che la imprigionano; chiede di ridire continuamente l'evangelo di un Dio che è giudice della storia e padre di tutti; chiede di esprimere con maggiore evidenza gli aspetti positivi e costruttivi delle esigenze morali annunciate da Gesù e accolte nella tradizione viva della Chiesa»[7].

Acquista pertanto grande importanza l'impegno pastorale che aiuti il penitente – singolo e comunità – a vivere l'esperienza spirituale implicata nell'itinerario di conversione che conduce alla celebrazione sacramentale della riconciliazione.

In particolare, vorrei richiamare tutti – perché tutti siamo penitenti, tutti bisognosi di redenzione – a coltivare alcuni valori e a educarsi ad alcuni atteggiamenti veramente fondamentali nel cammino di conversione.

Penso, anzitutto, alla disponibilità a far giudicare la propria vita dalla parola di Dio: non siamo noi arbitri e giudici ultimi o inappellabili del nostro vivere. La fede comporta questo lasciarsi formare dalla Parola, e impegna a una lettura di noi stessi e delle nostre azioni che si ispiri da vicino ai criteri evangelici. L'esperienza spirituale del penitente richiede inoltre una rinnovata scelta di mettersi alla sequela di Gesù; il desiderio di una maggiore fedeltà al Maestro e di una scelta più coerente che ci ponga nella scia dei sentieri da lui percorsi costituisce, in qualche modo, l'anima di un itinerario di conversione.

Infine, il desiderio di vivere in pienezza la comunione con Dio e con i fratelli; il peccato infrange o in qualche modo scalfisce questa comunione, la rende meno trasparente e ve-

[7] *A un mese dal Sinodo*, II, 2.

ra; il cuore di un convertito deve imparare a riamarla in modo più profondo.

Questo mio invito a vivere la riconciliazione sacramentale in occasione della Pasqua può raggiungervi all'interno di situazioni molto diverse. Non parlo tanto delle differenze di ambiente, di professione, di età; penso piuttosto alla diversità di situazioni "spirituali".

C'è tra noi chi ha rotto in modo grave l'alleanza battesimale; deve decidere un ritorno vero al Signore, nel segno di un cuore pentito e desideroso di perdono e di novità di vita.

C'è chi sta vivendo magari da indifferente o da distratto la propria fede; il cuore è altrove, soltanto nelle cose magari, e per Dio non c'è spazio né desiderio di ricerca; conversione significherà allora decisione di uscire da questo grigiore per rimettersi in cammino e accettare di avere un rapporto vero e personale con il Signore.

C'è chi sta camminando nella fede, da tempo magari; il cammino penitenziale verso la Pasqua lo aiuta allora a riconfermare delle scelte, a purificarsi dai segni di una fragilità che si manifesta in tante forme, a meglio comprendere il disegno di Dio sulla sua vita.

C'è qualcosa di grande in tutto questo, meritevole d'essere vissuto in pienezza.

Se nelle mie parole tutti – i singoli e le comunità – vediamo l'invito a entrare nel vivo di noi stessi, delle nostre scelte, del nostro modo di porci di fronte a problemi, situazioni, ambienti, l'itinerario spirituale di conversione potrà trasformarsi in qualcosa che ha un'enorme rilevanza sotto il profilo personale e sociale.

Il Sinodo ha espresso in più modi questa convinzione della pratica incidenza tra cammino di conversione e autentica testimonianza di riconciliazione: «[...] Dovremo farci attenti a riscattare la celebrazione della penitenza dal rischio della pratica insignificanza – radice non secondaria della sua crisi – in cui spesso viene posta [...] Occorre far emergere con maggiore evidenza la connessione tra la richiesta di confessarsi e l'impegno di superare le divisioni, all'interno di sé stessi, nel rapporto con gli altri e con la società»[8].

I ministri della misericordia di Dio

Il dialogo coinvolge tutti, pastori e fedeli, in quanto penitenti. È vero, d'altra parte, che per coloro che hanno il compito di ministri della riconciliazione in virtù dell'imposizione delle mani loro conferita nell'ordinazione sacramentale, questa riflessione sull'itinerario penitenziale conferisce nuove prospettive al modo di intendere l'esercizio del ministero della misericordia.

Vorrei incoraggiare a vivere e a gustare quel momento così qualificante del ministero qual è quello che si esprime nella celebrazione sacramentale della riconciliazione; nonostante la fatica e l'impegno che esso comporta, il ruolo di ministri della misericordia va vissuto con gioia, e con un sentimento di profonda gratitudine a colui che, *dives in misericordia*, ci fa degni d'essere tramite del suo amore verso i peccatori.

Situare la riflessione relativa al ministero della penitenza alla luce delle considerazioni fatte precedentemente significa essere abituati a comprendere quali valori e atteggiamenti debbono accompagnarci nell'interpretarlo. Siamo chiamati anzitutto – quando ascoltiamo il penitente nel dialogo personale o quando aiutiamo la comunità a rileggere la propria vita nelle celebrazioni in forma comunitaria – a rendere familiare il rimando a quella Parola che giudica e che illumina, che discerne e guarisce; in questo modo e per questa ragione diventiamo "guida" dei nostri fratelli.

Sarà importante conseguentemente manifestare l'atteggiamento fraterno proprio di chi ascolta e incoraggia; occorrerà anche richiamare ed educare agli autentici atteggiamenti reli-

[8] *A un mese dal Sinodo,* II, 3.

giosi, così come si renderà necessario lo sforzo di suggerire il sentiero di una conversione fatta di passi veri e di apertura alle scelte ispirate al Vangelo.

A volte non è facile interpretare il momento di vita di un fratello, dato che non sempre ci appaiono chiari i perché e le cause di alcuni comportamenti. Vi invito tuttavia a non vivere mai con angoscia questa difficoltà. In ogni occasione è sempre possibile porsi questa domanda: questo fratello o questa sorella che passo potrebbe fare oggi? Anche se piccolo, uno spiraglio si aprirà sempre; e sarà l'avvio per un cammino che riprende, un modo cioè con cui il penitente non si sente condannato a rimanere nella sua situazione, ma esortato ad affidarsi a colui che gli dà forza.

Potrà essere utile, al riguardo, ridare attenzione al colloquio personale all'interno della celebrazione sacramentale della penitenza. Dovremmo aiutare dapprima l'esprimersi di una *confessio laudis*, che dà voce di ringraziamento a chi avverte di essere stato in tanti modi sorretto, visitato da Dio.

Seguirà la *confessio vitae*, non intesa soltanto come elenco dei peccati commessi, ma anche come individuazione delle loro radici profonde, che consenta poi di contrapporsi ad essi in maniera efficace.

Diverrà conseguente allora la *confessio fidei*, il chiedere a Dio di essere purificati nella radice dei propri peccati, di essere medicati nelle forze oscure che non controlliamo e da cui derivano tanti atteggiamenti sbagliati; il chiedere che venga tolto il peso dei peccati passati, che genera scoraggiamenti, forme di depressione, di aridità, di stanchezza. Occorre insistere in questa preghiera: essa viene coronata dall'imposizione delle mani e dall'assoluzione sacramentale che assicura che non si è soli coi propri propositi, ma che lo Spirito santo, mandato dal Risorto per la remissione dei peccati, rinnova interiormente e guida nel cammino.

9

LE RESISTENZE DELLA MENTE

L'obbedienza della fede

Scrive san Paolo: «Per mezzo di lui» – Gesù Cristo nostro Signore risorto dai morti – «abbiamo ricevuto la grazia dell'apostolato per ottenere l'obbedienza alla fede da parte di tutte le genti, a gloria del suo nome» (Rm 1,5).

L'obbedienza alla fede è dunque lo scopo dell'apostolato di Paolo, è lo scopo della morte di Gesù e dell'invio dello Spirito santo sugli apostoli per abilitarli, appunto, a ottenerla. È lo scopo della Chiesa, della missione cristiana: ottenere l'obbedienza della fede di ogni creatura ragionevole al mistero di Dio, al *kerygma*, all'annuncio di salvezza.

Il tema è centrale in tutto il Nuovo Testamento. Non a caso la Lettera ai Romani, nella dossologia finale, torna a ripetere: «A colui che ha il potere di confermarvi, secondo il Vangelo che io annunzio e il messaggio di Gesù Cristo, secondo la rivelazione del mistero taciuto per secoli eterni, ma rivelato ora e annunziato mediante le scritture profetiche, per ordine dell'eterno Dio, a tutte le genti *perché obbediscano alla fede*, a Dio che solo è sapiente, per mezzo di Gesù Cristo, la gloria nei secoli dei secoli. Amen» (Rm 16,25-27).

Il concetto è espresso anche nella Lettera agli Ebrei dove si dice che il Figlio di Dio «reso perfetto, divenne causa di salvezza eterna per tutti coloro che gli obbediscono» (Eb 5,9).

Gesù è per noi salvatore mediante quell'atto fondamentale che è chiamato *obbedienza della fede*.

Ma anche gli antichi Padri si sono salvati attraverso l'obbedienza e l'ascolto: «Per fede Abramo, chiamato da Dio, obbedì partendo per un luogo che doveva ricevere in eredità, e partì senza sapere dove andava» (Eb 11,8). Possiamo immaginare Abramo che cammina verso la prima tappa della sua peregrinazione, ignorandone la meta. Quale tumulto di quesiti si sarà scatenato nella sua mente? Certamente non è stato facile per lui rispondere a interrogativi di questo genere: chi me lo fa fare? È giusto davvero? Perché non sono rimasto dov'ero?

L'obbedienza alla fede non si esaurisce in un atto unico, indivisibile; piuttosto, è l'inizio di una lotta contro tutte le tentazioni mondane di disobbedienza, di autosufficienza, di presunzione, pensieri propri dell'uomo carnale, psichico che, secondo le parole di Paolo, ha sempre mille ragioni da opporre alla fede.

Il disordine della mente

L'obbedienza alla fede suppone la vittoria su tutto ciò che costituisce il disordine della mente: fantasmi contrari e disturbanti che si oppongono al cammino di fede, lo avversano, lo deridono, lo mettono in questione, lo vorrebbero interpretare diversamente, lo interrogano. Essi sono – come dicono gli spiriti immondi nell'episodio degli indemoniati di Gerasa (Mc 5,1-10) – una legione, una sarabanda.

Se ne accorge bene chi vuole iniziare davvero il cammino della fede. Ogni uomo è soggetto a questa moltitudine di idee moleste e trasversali che, quasi fossero parassiti, cavallette o moscerini, ronzano intorno impedendo l'applicazione a quello che è il dovere fondamentale. Coloro che non tentano una vita spirituale non se ne accorgono e vivono di impressioni, di letture, di giornali, di ascolto di suoni, di rumori, di televisione, passando dall'una all'altra di queste cose in un continuo vortice di immaginazioni, fantasie, desideri, spegnendo una visione con la visione successiva, proprio come chi guardando un programma televisivo dopo l'altro resta sempre sotto l'influsso di un'eccitazione.

Il disordine della mente è, possiamo dire, una situazione costante dell'esistenza, anche se non è avvertito. Lo si avverte quando si comincia a fare silenzio, a meditare regolarmente: allora si è assaliti da una folla di pensieri inutili, vani, disordinati, e il combatterli può diventare un vero martirio nascosto, una vera penitenza capace di supplire a tante altre penitenze esteriori. Ma è anche condizione di sanità psichica, perché chi riesce a disciplinare il mondo delle fantasie, degli affetti, dei desideri, dei timori, delle previsioni, delle fughe in avanti, delle nostalgie, ottiene una certa buona salute interiore. Altrimenti la persona è sempre sballottata da sentimenti diversi nei quali non sa orientarsi, e cambia rapidamente umore, reagendo in maniere di cui non sa neppure rendersi conto.

La lotta contro il disordine della mente è una delle occupazioni più importanti per colui che vuole obbedire a Dio e abbandonarsi alla sua azione.

I diversi modi di disobbedienza della mente

Tra i tanti modi di disobbedienza della mente vorrei identificarne almeno alcuni. Molti sono semplicemente disturbanti e li chiamiamo distrazioni: vanno e vengono e però non militano direttamente contro l'obbedienza, pur se sono sempre capaci di diminuire la forza dello spirito.

Tuttavia, non di rado ci sono pensieri che assumono l'aspetto di vere disobbedienze alla fede, magari implicite o nascoste. Giobbe ne è un continuo esempio. Se rileggiamo il Libro da questo punto di vista, ci accorgiamo che Giobbe e i suoi amici esprimono, parlando, una sarabanda di idee parecchie delle quali tendono alla disobbedienza. Di esse abbiamo esperienza anche noi: pensieri, ad esempio, che frullano nella testa per farci ribellare alla situazione che stiamo vivendo; non accettazione di noi, del nostro fisico, della nostra famiglia, della nostra storia; non accettazione della società. Noi siamo, infatti, tenuti a combattere il male che è in essa, ma se sogniamo e fantastichiamo condizioni diverse, irreali, questo ci impedisce di amare, di servire, di contribuire a migliorare il mondo, perché continuamente ci presentano una situazione diversa da quella reale.

E ancora, non accettazione di essere peccatore, di avere sbagliato. Quante volte siamo vessati dall'autogiustificazione; soprattutto se criticati, a torto o a ragione, emerge nella nostra mente una lunga teoria di autogiustificazioni e ci rivediamo mille volte nella situazione per dire a noi stessi che gli altri non ci hanno capito e che noi abbiamo ragione.

Giobbe ci ha insegnato anche il pericolo della non accettazione, di non sapere chi siamo e se siamo giusti o meno, il pericolo del bisogno assoluto di definirci, di capirci nelle nostre radici. E c'è un modo di fare su di sé l'indagine psicologica o la psicanalisi, che sottende proprio questa bramosia: voglio possedermi fino in fondo e perciò perseguo una ricerca infinita di sogni, fantasie, tic nervosi, gesti inconsci, per riuscire a scoprire quel segreto di me così difficile da possedere.

Da questi pensieri si passa certamente a quelli di più diretta disobbedienza: la non accettazione di Dio. È, in fondo, la grande tentazione che pervade tutto il Libro di Giobbe. Egli lo accetta, ed è il suo grande atto di fede, tuttavia la sua mente è sempre tentata di rifiutarlo, fino alla tentazione di disperazione e anche, nel senso negativo, di rassegnazione: non credo più in niente, non accetto più niente, non ho più voglia di niente.

Ecco il giro dei pensieri: si presentano in genere come innocui, occupano le prime ore del mattino, allo svegliarsi, ci assalgono nei tempi in cui non siamo molto impegnati e a un tratto invadono la nostra mente in modo che, riprendendo gli impegni, ci sentiamo tristi, fiacchi, deboli senza sapere il motivo. In realtà, non li abbiamo disciplinati attentamente, non li abbiamo fermati; così forme di esaltazione o di risentimento, di infatuazione o depressione o stizza contro noi stessi o contro altri sono entrate inconsciamente in noi che poi le abbiamo coltivate.

Potrei menzionare anche le fantasie di sensualità, i desideri, tutte quelle fantasticherie che magari surrettiziamente si insinuano in noi lasciandoci a un certo punto vuoti, poco invogliati a pregare, poco impegnati nella messa, nella recita del breviario: non comprendiamo il motivo, ma è semplicemente che ci siamo lasciati un po' trastullare, senza accorgerci, da una serie di pensieri indisciplinati che hanno finito con lo svigorirci.

La scoperta di questo mondo interiore difficile è parte del cammino spirituale e ci conduce a ingaggiare una lotta continua e faticosissima.

10

TRE ESEMPI DI OBBEDIENZA DELLA MENTE

Tenendo sempre presente il Libro di Giobbe, scegliamo alcune pagine della Scrittura che ci inducono a una riflessione di tipo *cristologico*.

Abbiamo già approfondito l'importanza dell'obbedienza della mente e ora esemplifichiamo il tema in tre casi concreti: Abramo (Gen 22); Giobbe (Gb 40-42); Gesù (Mc 14).

L'obbedienza di Abramo

«Dopo queste cose, Dio mise alla prova Abramo e gli disse: "Abramo, Abramo!"» (Gen 22,1). Siamo al momento culminante della vita di Abramo, che resterà per tutta la tradizione un momento altissimo, misterioso, drammatico, tale da essere addirittura letto simbolicamente in riferimento a Cristo sulla croce e al rapporto del Padre col Figlio, quel Padre «che non ha risparmiato il proprio Figlio» (cfr. Rm 8,32).

Dio mette dunque alla prova Abramo. Lo chiama per ben due volte e gli dice:

> «"Prendi tuo figlio, il tuo unico figlio che ami, Isacco, va' nel territorio di Moria e offrilo in olocausto su di un monte che io ti indicherò". Abramo si alzò di buon mattino, sellò l'asino, prese con sé due servi e il figlio Isacco, spaccò la legna per l'olocausto e si mise in viaggio verso il luogo che Dio gli aveva indicato» (Gen 22,1b-3). Ci sorprende l'asciuttezza del racconto, quasi che tutto vada da sé: Dio ordina, Abramo obbedisce e alzatosi di buon mattino si mette in cammino.

È tuttavia facile immaginare quale lotta si sia scatenata nella mente di Abramo, quali pensieri, obiezioni, ribellioni l'abbiano assalito, quale ripugnanza abbia provato mentre esteriormente poneva gesti semplici, come se si trattasse di una gita in campagna. E ci sorprende che il testo biblico non commenti il fatto, non alluda all'interiore lotta drammatica di Abramo. Ne parla, invece, la Lettera agli Ebrei:

> «Per fede Abramo, messo alla prova, offrì Isacco. E proprio lui, che aveva ricevuto le promesse, offrì il suo unico figlio, del quale era stato detto: "In Isacco avrai una discendenza che porterà il tuo nome"» (Eb 11,17-18).

In maniera sintetica, è espressa tutta la guerra interiore che Abramo deve combattere: proprio a me questo comando? A me che sono erede delle promesse, che sono stato lusingato, affascinato dalla promessa di discendenza, che l'ho attesa per anni? Se almeno avessi più di un figlio! Ma Isacco, proprio l'unico, proprio lui di cui mi è stato detto: «In Isacco avrai una discendenza che porterà il tuo nome?».

Da una parte, Abramo lotta e sente in sé tumultuare le obiezioni così facili, così ragionevoli, così logiche – come quelle di Giobbe – ma, dall'altra, come dice ancora la Lettera agli Ebrei: «Egli pensava che Dio è capace di far risorgere anche dai morti; per questo lo riebbe e fu come un simbolo» (Eb 11,19).

Riesce ad attuare l'obbedienza della mente perché si fida oltre ogni fiducia, spera contro ogni speranza, secondo la fortissima parola di Paolo.

Mentre cammina nel silenzio e cerca di reprimere, di dominare la folla di pensieri che lo tormenta, il figlio, con semplicità e ingenuità, fa la domanda che non si doveva fare e che avrebbe potuto scatenare anche esteriormente la bufera interiore che Abramo stava vivendo: «Isacco disse: "Padre mio!". Rispose: "Eccomi, figlio mio". Riprese: "Ecco qui il fuoco e la legna, ma dov'è l'agnello per l'olocausto?"». Abramo si sente trafiggere il cuore e però risponde: «Dio stesso provvederà l'agnello per l'olocausto, figlio mio!» (Gen 22,7-8).

Questa è obbedienza della mente: l'abbandono, al di là di ogni evidenza, al Dio più grande di noi, che tiene in mano ogni cosa, che tutto sa e tutto può e a tutto provvede. Difatti, il nome di quel luogo sarà «Il Signore provvede»; «perciò oggi si dice: "Sul monte il Signore provvede"» (Gen 22,14).

È un primo esempio drammatico di obbedienza della mente, ossia di ossequio a un mistero di cui non si colgono le ragioni, e però se ne avverte la forza dentro di noi.

Per questo Abramo è il capostipite della fede.

La risposta di Giobbe

Giobbe, dopo tanto parlare e farneticare, giunge, al termine del primo discorso di Dio, a una espressione che corrisponde alla raggiunta maturità di obbedienza.

> «Il Signore riprese e disse a Giobbe: "Il censore vorrà ancora contendere con l'Onnipotente? L'accusatore di Dio risponda!". Giobbe rivolto al Signore disse:
> "Ecco, sono ben meschino: che ti posso rispondere?
> Mi metto la mano sulla bocca.
> Ho parlato una volta, ma non replicherò,
> ho parlato due volte, ma non continuerò"» (Gb 40,1-2).

È una prima risposta di Giobbe ed è un riconoscimento che il mondo, il mistero della storia e il mistero di ogni singolo uomo sono parte di un mistero più grande e incontrollabile.

Poi segue il secondo discorso di Dio (Gb 40,6-41), che ha fatto scorrere fiumi di inchiostro da parte degli esegeti, essendo difficile comprendere che cosa aggiunga, di essenziale, al primo. Quale significato hanno le descrizioni quasi barocche di due grandi animali, l'ippopotamo e il Leviatan? Perché questo gusto descrittivo che sembra far scemare l'acme drammatico a cui il Libro è giunto?

Gli esegeti cercano di rispondere in vari modi. A me sembra che forse una delle risposte più pertinenti sia che, dopo aver parlato della natura, si parla della storia: si allude cioè, sotto l'immagine delle bestie, alle due grandi potenze che per Israele appaiono invincibili e capaci di distruggere l'universo: l'Egitto – l'ippopotamo che è la bestia dei fiumi – e la Mesopotamia – il Leviatan, bestia mitica, ferocissima –. Ebbene, Dio considera anche queste realtà dall'alto, quasi un gioco, perché le conosce dall'interno e, pur se sono crudeli, le tiene nella sua mano.

Ma qualunque sia il significato del brano, certamente Dio riprende le sue contestazioni, entrando non direttamente nel discorso di Giobbe bensì allargandogli gli orizzonti fino ai limiti del possibile e pure oltre, facendo leva sulla forza di quell'uomo:

«Allora il Signore rispose a Giobbe di mezzo al turbine e disse:
"Cingiti i fianchi come un prode;
io ti interrogherò e tu mi istruirai"» (Gb 40,6-7).
Giobbe viene esaltato, sia pure un po' ironicamente:
«Anch'io ti loderò,
perché hai trionfato con la destra» (Gb 40,14).

Alcuni commentatori osservano che Dio è così uscito dal dilemma di Giobbe che consisteva nel sapere se aveva torto o ragione. Il Signore dice: anche tu sei forte, anch'io ti glorifico, ma anch'io ho ragione.

La giustizia di Dio è diversa dalla nostra; è possibile una glorificazione insieme di Dio e del mondo e dell'uomo, attraverso disegni misteriosi. Questo sembra essere il senso delle parole.

Dopo la lode a Giobbe, Dio prosegue:

«Ecco, l'ippopotamo,
che io ho creato al pari di te,
mangia l'erba come il bue.
Guarda, la sua forza è nei fianchi
e il suo vigore nei muscoli del ventre.
Rizza la coda come un cedro,
i nervi delle sue cosce s'intrecciano saldi,
le sue vertebre, tubi di bronzo,
le sue ossa come spranghe di ferro» (Gb 40,15-18).

E più avanti:

«Puoi tu pescare il Leviatan con l'amo
e tener ferma la sua lingua con una corda,
ficcargli un giunco nelle narici
e forargli la mascella con un uncino?
[...] Chi mai lo ha assalito e si è salvato?
Nessuno sotto tutto il cielo.
Non tacerò la forza delle sue membra:
in fatto di forza non ha pari.
[...] Nessuno sulla terra è pari a lui,
fatto per non aver paura.
Lo teme ogni essere più altero;
egli è il re su tutte le fiere più superbe» (Gb. 40,25-26; 41,3-4.25-26).

Al termine della lunga descrizione delle due bestie, la risposta di Giobbe:

«Allora Giobbe rispose al Signore e disse:
"Comprendo che puoi tutto
e che nessuna cosa è impossibile per te.
Chi è colui che, senza avere scienza,
può oscurare il tuo consiglio?
Ho esposto dunque senza discernimento
cose troppo superiori a me, che io non comprendo.
Ascoltami e io parlerò,
io t'interrogherò e tu istruiscimi.
Io ti conoscevo per sentito dire,
ma ora i miei occhi ti vedono.
Perciò mi ricredo
e ne provo pentimento sopra polvere e cenere"» (Gb 42,1-6).

Giobbe incomincia con una parola molto bella, che sarà ripetuta dall'angelo a Maria, e poi da Gesù a proposito del giovane ricco e della salvezza di quanti hanno ricchezze:

«Nulla è impossibile a Dio». Il disegno divino è inscrutabile, al di là di tutte le possibili evidenze sia fisiche sia morali. Dio è il Vivente, la regola ultima di amore di tutto l'universo.

«Chi è colui che, senza avere scienza, può oscurare il tuo consiglio?»: san Paolo, dopo aver contemplato il mistero terribile di Israele, intuisce che deve racchiudere un disegno impenetrabile ed esprime la medesima certezza di Giobbe (cfr. Rm 11).

E Giobbe fa l'atto finale di obbedienza della mente e insieme di confessione:

> «Ho esposto dunque senza discernimento
> cose troppo superiori a me, che io non comprendo».

È un giudizio su ciò che ha detto: le sue parole contenevano una parte di verità ma l'insieme del discorso tendeva a esplorare cose che non gli competevano, che sfuggono all'uomo.

Segue il versetto 5, che a mio avviso è il momento più alto di tutto il Libro, in particolare per l'insegnamento che viene a noi:

> «Io ti conoscevo per sentito dire,
> ma ora i miei occhi ti vedono».

Ecco il senso del lungo travaglio di Giobbe. Conosceva Dio dalla catechesi, dalla teologia, dalle disquisizioni, dai libri. Non si trattava, bene inteso, di conoscenze false; tuttavia non riuscivano a fare unità, a mettere veramente a fuoco il volto di Dio; e Giobbe si perdeva nel tentativo di mettere insieme la molteplicità dei ragionamenti. Ora gli occhi gli si sono illuminati ed è giunto a intuire direttamente che di Dio non si parla; lo si ascolta, invece, e lo si adora.

Mettendosi in questa disposizione, che ho chiamato "affettiva" perché non pretende di scoprire tutto con la forza dell'intelletto ma si sottomette al mistero, ci è donata la connaturalità con questo stesso mistero, espressa da Gesù quando dice: «Rimanete in me e io in voi»; allora possiamo affermare di vedere Dio con i nostri occhi. Ovviamente è necessario il ragionamento, sono necessarie la teologia e la pastorale, ma al di là di tutto ciò conta l'intuizione ultima. È questo il motivo dei motivi, anzi il motivo senza motivo, dal momento che in Dio c'è soltanto il suo essere, il suo essere per noi, il suo essere per me, e tutte le ragioni tacciono. Nella sottomissione al mistero noi conosciamo veramente Colui dal quale tutto deriva, al quale tutto ritorna, e che fa unità nella nostra esistenza.

Notiamo che Dio ha ritenuto i ragionamenti di Giobbe migliori di quelli dei suoi amici che si sono limitati a un'espressione teologica molto timida, troppo prudente, troppo legata alla geometria più che alle profondità teologiche. Giobbe si è spinto più avanti, ha osato di più, è stato più animoso, più passionale, e quindi si è avvicinato di più al mistero trinitario che è dedizione e passione, che è totalità e dono. Tuttavia, avendo preteso di farlo a parole, ne è rimasto ancora lontano: «Perciò mi ricredo, e ne provo pentimento sopra polvere e cenere» (Gb 42,6).

Finalmente è giunto all'obbedienza della mente che è amore, umiltà, riverenza amorosa, sottomissione che riassume tutta la spiritualità dell'alleanza: fiducia in chi mi è alleato, abbandono a lui, non bisogno di sapere tutto né su lui né su me, e di conseguenza una conoscenza ben più profonda di quella che si può raggiungere con la sottigliezza dei ragionamenti.

L'esempio di Gesù nel Getsèmani

Il terzo esempio di obbedienza della mente è Gesù nel Getsèmani.

> «Giunsero intanto a un podere chiamato Getsèmani, ed egli disse ai suoi discepoli: "Sedetevi qui, mentre io prego". Prese con sé Pietro, Giacomo e Giovanni e cominciò a sentire paura e angoscia. Gesù disse loro: "L'anima mia è triste fino alla morte. Restate qui e vegliate". Poi, andato un po' innanzi, si gettò a terra e pregava che, se fosse possibile, passasse da lui quell'ora» (Mc 14,32-35).

Non sappiamo se questo è stato l'unico momento così drammatico di prova per Gesù. Qualche altro accenno dei Vangeli induce a supporre che non sia stato il solo, perché san Giovanni parla di turbamenti forti, di situazioni pericolose ancora durante la sua vita pubblica.

Nel Getsèmani abbiamo una concretizzazione tipica di quell'essere tentato di Gesù, che la Lettera agli Ebrei riferisce all'insieme della sua esistenza terrena: «Non abbiamo un sommo sacerdote che non sappia compatire le nostre infermità, essendo stato lui stesso provato in ogni cosa, a somiglianza di noi, escluso il peccato» (Eb 4,15).

In ogni cosa, quindi la paura, il disgusto, il tedio, la ripugnanza, la demotivazione, che vediamo affiorare nel Getsèmani. È la prova che abbiamo visto ricordata in Eb 12.

Che cosa significano questi sentimenti di angoscia che hanno il culmine nella tristezza «fino alla morte»?

Non è facile entrare logicamente nel contesto, e ci può forse aiutare una preghiera affettiva che cerchi di rendersi presente alla coscienza di Gesù, di contemplarlo sentendo con lui paura e angoscia.

Forse possiamo paragonare le sue paure con le nostre, soprattutto quelle che soffriamo a riguardo del Regno di Dio, di ciò che noi non sappiamo fare e che avvertiamo incombente, pesante; a riguardo dei timori che abbiamo per gli altri, per i pericoli spirituali gravissimi in cui si trovano; a riguardo di quanti riteniamo essere insuccessi o arretramenti della Chiesa di Dio; a riguardo di situazioni drammatiche di famiglie, di persone ammalate, di sofferenze per figli drogati; a riguardo delle tragedie che la malattia psichica provoca nelle famiglie rendendole un inferno.

Tutto ciò è, in qualche modo, partecipazione all'angoscia e alla tristezza provate da Gesù.

E noi conosciamo tutti i sentimenti di inutilità, disgusto, fuga, abbandono, che ci vengono da quelle angosce, perché sono esemplificati nel Libro di Giobbe.

Ancora nella Lettera agli Ebrei la condizione che vive Gesù è così riassunta: «Nei giorni della sua vita terrena offrì preghiere e suppliche con forti grida e lacrime a colui che poteva liberarlo da morte [...]; pur essendo Figlio, imparò tuttavia l'obbedienza dalle cose che patì e, reso perfetto, divenne causa di salvezza eterna per tutti coloro che gli obbediscono» (Eb 5,7-9). L'insistenza è sul tema dell'obbedienza: egli impara l'obbedienza della mente e diviene causa di salvezza per coloro che imparano a obbedire a lui.

Come Gesù reagisce in questa lotta per l'obbedienza della mente, il cui esito, per molti, è di fuggire, di ritirarsi, di abbandonare tutto?

Reagisce *restando*. Chiede ai discepoli di restare, di non fuggire, di non cambiare situazione, ma di affrontare la lotta. Poi, andato un poco innanzi, si getta a terra e prega perché, se è possibile, passi da lui quell'ora.

È molto bello che Gesù affronti direttamente il male ma, a partire dalla propria debolezza, «che passasse da lui quell'ora» (Mc 14,35).

La sua è una lotta col Padre, ed egli vuole ad ogni costo che sia vittoriosa la volontà del Padre. Infatti «diceva: "Abbà, Padre! Tutto è possibile a te, allontana da me questo calice! Però non ciò che io voglio, ma ciò che vuoi tu"» (Mc 14,36).

Egli sa di volere altro, di volere che si allontani da lui quel calice, ma la parola decisiva è «ciò che vuoi tu».

È la parola ultima della fede, dell'obbedienza della mente, parola che interpreta Abramo, Giobbe, tutti i santi della via della fede nell'Antico Testamento.

Possiamo restare in contemplazione affettiva di Gesù nel Getsèmani e chiedergli: Che cosa dici tu a me? Come vivo io queste realtà?

Suggerisco tre riflessioni conclusive.

1. Se c'è una lotta per l'obbedienza della mente, *il modello è Gesù nell'orto*, Gesù orante; lui è il modello ultimo che riassume tutto il combattimento di Giobbe nella sua violenza e

nella sua vittoria, il luogo migliore per rileggere l'insieme del Libro di Giobbe e coglierne lo sbocco nel disegno divino.

2. *Chi prega* per non entrare in tentazione *ha già vinto per metà*. Difatti Gesù supplica i suoi apostoli: «Pregate per non entrare in tentazione» e obbliga noi a ripetere questa incessante domanda nella preghiera domenicale: domanda di cui non sempre comprendiamo l'importanza e che spesso formuliamo a fior di labbra. Con essa si chiede al Padre di cogliere il carattere di lotta e di prova di tante situazioni, di non entrarci a capofitto senza capire che sono una prova, ma di affrontarle nella preghiera. Quando ci si accorge che una certa realtà, un evento, sono una prova in cui Dio ci pone abbiamo già superato per metà la difficoltà; quando invece li si legge come destino cattivo, come malvagità della gente, della società, come ignoranza dei superiori o pigrizia di quanti ci sono affidati, è assai difficile uscirne se non con discorsi razionali o con provvedimenti di tipo programmatico, che però solo in parte risolvono il problema.
Se colgo l'aspetto di prova emerge il grido:

> «Signore, non permettere che io cada in tentazione! Fammi comprendere che sto vivendo un momento importante della mia vita e che tu sei con me per provare la mia fede e il mio amore».

3. La vera vittoria è – come insegnano Abramo, Giobbe e soprattutto Gesù – l'*abbandono* al mistero inesauribile, creativo, sorprendente di Dio che ha risorse al di là di quanto noi possiamo pensare e capire. Non dobbiamo mai credere di essere in un vicolo cieco, perché anche quando ne abbiamo l'impressione la Trinità è talmente capace di creatività da accoglierci; quindi il muro dell'esistenza, il vicolo cieco in cui ci si sente, viene scavalcato e superato da un abbandono che è l'atto supremo di libertà dell'uomo, l'atto in cui l'uomo perviene a essere maggiormente se stesso, cioè creatura fatta per il dialogo con Dio e che si salva nell'affidamento totale a lui come Padre pieno di amore e di misericordia.

11

PERDERSI E RITROVARSI

Il "caso" di Pietro

Oggetto di questa meditazione è ciò che Gesù dice a Pietro (Gv 21,15-17):

«Quando ebbero mangiato, Gesù disse a Simon Pietro: "Simone di Giovanni, mi vuoi bene tu più di costoro?" Gli rispose: "Certo, Signore, tu lo sai che ti voglio bene". Gli disse: "Pasci i miei agnelli". Gli disse di nuovo: "Simone di Giovanni, mi vuoi bene?" Gli rispose: "Certo, Signore, tu lo sai che ti voglio bene". Gli rispose: "Pasci le mie pecorelle". Gli disse per la terza volta: "Simone di Giovanni, mi vuoi bene?" Egli disse: "Signore, tu sai tutto, tu sai che ti voglio bene". Gli rispose Gesù: "Pasci le mie pecorelle..."».

Possiamo dare come titolo a questa riflessione "Gesù, Pietro e noi": cioè leggere nei rapporti che intercorrono tra Gesù e Pietro i rapporti tra noi e Gesù in questo momento.

In che modo Gesù si manifesta a Pietro? Innanzitutto immaginiamo di fare un processo a Pietro, di sottoporlo a un piccolo tribunale ecclesiastico, composto di preti e laici, che deve esaminare il suo operato. Che cosa viene fuori?

Qualcuno evidentemente si alzerà, farà l'elenco dei doni ricevuti da Pietro, dirà che è stato uno dei primi chiamati ed è stato chiamato in una circostanza straordinaria, in occasione della prima pesca miracolosa sul lago. Quindi Pietro ha avuto il dono di conoscere bene Gesù come il Signore, è stato il primo a essere chiamato quando Gesù è salito sul monte e ha gridato il nome dei Dodici. Più volte è stato istruito a parte, accuratamente, da Gesù e quindi Gesù ha avuto una cura speciale per lui; gli ha dato una fiducia speciale quando presso Cesarea di Filippo gli ha fatto la promessa delle chiavi del Regno dei cieli.

Come si è comportato Pietro? Qualcuno salta su e dice: «Ha osato pubblicamente rimproverare Gesù quando ha cominciato a spiegare il suo progetto, ha mostrato insensibilità per il progetto di Gesù, lo ha rimproverato in pubblico, ha detto: "Mai cose come queste per te, o Signore!", meritandosi un rimprovero pubblico da Gesù». Pietro, inoltre, è quello che quando Gesù parlava della sua passione, del suo progetto di salvezza, non capiva; invece di spiegare agli altri, lui stesso era ottuso di fronte a questo progetto.

Ancora, Pietro ha fatto delle grandiose manifestazioni di fedeltà dicendo: «Ti seguirò fino alla morte...» e, ammonito da Gesù a stare umile, non ha raccolto l'ammonimento.

Poi Pietro è scappato dal Getsèmani, dopo aver rischiato di provocare un disastro con la reazione inconsulta della spada. Invece di impostare la difesa di Gesù sul rispetto della legge, ha usato la spada. Pur essendo un uomo a cui era stata affidata una grande responsabilità, ha perso la testa in quel momento e non ha capito come bisognava agire.

Infine, messo nella situazione di confessare chi era Gesù, ha rinnegato vergognosamente il Maestro, in circostanze addirittura banali, meschine, dove non c'era alcun bisogno di farlo.

Ultimo elemento molto grave: non ha fatto il possibile per salvare il Maestro. Se c'era qualcosa da fare era di radunare alcuni testimoni, di persuaderli, introdurli, farli parlare, radunare il gruppo degli amici, suscitare un'opinione pubblica favorevole, ottenere il rinvio del processo, e forse ci si sarebbe aspettato che un uomo che aveva una tale responsabilità svolgesse questo compito.

Era l'unico che aveva in quel momento l'autorità di farlo, aveva il dovere grave di farlo: non lo ha fatto.

Concretamente, è corresponsabile della condanna del Maestro: ha gravemente tradito la fiducia riposta in lui.

Conclusione: Pietro non merita fiducia, non è stato all'altezza del suo compito, è stato un pessimo responsabile di Chiesa nel momento difficile, ha abbandonato gli altri, si è dato alla fuga lui stesso, ha rinnegato pubblicamente.

La sentenza del piccolo processo ecclesiastico, potrebbe essere: «Sia privato per alcuni anni del permesso di confessare, sia tolto dal ministero per un certo tempo. Al massimo potrà, dopo un po' di anni, avere qualche ufficio, ma non importante; non gli si potrà dare una parrocchia grande, perché quando dovesse predicare, la gente non dica: "Predica, ma non ha fatto"».

Per il piccolo tribunale Pietro si dovrebbe ritirare, riconoscendo di aver sbagliato.

Che cosa fa Gesù? Gesù restituisce fiducia a Pietro. Non semplicemente gli dà fiducia, ma gliela restituisce, perché Pietro l'ha persa certamente, l'ha persa anche in se stesso. Gesù gliela restituisce, e in maniera costruttiva, così da diventare un Vangelo per Pietro, *una buona notizia per Pietro*. Pietro abbattuto, triste, desideroso di ritornare a pescare, gradualmente si vede restituito nella fiducia e riportato alla stima di sé, alla capacità di essere di nuovo qualcuno.

Come Gesù gli restituisce la fiducia? Non con un interrogatorio sui fatti, ma con un *interrogatorio sull'amore*.

Così Gesù si mostra Vangelo per Pietro. Lo interroga sulla realtà che in Pietro è più profonda e più vera, va a scavare nel fondo di quest'uomo e a cercare ciò che è in lui il meglio, ciò che sa che in Pietro non è mai venuto meno, malgrado tutto.

Se lo interrogasse sulla costanza, sulla coerenza, sul dominio di sé, sulla prudenza, su tutte queste cose, Pietro forse direbbe: «Sì, ho mancato, non merito più fiducia, non sono più degno di essere chiamato tuo vicario, fai di me l'ultimo dei tuoi impiegati». Invece Gesù lo interroga sull'amore e quasi quasi noi ci scandalizziamo, oppure ci stupiamo o meglio siamo così ciechi, che non ci stupiamo della stranezza di questa interrogazione [...].

Gesù, invece, lo interroga sull'amore: «Sai amare?». E, poiché Gesù sa quello che fa, vuol dire che questa è la domanda più importante, la domanda fondamentale, quella su cui si gioca non solo il destino dell'uomo, ma anche quello della Chiesa, quello della stessa organizzazione e vita della Chiesa.

Vediamo un po' come Gesù interroga Pietro sull'amore. Lo interroga tre volte, quasi a dire: «No, no, no... questa è la domanda, non ne ho altre...», perché se facesse tre domande diverse: una sull'amore, una sulla capacità organizzativa e una sulla prodezza nell'agire, potremmo dire che sta facendo un quadro. Invece fa tre volte la stessa identica domanda per affermare che solo questa conta.

E questa domanda com'è formulata? È interessante prendere il testo greco del Nuovo Testamento, che non è facile da tradurre. La versione attuale dà un'idea inesatta perché dice: «Simone, mi vuoi bene? Tu sai che ti voglio bene». E così per tre volte, sempre con lo stesso verbo.

Invece in greco ci sono due verbi: uno è il verbo *filéin*, che significa l'amore nel senso di amicizia, di un rapporto profondo di comprensione tra persone. Poi c'è *agapào*, che è il verbo più usato nel Nuovo Testamento, anche da san Paolo nell'inno della carità, e significa l'amore oblativo, cioè l'amore come dono.

Mentre l'amicizia – il *filéin* – è l'amore di rapporto, di mutua comprensione, l'altro è l'amore che crea comprensione, l'amore che si dona, che è tipico dell'amore divino, che, prima di essere amato, crea la possibilità di amare, rendendo l'altro capace di amare.

Gesù usa questi verbi, cioè coniuga con Pietro tutto il vocabolario dell'amore amicale e dell'amore ablativo; è come se gli domandasse: «Pietro, come ti muovi nella sfera dell'amicizia e del dono?». Si tratta di una domanda enorme, evidentemente; una domanda che fa pensare, perché tutti noi sappiamo di essere qui molto mancanti [...].

Quindi, un'interrogazione su questo punto è necessaria, un'interrogazione fatta a fondo: «Come ti muovi nella sfera della vera e leale, permanente, sincera, disinteressata amicizia? Come ti muovi nella sfera oblativa del dono che facendoti dimenticare te stesso, ti consacra e ti dedica agli altri in maniera creativa, senza aspettare che siano amabili o che ti facciano qualcosa di bene?».

In questa sfera anche Pietro sa di non muoversi perfettamente; però la sua risposta è molto bella.

Come avremmo risposto noi? Avremmo risposto: «Sì, un po', mi sembra, ho fatto dei progressi, vorrei, ci tengo molto, è qualcosa di importante per me...». Cioè avremmo risposto quasi sempre tenendo la palla in mano, mostrando così di non essere ancora entrati pienamente nella sfera dell'amicizia e dell'amore.

Invece Pietro fa rimbalzare la palla: «Tu lo sai». E si rimette anche in questo a Gesù, rivelando davvero di essere entrato nella dinamica dell'amicizia e dell'amore.

Pietro ha imparato molto, proprio da quelle cose che noi nel nostro processo gli abbiamo rimproverato: le sue debolezze, le sue cadute, le sue umiliazioni... I suoi colpi di testa, riconosciuti con pentimento vero, sincero, gli hanno insegnato che la cosa fondamentale per l'uomo è muoversi nella sfera dell'amore e dell'amicizia, e Pietro si è lasciato prendere da questo.

Gesù lo accoglie così, lo accoglie in quel momento e in quella realtà in cui sa che Pietro è pienamente se stesso, e da qui parte per ricostruirla.

Fin qui abbiamo esaminato soltanto la prima parola di Gesù: «Simone, ami...?». Adesso passiamo a: «...ami me...?».

Qui la parola si fa più profonda. Non basta muoversi nella sfera dell'amore e dell'amicizia; occorre che la massa dei nostri desideri sia ordinata verso il suo fine che è il Signore: il fine ultimo dell'uomo, la pienezza della manifestazione dell'uomo a se stesso, Dio come realtà trascendente di fronte alla quale l'uomo non può che donarsi.

Pietro ha ordinato questa massa di desideri, prima scomposta e turbolenta, e può esprimerla anche nella comunità.

Stranamente Gesù non dice: «Ami la Chiesa?», non dice: «Ami i tuoi fratelli?», quegli apostoli che tante volte hanno litigato con Pietro perché sembrava che Gesù lo preferisse; non gli chiede se li ha perdonati. Si accontenta di dire: «Ami me?», perché in questo amore pieno a Gesù si condensa la pienezza dei desideri, l'ordinamento, la perfezione dei desideri.

Dunque Gesù restituisce fiducia a Pietro non con un'interrogazione sui fatti o sulle attitudini, ma con un'interrogazione sull'amore a lui, come centro della storia e come Signore della Chiesa.

La vocazione cristiana

Chi è Pietro a cui Gesù si manifesta? È uno a cui Gesù affida una missione. Per tre volte Gesù gli dice: «Pasci i miei agnelli, pasci le mie pecorelle, pasci le mie pecorelle».

C'è anche qui qualche diversità nel greco, che l'italiano tenta di rendere. Probabilmente significa «Pasci tutto il mio gregge»: i piccoli, i grandi, tutti coloro che lo compongono; ma ciò che soprattutto vorrei notare è quel "miei". Non dice «pasci gli agnelli, pasci la Chiesa, pasci i fedeli...», ma i "miei". Quindi, per questo rapporto sincero d'amore che si è istituito tra Pietro e Gesù, Pietro può ricevere la missione, la vocazione di assumere la responsabilità di coloro che il Signore ama, di coloro che sono del Signore, che sono i "suoi".

Proprio perché Pietro ama molto Gesù e Gesù ama i "suoi", è una cosa sola con i suoi, Pietro può assumere la responsabilità per i "suoi".

Sono le "sue" pecore, non sono di Pietro; sono coloro che Gesù ama, in cui Gesù vive, in cui Gesù opera e quindi coloro in cui Gesù è visibile: questi sono da amare profondamente, sono da pascere.

Gesù usa la metafora degli agnelli per indicare un rapporto di profonda e affettuosa responsabilità. Il pastore è un po' padre e madre del gregge, fratello, sorella di ciascuno, non è un amministratore, non è un contabile, non è un organizzatore. Il pastore è colui che ha dei rapporti di profonda e affettuosa e amichevole responsabilità per ciascuno.

Ed ecco emergere il tema della vocazione, della chiamata [...]. E qui dobbiamo dire ciò che è più importante: che la vocazione cristiana è l'assunzione di responsabilità affettuosa e amorosa per gli altri. Non è semplicemente un impegno di carattere organizzativo. Non è vocazione se non entra il cuore, se non entra l'amore. Per questo la domanda fondamentale è sull'amore.

Vocazione è l'espressione della mia capacità di amare, nelle coordinate storiche, psicologiche della mia vita e della mia persona.

Per questo le vocazioni fondamentali nella vita cristiana sono riducibili a due: o quella di assumersi responsabilità per un'altra persona, per un uomo o per una donna con cui mi unisco pienamente in assunzione reciproca di responsabilità per divenire a nostra volta responsabili di altri: la famiglia. Oppure quella di assumersi la responsabilità in un servizio di consacrazione nella Chiesa: consacrazione sacerdotale o religiosa.

Sono le due vocazioni fondamentali, perché sono assunzione di responsabilità personali-affettive, in cui l'amore è determinante. È chiaro che poi da queste partono tutte le altre responsabilità, perché non si può assumere responsabilità senza amore e, quindi, ogni servizio civile, sociale, organizzativo non può essere fatto senza un po' d'amore.

Chi non ama ciò che fa, lo fa come uno schiavo e una massa di schiavi interessa soltanto a chi ha un concetto schiavistico della storia, della produzione, della vita. A noi interessa che l'umanità cresca nell'amore.

È questa la domanda a Pietro, la domanda sull'amore, cioè sul punto fondamentale della crescita umana. Ogni nostra vocazione deve stare in questo ambito, deve essere assunzione di responsabilità, fraterna, materna, paterna, amicale, nell'ambito della mia vita, della mia storia, delle mie capacità, dei miei doni, ma sempre deve raggiungere questa profondità, se è vocazione e non hobby, passatempo, ghiribizzo, oppure modo di passar la vita, di ammazzare il tempo, di sbarcare il lunario.

La vocazione è risposta alla domanda: «Mi ami tu?», «Ami tu il Signore fino in fondo, e sei pronto, in virtù di questo amore, ad assumerti la responsabilità di altri, nel modo che tu, con l'aiuto di Dio, scoprirai?».

Interrogati sull'amore

Infine c'è la domanda: «E noi?». Abbiamo visto Pietro e Gesù. Ora per prima cosa dovremmo chiederci: merito fiducia? Merito fiducia per il Regno di Dio? Non dobbiamo aver paura di rispondere di no. Perché chi di noi può dire di meritare pienamente fiducia per il Regno di Dio, di aver dato tali prove di eroismo da meritare piena fiducia per il Regno di Dio?

Forse è meglio che diciamo al Signore: «Signore, tu lo sai che io non merito fiducia, tu conosci la mia fragilità, la mia povertà, la mia imprudenza, le mie lune, le mie irresponsabilità, tu conosci la distanza immensa che c'è tra la mia incapacità e la responsabilità del Regno. Signore, sarai tu che, se vorrai, mi restituirai fiducia».

A questa prima domanda è bene rispondere tenendoci in grande prostrazione penitenziale, perché la nostra fragilità si conosce a mano a mano che assumiamo responsabilità. Quanto più assumiamo responsabilità, tanto più vediamo quanto siamo manchevoli. Finché uno si immagina in una situazione (l'immaginazione sempre crea il luogo ideale dove esplicarsi), si vede capace di tante cose. Quando si assumono delle vere responsabilità, allora le nostre lacune crescono e si manifestano, e ci conosciamo sempre più meschini per il Regno di Dio e non meritevoli di fiducia.

Per questo, l'atteggiamento penitenziale è un atteggiamento che ci fa scoprire quanto poco valiamo, quanto poco siamo adatti al ministero del Regno di Dio, alla chiamata, all'amore, quanto poco siamo disinteressati, altruisti; quanto molto, invece, siamo egoisti, narcisisti, ripiegati su noi stessi, preoccupati della figura, preoccupati di essere amati, di essere accolti, invece che di creare l'amabilità.

Questa è la nostra povertà che, lungo l'arco della vita, conosceremo sempre di più.

La seconda domanda che dovremmo porci è: che cosa fa Gesù per me? Gesù mi restituisce fiducia giorno per giorno. Potremmo articolare la risposta in tre momenti:

– Gesù mi interroga sull'amore. Mi dice: «Sono per te i valori dell'amicizia, dell'amore, della fedeltà i valori veramente più grandi? Sono i valori ai quali sei disposto a sacrificare il tuo interesse, il tuo egoismo, il tuo piacere...?».

– «Vivi questi valori dell'amore, dell'amicizia... con me personalmente: nella preghiera, nell'adorazione, nell'eucaristia, nel pensare spesso a me?».

– «Vivi questi valori con gli altri, con le mie pecore, con quelli che io amo?...».

Ecco l'interrogazione fondamentale sull'amore, che prelude all'assunzione di responsabilità. Gesù mi interroga sull'amore e poi mi affida qualcuno. Ciascuno di noi ha qualcuno affidato a sé e tutti siamo affidati ad altri.

Gesù vuole prepararmi a questo affidamento: sarà l'affidamento di una persona, in vista di altre, nel matrimonio; sarà l'affidamento di un gruppo nell'impegno apostolico; sarà l'affidamento di altre persone con cui collaboro nel lavoro, nell'impegno quotidiano; sarà l'affidamento di una parte del gregge del Signore nella vita consacrata, religiosa, sacerdotale.

Gesù mi affida qualcuno, e io devo prepararmi a questo affidamento vivendo con lealtà e realismo gli affidamenti che già ho. L'affidamento principale che noi abbiamo adesso è quello familiare: fratelli, sorelle, genitori. Non solo noi siamo stati affidati a loro, ma anch'essi sono affidati a noi, affinché sappiamo realizzare con essi un dialogo nella sfera dell'amicizia e dell'amore oblativo. E questo è spesso difficile e cadiamo: è difficile per tanti motivi, però anche queste sono persone affidate a noi e Gesù ci chiede di essere fedeli, in virtù dell'amore che portiamo a lui.

Gesù mi affida qualcuno e mi chiede: «Mi ami tu più di tutti costoro?». Certo, la domanda è un po' strana, è quasi impertinente: domandare, di fronte ad altri, "mi ami tu più di tutti costoro?".

Mi sono chiesto più volte: Gesù non poteva dire soltanto «mi ami?». Oppure dire «mi ami...» e poi aggiungere sottovoce «più di tutti?», perché gli altri non si offendessero? Che segreto c'è in questa domanda di Gesù: «Mi ami tu più di tutti costoro?».

Intanto, credo che questa domanda sia una correzione per gli altri che in fondo avevano fatto a Pietro quel processo di cui abbiamo parlato all'inizio. Glielo avevano fatto certamente e Gesù, domandandogli di fronte a tutti: «Pietro, mi ami tu più di costoro?...», fa capire che in fondo anche gli altri l'hanno amato molto poco, e che non hanno niente da dire e devono cominciare a umiliarsi prima di criticare, perché spesso chi sembra aver amato meno ha amato di più.

Quindi Gesù restituisce fiducia a Pietro anche in questo: «Non è vero che tu mi hai amato meno, chi lo sa, chi può misurare la profondità del tuo amore? In questo momento tu mi stai amando più di tutti, proprio perché sei passato per la prova e a chi è molto perdonato, molto ama»... (Lc 7,47).

Gesù ci fa questa domanda non per paragonarci agli altri, ma per dirci. «Davvero mi ami con tutte le tue forze?».

Potremo tradurlo così per la nostra realtà personale: «Cerchi davvero di amarmi sopra ogni cosa?». Nella preghiera dovremmo rispondere umilmente: «Signore, tu lo sai, questo è il tuo segreto. Dammi la forza di amare. Fa' che io scopra la mia vocazione, non nella sfera dell'interesse, del calcolo, del gusto puramente personale, ma nella sfera dell'amore e dell'amicizia».

Ecco le cose che questo brano evangelico ci fa scoprire: Gesù si manifesta a Pietro come Vangelo e come vocazione. Pietro allarga il cuore e il suo cuore si dilata, perché si sente accolto da Gesù, con tutto il suo peccato, con tutta la sua capacità di amare, e perciò coglie in Gesù la "buona notizia" per la sua vita, il riaffidamento di responsabilità.

In questo, Pietro vive un po' come Paolo conversione e vocazione insieme. Anche Paolo ha vissuto insieme conversione e vocazione, si è visto affidare una missione nello stesso momento in cui gli veniva rivelato Gesù Risorto pieno di amore per la Chiesa.

Anche noi, nello stesso momento in cui scopriamo che Gesù è il Signore, scopriamo che Gesù è colui che ha fiducia in noi, malgrado tutto, e ci restituisce fiducia, ci chiama, ci affida una responsabilità.

12

LE TRE CONFESSIONI

Fidarsi di Dio

Nella parabola del figlio prodigo (Lc 15,11-32), la prima caratteristica che colpisce è che tutto è personalizzato. Il problema non è ciò che il figlio prodigo ha fatto, che abbia sperperato il denaro, come abbia vissuto in quel paese. Non si fa un elenco dei suoi peccati.

Ciò che risalta è che il figlio ha trattato male il padre, che il rapporto tra il figlio e il padre è stato logorato per sfiducia, perché il figlio ha creduto che si sarebbe trovato meglio fuori. E il rapporto viene rifatto attraverso una ricostituzione di fiducia.

Il peccato è qui riportato proprio al suo momento più personale: l'uomo chiamato a fidarsi di Dio, di Dio Padre. E non essendosi fidato, l'uomo ha rotto il rapporto.

Il racconto è sotto il segno finale della festa, della gioia. È il ritrovamento di un legame, la ricostituzione di un'amicizia, la ricostruzione di una speranza.

Sono alcuni elementi caratteristici del sacramento della riconciliazione: ci immette in un rapporto personale con Dio Padre, che apre in noi la forza del perdono.

Se non lo viviamo così diventa un peso, una formalità, una cosa che si deve fare per eliminare certe macchie, di cui abbiamo un po' disagio, disgusto, vergogna: semplicemente la ricerca di una migliore coscienza. Anche allora il sacramento fa del bene, ma non riusciamo a perseverare perché la cosa è triste, faticosa, pesante.

Invece questo sacramento è un incontro personale con Dio, è un ripetere, come ha detto Giovanni sulla barca, sul lago: «È il Signore!» (Gv 21,7).

«È il Signore!», e tutto è cambiato. «È il Signore!», e tutto di nuovo risplende. «È il Signore!», e tutto di nuovo ha senso nella vita: è una ricostituzione del significato di ogni pezzo della mia esistenza.

Quindi va vissuto con questa gioia. Anche la stessa penitenza, la purificazione, l'espiazione diventano apertura a un rapporto.

Come vivere così questo sacramento, soprattutto in una circostanza come questa che ci permette finalmente di vivere la riconciliazione non nella fretta, ma di viverla proprio come momento di cammino in cui cerchiamo di capire chi siamo, cosa siamo chiamati a essere, in che cosa abbiamo sbagliato, che cosa avremmo voluto non essere, che cosa chiediamo a Dio?

Questo momento è preziosissimo, perché nel sacramento della riconciliazione tante cose vengono assunte dal Cuore di Cristo nella Chiesa.

Come viverlo concretamente? Io suggerirei di viverlo come un colloquio penitenziale. Il colloquio penitenziale è la confessione ordinaria, con la differenza, però, che le stesse cose cerchiamo di distenderle un po' di più. Il colloquio si può descrivere secondo tre momenti fondamentali. Infatti, la parola latina *confessio* non significa solo andarsi a confessare, ma significa anche lodare, riconoscere, proclamare.

La confessione di lode

Il primo momento lo chiamo *confessio laudis*, cioè confessione di lode.

Invece di cominciare la confessione dicendo: «Ho peccato così e così», si può dire: «Signore ti ringrazio», ed esprimere davanti a Dio i fatti per cui gli sono grato.

Abbiamo troppo poco stima di noi stessi. Se provate a pensare vedrete quante cose impensate saltano fuori, perché la nostra vita è piena di doni. E questo allarga l'anima al vero rapporto personale.

Non sono più io che vado, quasi di nascosto, a esprimere qualche peccato, per farlo cancellare, ma sono io che mi metto davanti a Dio, Padre della mia vita, e dico: «Ti ringrazio, per esempio, perché in questo mese tu mi hai riconciliato con una persona con cui mi trovavo male. Ti ringrazio perché mi hai fatto capire cosa devo fare, ti ringrazio perché mi hai dato la salute, ti ringrazio perché mi hai permesso di capire meglio in questi giorni la preghiera come cosa importante per me».

Dobbiamo esprimere una o due cose per le quali sentiamo davvero di ringraziare il Signore.

Quindi il primo momento è una confessione di lode.

La confessione di vita

Il secondo è quello che chiamo *confessio vitae*.

In questo senso: non semplicemente un elenco dei miei peccati (ci potrà anche essere), ma la domanda fondamentale dovrebbe essere questa: «Dall'ultima confessione, che cosa nella mia vita in genere vorrei che non ci fosse stato, che cosa vorrei non aver fatto, che cosa mi dà disagio, che cosa mi pesa?».

Allora vedrete che entra molto di voi stessi. La vita, non solo nei suoi peccati formali («ho fatto questo, mi comporto male...»), ma più ancora andare alle radici di ciò che vorrei che non fosse.

«Signore, sento in me delle antipatie invincibili... che poi sono causa di malumore, di maldicenze, sono causa di tante cose... Vorrei essere guarito da questo. Signore, sento in me ogni tanto delle tentazioni che mi trascinano; vorrei essere guarito dalle forze di queste tentazioni. Signore, sento in me disgusto per le cose che faccio, sento in me pigrizia, malumore, disamore alla preghiera; sento in me dubbi che mi preoccupano...».

Se noi riusciamo in questa confessione di vita a esprimere alcuni dei più profondi sentimenti o emozioni che ci pesano e non vorremmo che fossero, allora abbiamo anche trovato le radici delle nostre colpe, cioè ci conosciamo per ciò che realmente siamo: un fascio di desideri, un vulcano di emozioni e di sentimenti, alcuni dei quali buoni, immensamente buoni... altri così cattivi da non poter non pesare negativamente. Risentimenti, amarezze, tensioni, gusti morbosi, che non ci piacciono, li mettiamo davanti a Dio, dicendo: «Guarda, sono peccatore, tu solo mi puoi salvare. Tu solo mi togli i peccati».

La confessione di fede

Il terzo momento è la *confessio fidei*.

Non serve a molto fare uno sforzo nostro. Bisogna che il proposito sia unito a un profondo atto di fede nella potenza risanatrice e purificatrice dello Spirito.

La confessione non è soltanto deporre i peccati, come si depone una somma su un tavolo. La confessione è deporre il nostro cuore nel Cuore di Cristo, perché lo cambi con la sua potenza.

Quindi la "confessione di fede" è dire al Signore: «Signore, so che sono fragile, so che sono debole, so che posso continuamente cadere, ma tu, per la tua misericordia, cura la mia fragilità, custodisci la mia debolezza, dammi di vedere quali sono i propositi che debbo fare per significare la mia buona volontà di piacerti».

Da questa confessione nasce allora la preghiera di pentimento: «Signore, so che ciò che ho fatto non è soltanto danno a me, ai miei fratelli, alle persone che sono state disgustate, strumentalizzate, ma è anche un'offesa fatta a te, Padre, che mi hai amato, mi hai chiamato».

È un atto personale: «Padre, riconosco e non vorrei mai averlo fatto... Padre, ho capito che...».

Una confessione fatta così non ci annoia mai, perché è sempre diversa; ogni volta ci accorgiamo che emergono radici negative diverse del nostro essere: desideri ambigui, intenzioni sbagliate, sentimenti falsi.

Alla luce della potenza pasquale di Cristo ascoltiamo la voce: «Ti sono rimessi i tuoi peccati... pace a voi... pace a questa casa... pace al tuo spirito...»

Nel sacramento della riconciliazione avviene una vera e propria esperienza pasquale: la capacità di aprire gli occhi e di dire: «È il Signore!».

13

ESAME DI COSCIENZA IN FORMA DI PREGHIERA

La figliolanza

Io so, Padre,
che il mio tempo è prezioso ai tuoi occhi
perché ti sono figlio.
Un figlio voluto con amore,
teneramente concepito e pensato
da un tempo immemorabile,
dato alla luce e chiamato per nome
con giubilo festoso.
Un figlio con ogni cura seguito,
anche quando è affidato
ad altre mani premurose.
Un figlio cercato in ogni abbandono,
anche quando per sua iniziativa
si è perduto.
Un figlio generosamente consegnato
alla libertà
e alla responsabilità
che lo rendono uomo e donna.

L'elezione

Io so, Padre,
che il tempo che tu mi dai è un dono sincero
e che diventa a tutti gli effetti il mio *tempo.*
Piccola traccia, ma indelebile e irripetibile,
di un'esistenza personale
che attraversa la vita del mondo:

tu la riconosci tra mille
col tuo sguardo infinitamente limpido
e profondo.

Per quanto piccola, labile e leggera sia
la linea del tempo
che la mia traccia percorre,
solido e indistruttibile è il valore
di cui è segno fin dal primo istante;
pura l'intenzione che vi si esprime;
indefettibili il vincolo e la promessa
che l'accompagnano.

In ogni istante del tempo il dono si rinnova;
e con esso la certezza che,
anche se tutti mi abbandonassero,
sono desiderato almeno da te,
sono sommamente importante almeno per te.

La tentazione e il peccato
Tu sai bene, mio Dio,
che spesso gli eventi del tempo
ci allontanano da te.
Eventi a volte difficili
e al limite delle mie capacità di volere
e di intendere.
Quando la durezza degli accadimenti
mi turba,
quando la tua apparente distanza
mi ferisce e mi svuota,
allora le forze mi abbandonano
e la speranza si indebolisce
fino a venire meno.

In quei momenti sono molto fragile
ed esposto alla tentazione.

La tentazione di cedere
all'angoscia del tempo che mi sfugge,
dove l'immagine di una fine
che incombe inesorabile
prevale su quella del compimento
che si avvicina.

Invece di affrontarla e di vincerla,
sono tentato di rimuovere l'angoscia
con l'ossessiva cura del mio corpo,
con la fuga dalla povertà
e dalla malattia dell'altro,
con lo stordimento dei sensi
e l'indurimento del cuore.
Non vedo più nulla
alle spalle della mia nascita,
nulla di decisivo nella vita
e non scorgo più nulla oltre la mia morte.

Il risentimento
Tu sai bene, mio Dio,
che questa angoscia dipende
anche dal timore
di perdere il bene che ho ricevuto
e talora donato.
La gravità del mio smarrimento
deriva pur sempre dal sospetto
che tu non abbia tempo per me;
che non ci sia affatto un tempo infinito
nel quale desideri accogliermi.

Tutto ciò mi rende incerto
sul tempo che ora mi dedichi
e infine dubbioso sulla qualità
del dono ricevuto.
Il risentimento*, accovacciato alla mia porta,*

oscura i segni della tua benedizione
e della tua promessa.
Mi sento addirittura minacciato
e perseguitato dallo sguardo
che mi rivolgi.

La prospettiva della tua venuta
si associa all'immagine della sventura,
e ti sento bussare alla mia porta
con i colpi grevi e duri
della morte annunciata.

Riconosco la mia colpa
Tu sai bene, mio Signore e mio Dio,
che allora, diffidando di te,
incomincio a dissipare il tempo che mi doni
in ciò che vale di meno dell'amore autentico
e dura più poco della vita.
Il mio tempo si fa frenetico e vuoto,
divento avaro del tempo che mi dai per altri
e spreco il tempo che tu trovi per me.
Il mio sguardo diventa piccolo ed egoista,
freddo e calcolatore.
Anche quando resisto, magari per viltà,
alle colpe più gravi,
rendo più greve il tempo della vita umana
con la premeditata grettezza
del mio modo di sentire:
e perfino di credere, di sperare,
di volere bene.
Le scelte sono così regolate
più dalla convenienza
che non dalla scoperta della tua dedizione.

E lasciano ampio varco
per quella quota di arroganza,

di arrivismo, di ipocrisia,
che mi consentono di spremere
il tempo che mi è dato
tutto il benessere che mi è possibile.

Pentimento
Tu sai, mio Dio,
che sono debole e impreparato
al buon uso del tempo.
Non ti fidare troppo della mia resistenza
alla tentazione,
non mi lasciare a lungo esposto nella prova.

Perché io voglio sinceramente
benedire il tuo Nome,
desidero realmente entrare nel tuo Regno,
sono certo che la tua volontà
è il compimento del mio bene.
Credo con tutto il cuore
che tu custodisci le cose buone
per le quali riesco a trovare il tempo,
affinché non vadano perdute.

E che sei pronto a sciogliermi
dal tempo che ho perduto
nel momento stesso in cui riesco
a vincere la mia paura
e a confessare *la mia colpa.*

Quando io ti rendo disponibile
il tempo che mi affidi,
e lo arrischio per venire in soccorso
della mancanza del mio fratello,
io so che il mio tempo si arricchisce
fino a cento volte, fin d'ora:
e molto mi viene perdonato.

E quando infine riconosco
la stupidità della mia colpa,
e mi rivolgo contrito *a te, Padre,*
non incontro l'ombra del tuo risentimento,
ma soltanto la tenacia della tua fedeltà.
Scopro che il mio tempo perduto
fu per te il tempo dell'attesa
e il tempo insperabilmente ritrovato
è subito il tempo della festa.

La giustizia di Dio
In verità, Signore,
l'evangelo della giustizia di Dio
è il mio sostegno e la mia consolazione.
La mia incredulità teme il tuo giudizio,
ma la fede che tu mi doni
nel tuo amore per me
scioglie nella speranza
ogni angoscia dell'anima.
La certezza che tu solo abbia l'ultima parola
sulle vere inclinazioni del mio cuore
mi conforta.
La limpidezza del tuo sguardo
mi tranquillizza,
la comprensione della tua mente
mi rassicura,
l'umanità della tua condivisione mi dà pace.

È bello pensare
che in fondo a questa parabola
di iniziazione alla vita eterna
che tu mi hai destinato,
il tuo sguardo infallibile e sicuro
farà lievitare la coscienza
fino alla sua verità infinita
rendendola per noi accessibile

in ogni direzione,
e consentendoci di capire,
di apprezzare il valore di ogni gesto,
di ogni parola, di ogni simbolo,
di ogni affetto, di ogni legame.

Il giudizio
Veramente, Signore,
il tuo giudizio *ci libera dal peso*
di ogni insuperabile fraintendimento,
di ogni parziale apprezzamento,
di ogni limitata prospettiva.
Nessuno, nemmeno le persone
che più ci hanno amato,
possono riconciliarci fino in fondo
con la verità del nostro cuore.
Neppure alle persone che più amiamo,
noi stessi possiamo assicurare la gioia
di una perfetta comprensione,
di un totale apprezzamento.

Ma il segno splendente del tuo amore
è infine il gesto che conferisce
al nostro ingresso nel tempo infinito
della vita
la forma della scelta,
pur sollevandoci dal peso insopportabile
di doverci pronunciare
con perfetta padronanza
sulla verità delle cose
e sull'assoluta differenza del bene e del male.
Così la dignità dell'esistenza
che tu ci hai destinato
è custodita intatta
e l'ossessione dell'umano pregiudizio
di una debolezza senza scampo

è per sempre allontanata.

Nessuno è condannato
alla propria debolezza,
né alcuno è premiato
dall'astuzia della sua prevaricazione
come avviene tra gli uomini.

Purgatorio
Tu sai Signore e Padre mio
che voglio abbandonare a te la mia vita
e la mia morte, come Gesù.
Ma tu sei la purezza assoluta,
la luce che illumina
ogni angolo oscuro del mio cuore,
ogni angolo che non si apre a te
nella vigilanza,
che resta prigioniero
del tempo e della frustrazione.
Così, dopo la morte, mi darai ancora
qualche altro misterioso tempo
diverso da quello terreno
per realizzare in me, pienamente,
il nome nuovo che da sempre mi hai dato,
la condizione di figlio
che sola mi permetterà
di chiamarti – guardandoti negli occhi –
«Padre».
Vado incontro con pace
a questo tempo di purificazione,
senza angoscia sapendo che mi ami,
nell'unico desiderio di presentarmi a te
con la veste bianca delle nozze.
Ci vado incontro con sollievo
perché esso mi libera dall'ossessione
di una perfezione assoluta

rimettendo tutto me stesso
e quel poco che ho fatto
e il molto che non ho fatto
al tuo amore purificatore.

Inferno
Davvero, mio Signore,
non mi è possibile pensare
ad alcuna buona ragione
per respingere il tuo Vangelo.
Non riesco a vedere un tempo più perduto
di quello che impiego per resistergli.
I segni della sua Verità sono semplici,
trasparenti, alla portata di tutti:
i ciechi vedono, gli zoppi camminano,
i prigionieri sono sciolti,
per i peccatori c'è riscatto,
ai poveri viene comunicata
una buona notizia.
Non riesco a immaginare nessuno
che possa sentirsi escluso:
per quanto ferita, sbagliata,
marginale possa apparire
la sua vita ai suoi stessi occhi.

A meno che esista un essere umano che,
fino all'ultimo, resista con violenza
alla sola idea
che tu abbia un tempo anche per l'altro
che egli non ama,
che si opponga fieramente all'eventualità
di dover condividere i beni della vita
con coloro che tu chiami all'esistenza,
che ritenga che in te non c'è riscatto,
redenzione, perdono.

A meno che un uomo o una donna
non intendano in alcun modo
farsi persuadere
dall'icona del Figlio, innocente e ucciso
e ne traggano argomento
di sfida indirizzata allo Spirito
contro ogni possibilità di dimostrare
– in qualche luogo e in qualche tempo –
la radicale differenza del bene e del male.
Prospettiva terribile sopra ogni altra,
questa;
perché nella coscienza
che si lasci plasmare da tale peccato
ogni varco si chiude e ogni tempo è perduto.
Mi rendo conto che c'è qualcosa di terribile
nelle conseguenze di una tale intolleranza
e incredulità.
Ogni giorno tuttavia scorgo
i segni drammatici
di questa spirale perversa:
nell'avidità che requisisce
i beni della terra,
abusa del potere e della ricchezza
e in molti modi condanna a morte
l'altro uomo
con pretestuose ragioni.
Ragioni e pretesti che essa trae,
per giustificarsi,
da ogni dove:
dalla storia e dalla scienza,
dalla politica e dall'economia,
dalle filosofie e dalle religioni.
Ragioni e pretesti
che sono come pietre tombali
per chiudere il cuore
dentro un sepolcro di solitudine.

Signore, che io non resti confuso in eterno!

Io so, mio Dio,
che la tua giustizia è il principio stesso
della differenza radicale tra bene e male
e la sua ferma custodia è
a protezione e riscatto
di ogni amore ferito,
di ogni debolezza sopraffatta.
Il tuo tempo, Signore,
è il tempo in cui
la differenza del bene e del male,
del santo e del laido,
del bello e dell'orribile,
si afferma a favore dell'uomo.
Ogni tempo esercitato nella sua negazione
è invece estraneo alla tua giustizia
così come al compimento
del nostro desiderio.
Esso è destinato a rimanere
nello spirito e nella carne,
il tempo duramente trafitto
da un desiderio bruciante
che rimane separato
dal proprio compimento.

In esso è infinitamente
rappresentata e ripetuta
proprio la figura della morte
che ci fa più paura;
quella che le Scritture chiamano
«seconda morte».
È il tempo di un'esistenza
«infinitamente perduta»
che non va augurata a nessuno.
Salvaci, Signore, dalla seconda morte!

La speranza
Spirito benedetto e santo,
io so che tu accogli
il gemito di ogni creatura
resistendo a ogni falsa sapienza,
a ogni prevaricazione delle potenze.
So che la tua premurosa ispirazione
ci persuade alla speranza
e la tua splendida energia
ci risolleva da ogni prostrazione.
Il mio cuore esulta pensando
che la dignità dell'uomo
e la bellezza del mondo
sono oggetto della tua ostinata fedeltà
e della tua inesauribile cura.
Io confido
nella forza della tua protezione
e con ogni timore e tremore
spero nella potenza del tuo riscatto
per il tempo dell'uomo e della donna.

Io ho imparato da te
che un tempo libero dal male
e protetto dal maligno
è reso accessibile per ognuno
soltanto dall'amore
e dalla fedeltà che lo accompagna.
La qualità della vita che vi si schiude
è decisa dall'apertura del cuore
alla tua sapienza.
So che questo tempo è vicino, è qui.

Già ora esso preme
affettuosamente su di noi
nella contemplazione dei tuoi segni:
nell'esultanza che accompagna
ogni sconfitta del male,

nella fermezza che vince la prevaricazione,
nella tenerezza che si prende cura
di ogni debolezza.
Nell'esperienza del Figlio crocifisso
che si ripete per tutti coloro
che sono perseguitati
a causa della giustizia
e nella certezza del Risorto
che si tramanda
mediante l'opera dei discepoli
che edificano la Chiesa,
io ne ricevo una conferma decisiva.

La moltiplicazione del male non ha futuro,
la mediocrità interessata non ha speranza
di poter prolungare la sua sopravvivenza
a spese dei puri di cuore,
degli operatori di pace,
degli appassionati per la giustizia:
e con essa, ogni egoismo religioso
chiuso nel proprio privilegio,
ogni parassitismo economico
chiuso nel proprio benessere,
ogni calcolo politico
chiuso nel proprio dominio.
Tutto ciò deve essere consumato
nel fuoco dell'ira di Dio
nell'incandescente purezza
dell'amore crocifisso di Gesù.

Io so, Signore,
che il popolo delle beatitudini
e la schiera dei testimoni fedeli
saranno infine risarciti
dal tempo delle lacrime,
e tu sarai tutto in tutti,
nella pienezza del Regno.

La morte corporale

Riconosco, Signore,
che la durata della mia condizione mortale
è gravata dalla maligna separazione
che nell'incredulità si produce
tra il nostro tempo e il tuo.
E so che questa separazione si riflette
nell'angoscia in cui trascorre il tempo
che ciascuno di noi
cerca di aver soltanto per se stesso.
La malinconia del tempo
inesorabilmente passato
è figlia dell'incredulità
e madre della disperazione.
La morte *si presenta allora – e non solo allora –*
come una dimostrazione
dell'inutilità del tempo dell'amore.
I colpi con cui il dolore
percuote l'uscio di casa
diventano i segni
di un destino implacabile
che assegna alla morte l'ultima parola.
La nostalgia del tempo perduto
si trasforma in una malattia
che rende cronica
la perdita di ogni senso del tempo.

Ma tu stai alla mia porta

Ma se io, Signore,
tendo l'orecchio
e imparo a discernere i segni dei tempi,
distintamente odo i segnali
della tua rassicurante presenza
alla mia porta.
E quando ti apro e ti accolgo
come ospite gradito nella mia casa,

il tempo che passiamo insieme mi rinfranca.
Alla tua mensa divido con te
il pane della tenerezza e della forza,
il vino della letizia e del sacrificio,
la parola della sapienza e della promessa,
la preghiera del ringraziamento
e dell'abbandono nelle mani del Padre.

E ritorno alla fatica del vivere
con indistruttibile pace.
Il tempo che è passato con te
sia che mangiamo sia che beviamo
è sottratto alla morte.
Adesso, anche se è lei a bussare,
io so che sarai tu a entrare;
il tempo della morte è finito.
Abbiamo tutto il tempo che vogliamo
per esplorare danzando
le iridescenti tracce
della Sapienza dei mondi.
E infiniti sguardi d'intesa
per assaporarne la Bellezza.

Il ritorno di Gesù
Gesù, tu che sei venuto nel mondo
nascendo dalla vergine Maria,
tu che vieni a ogni istante nella mia vita
e nella vita di ciascun uomo
e di ciascuna donna,
tu che busserai amichevolmente
alla mia porta
anche nel momento della morte,
un giorno ritornerai
per porre fine a questo tempo
che siamo chiamati a vivere
come dono prezioso di Dio,

anticipo e preludio
della benedizione eterna.

Fa' che possiamo desiderare
il giorno del tuo ritorno,
quando la finitezza della creazione
lascerà il posto a nuovi cieli e nuova terra
e saremo tutti insieme
nell'infinita beatitudine
della Trinità santa.
Per sempre. Amen.

14

IN ASCOLTO DELLA PAROLA

«Di' soltanto una parola...»

Ci possiamo accostare alla parola di Dio, riflettendo, da un lato, sul fatto che essa è parola e quindi ha a che fare con quell'evento umano, che noi chiamiamo linguaggio; dall'altro lato, che è parola di Dio e quindi ha un'irriducibile originalità nei confronti della parola umana.

È illuminante l'episodio del centurione romano, che chiede a Gesù la guarigione del servo caduto in una malattia mortale (Mt 8,5-13). Gesù si offre di andare in casa sua, ma l'ufficiale espone un'argomentazione ricca di una fede così intensa che strappa il consenso ammirato di Gesù. Il centurione prende lo spunto dall'efficacia della parola umana: quando egli ordina qualcosa a un subalterno, la sua parola di comando produce qualcosa attorno a sé, fa sì che il subalterno vada o venga secondo l'ordine ricevuto.

A maggior ragione la parola di Gesù, nella quale la fede del centurione riconosce presente la potenza stessa di Dio, saprà operare, anche a distanza, la guarigione miracolosa del servo. Viene qui adombrato il mistero della parola umana con la sua ricchezza e la sua povertà. Nella parola il nostro essere profondo si manifesta; la nostra libertà sprigiona le sue capacità operative; la nostra umanità va in cerca dell'umanità degli altri, cerca un contatto con loro, genera consensi, costruisce comunità umane, interviene sulle cose del mondo. Vita, speranza, gioia, impegno, operosità, amore, luce di verità sono misteriosamente depositati nel fragile involucro della parola.

Ma la parola umana è anche povera. Quante volte balbetta impotente dinanzi a misteri che non riesce a penetrare. Quante volte non sa comunicare il senso che essa racchiude. Quante volte non raggiunge gli esiti desiderati. Quante volte, anziché rivelare amore di vita, luce di verità, comunione interpersonale, produce odio, menzogna e discordia.

Nella povertà della parola si rivela la povertà del nostro essere. Noi non siamo totalmente identici con la vita, la gioia, l'amore, la luce della verità. Questi beni sono presenti in noi, ma sono anche lontani da noi. Noi li andiamo cercando come beni assenti, spinti da quelle parziali forme di presenza che essi hanno in noi.

Quando noi non riconosciamo questa presenza-assenza della vita, della verità dell'amore e pretendiamo di essere noi stessi, in un modo totale ed esaustivo, la vita, la verità, l'amore, inganniamo noi stessi e le nostre parole producono la morte, la menzogna e la discordia. Dovremmo, a questo punto, dare un nome più preciso alla vita, alla verità e all'amore. Non possiamo percorrere qui gli ardui sentieri che si addentrano nel mistero della realtà.

Basterà dire che, mediante un'intuizione, che è depositata da sempre nel cuore dell'esperienza umana e che può e deve assumere anche l'andamento di una rigorosa argomentazione riflessiva, l'intelligenza umana arriva a comprendere che la pienezza della vita, della verità e dell'amore stanno in una realtà che, pur rendendosi presente nell'uomo, è al di là dell'uomo ed è chiamata Dio.

L'uomo allora si scopre come presenza del Dio assente, come segno di lui, come espressione in cui egli si manifesta, pur essendo l'inesprimibile. *L'uomo* in questo senso è *parola di Dio* e nel parlare umano viene alla luce questa radicale caratteristica dell'uomo.

Allora la parola e l'essere dell'uomo sono creativi, ma solo in quanto obbediscono, in un atteggiamento di attesa, disponibilità, fedeltà, a quello che Dio dice in loro. Che cosa Dio possa dire all'uomo, con quanta intensità, con quale forza comunicativa non può essere anticipato, determinato, deciso dall'uomo. L'unica anticipazione, l'unica decisione che compete all'uomo è quella del silenzio pieno di attesa, rispetto, obbedienza. Quali imprevedibili forme di comunicazione Dio ha deciso di attuare nel suo amore infinito?

L'imprevedibile è accaduto in Gesù di Nazaret.

Gesù, parola vivente del Padre

Una persona che coltiva onestamente questi atteggiamenti di rispetto, obbedienza e attesa, quando si imbatte nella vicenda di Gesù di Nazaret e la sente proclamare fino in fondo, viene afferrata da un senso di sorpresa, che poi diventa segreta inquietudine ed esplode infine in una folgorazione: quest'uomo è parola di Dio non come tutti gli altri, ma in un modo unico e irripetibile.

> «La Parola era presso Dio, la Parola era Dio... la Parola si fece carne e prese ad abitare in mezzo a noi» (Gv 1,1.14).

I gesti di Gesù, i suoi discorsi, i suoi comportamenti verso gli altri uomini, i suoi miracoli, il suo modo di affidarsi al mistero del Padre, la sua libertà, coraggiosa, i suoi confronti con i personaggi dell'Antico Testamento, le esigenze che propone ai discepoli, il suo sguardo lungimirante lanciato sul futuro conducono ad affermare che la presenza di Dio si attua in lui in un modo eccezionale. Dio non solo è presente in lui, ma è una cosa sola con lui. In lui Dio non solo ha comunicato con l'uomo, ma si è comunicato: «Piacque a Dio nella sua bontà e sapienza rivelare se stesso» (*Dei Verbum*, 2). Quello che l'uomo non può né anticipare, né esigere si è misteriosamente compiuto in Gesù per magnanima decisione divina. Quest'uomo di Nazaret, che è inserito nella vicenda storica dell'umanità e parla parole umane è, nella misteriosa profondità del suo essere, una cosa sola con Dio.

Egli, dunque, è la parola piena e definitiva. Egli è l'uomo perfettamente realizzato. Ogni altra persona umana, ogni altra parola umana sono veramente umane in riferimento a lui e a partire da lui. La vicenda storica di Gesù, come parola di Dio, come segno umano di Dio, così vicino a Dio da essere realmente identico a Dio, trova il suo suggello nella Pasqua, dove l'unità reale di Gesù con il Padre è supremamente manifestata. Gesù si affida al Padre in un'obbedienza così radicale, da abbracciare anche la morte di croce; e il Padre a tal punto congiunge con sé Gesù da comunicargli la vita gloriosa della risurrezione; e lo Spirito santo, che è l'amoroso suggello dell'unità del Padre con il Figlio, guida tutta la vita di Gesù fino alla morte, agisce come principio potente di risurrezione e dal Cristo risorto, in cui dimora in pienezza, viene effuso sulla Chiesa e in tutti i credenti. La vita di Gesù dunque, dall'incarnazione fino all'effusione pasquale dello Spirito, è parola di Dio in modo definitivo. In essa Dio dice chi egli è propriamente: è comunione di vita, è amore, è Trinità. E dice anche chi egli vuol essere per l'uomo: vuole essere il Padre che ama, l'alleato che accoglie e salva, l'amico che condivide fino alla morte la condizione dell'uomo, per rendere l'uomo partecipe della sua condizione divina.

Da Gesù alla Bibbia

Il senso profondo dell'essere e della storia di Gesù, come rivelazione definitiva di Dio, ci viene dischiuso da Gesù stesso attraverso il linguaggio dei suoi comportamenti, delle sue espressioni, delle sue parole, che, in quanto parole del Figlio unigenito, mandato dal Padre, sono rigorosamente e propriamente parola di Dio. Ma le parole di Gesù arrivano a noi attraverso e insieme ad altre parole, suscitate dallo Spirito santo nel popolo dei credenti. Da un lato, infatti, le parole di Gesù, mentre emergono dal suo essere profondo, affondano le radici nella storia del popolo dell'antica alleanza: Gesù ha inteso e presentato se stesso come il compimento delle promesse, come il Messia atteso dagli antichi Padri, come l'imprevedibile e insieme fedele attuazione delle parole che Dio stesso aveva deposto nel cuore del suo popolo.

Dall'altro lato, le parole di Gesù hanno convocato il nuovo popolo dei credenti, nel quale esse sono state custodite, meditate, trasmesse secondo modalità stabilite da Gesù e garantite dalla presenza dello Spirito santo. *La testimonianza profetica del popolo dell'Antico Testamento e la testimonianza apostolica del popolo del Nuovo Testamento,* in quanto parlano di Gesù, sono anch'esse, in senso vero e proprio, *Parola di Dio*. Questa Parola, dopo tempi variamente lunghi di trasmissione orale, è stata fissata per iscritto in tempi e con modalità diverse, ma sempre secondo una sapiente disposizione divina, che ha voluto così assicurare alla Parola ispirata da Dio stesso una forma di più stabile continuità e di più fedele conservazione.

Si è così giunti al canone delle sacre Scritture dell'Antico e del Nuovo Testamento, nelle quali la fede della Chiesa si riconosce pienamente espressa, nel senso che riconosce in esse l'autentica Parola di Dio, da cui la fede è continuamente suscitata e alimentata.

Parola e Chiesa

Queste brevi riflessioni sulla Parola di Dio, che illustrano i suoi diversi significati e aspetti, unificandoli e concentrandoli in Gesù Cristo, ci ammoniscono a non isolare la Bibbia, che la fede riconosce come Parola di Dio in modo privilegiato e normativo, ma a collocarla nel contesto di alcune relazioni qualificanti.

Anzitutto *la Bibbia va collocata nella Chiesa*. La Bibbia contiene la Parola che suscita la fede e convoca la Chiesa: ma, a sua volta, la fede della Chiesa, accogliendo la Parola, le dà risonanza e consistenza storica, la custodisce gelosamente, la trasmette fedelmente, la interpreta autorevolmente, attraverso quella varietà di funzioni e ministeri ecclesiali che Gesù stesso ha istituito e che lo Spirito santo anima interiormente con i suoi doni. La tradizione della Chiesa è l'ambito concreto entro cui la sacra Scrittura riceve forma e figura definitiva, trova le determinazioni che la distinguono da altri scritti non ispirati, incontra la memoria viva della testimonianza apostolica, che è fonte autorevole di interpretazione e di riattualizzazione. L'accesso alla sacra Scrittura, quindi, mentre richiede l'intensa applicazione delle energie personali, esige anche una cordiale e attiva consonanza con la fede di tutta la Chiesa.

Questo deve suonare prima di tutto come richiamo alla sintonia con le indicazioni autorevoli del Magistero. Infatti «l'ufficio di interpretare autenticamente la parola di Dio scritta o trasmessa è stato affidato al solo Magistero vivo della Chiesa, la cui autorità è esercitata nel nome di Gesù Cristo» (*Dei Verbum*, 10). Ma a ciò va aggiunto anche un invito a una felice convergenza delle competenze, dei carismi, dei lumi di tutti i credenti: «Infatti, la comprensione, tanto delle cose quanto delle parole trasmesse, cresce sia con la riflessione e lo studio dei credenti, i quali le meditano in cuor loro, sia con la profonda intelligenza che essi provano delle cose spirituali, sia con la predicazione di coloro i quali con la successione episcopale hanno ricevuto un carisma certo di verità» (*Dei Verbum*, 8).

Tante potenzialità contenute nelle sacre Scritture, come prezioso messaggio di speranza per il mondo di oggi, rimangono inesplorate e improduttive, perché gran parte del popolo cristiano è inerte e muto, per indifferenza o per impreparazione, nei confronti del testo sacro.

Parola ed eucaristia

Una seconda relazione che deve essere considerata è quella tra Bibbia ed eucaristia.

Infatti, la vicenda storica di Gesù, che scaturisce dalle profondità dell'essere di Gesù, consostanziale al Padre, è Parola di Dio in modo originario e insuperabile. Orbene, l'eucaristia, con tutta la realtà sacramentale che da essa promana, è memoria della Pasqua di Gesù, non nel senso psicologico del ricordo, sulla misura e secondo le leggi della memoria umana, bensì nella luce della potenza dell'amore divino manifestato nella Pasqua. In Gesù morto e risorto Dio proclama e attua la sua amorosa volontà di vicinanza all'uomo, di presenza nella storia, di perdono del peccato, di vittoria sulla morte, di inizio di una vita nuova. L'eucaristia è la concreta modalità storica con cui l'amore onnipotente di Dio, culminante nella Pasqua di Gesù, raggiunge il suo intento di rendersi realmente presente e operante in ogni momento della storia umana.

L'eucaristia è presenza viva e reale di Gesù, del suo mistero, del suo sacrificio, della sua Pasqua. Tutta la vicenda di Gesù, dall'incarnazione del Figlio preesistente alla dolorosa umiliazione del Crocifisso, alla glorificazione del Cristo risuscitato e datore dello Spirito, si ripropone a noi nell'eucaristia, in forza dell'interiore efficacia del sacrificio pasquale. Anche la Parola di Dio, contenuta nella Bibbia, è efficace in forza della Pasqua: altro non fa che proclamare l'efficacia dell'amore di Dio culminante nella Pasqua. Quindi la *Bibbia è orientata e orienta all'eucaristia* e alle altre celebrazioni sacramentali. Ma, se la parola biblica trova il supremo suggello e il radicale fondamento della sua efficacia nell'eucaristia, a sua volta *l'eucaristia si fonda in un certo senso nella Bibbia.*

La Bibbia, infatti, conserva e trasmette le parole con cui Gesù istituì l'eucaristia. La Bibbia ricorda il comando di Gesù: «Fate questo in memoria di me», a partire dal quale la Chiesa, obbedendo fedelmente al suo fondatore, celebra l'eucaristia.

La Bibbia, ancora, rievoca l'arco complessivo della storia della salvezza, annuncia i gesti mirabili dell'amore di Dio, ci introduce nei misteri della vita di Gesù e nel mistero del suo essere: in tal modo ci dà una comprensione distesa, piena e saporosa dell'amore di Dio, che nell'eucaristia è come compendiato e condensato.

La Bibbia, infine, presentandoci la fede di coloro che hanno aderito con tutta la loro vita alla Parola di Dio, ci offre gli spunti concreti per fare memoria di Gesù, non solo nel senso di compiere la celebrazione rituale, ma anche nel senso di impostare la nostra vita in modo tale che essa sia un'offerta del nostro corpo e del nostro sangue, cioè di tutto il nostro essere, al Padre e ai fratelli. La vita concretamente spesa nella carità è lo scopo ultimo dell'eucaristia. Nel tendere a questo scopo, l'eucaristia si avvale anche della Parola di Dio, per l'intrinseca relazione che intercorre tra la Parola e la vita.

Parola e vita

È questa la terza relazione, che merita una sosta riflessiva: la Bibbia incrocia la vita dell'uomo, secondo *un complesso movimento che va dalla vita alla Parola e dalla Parola ritorna alla vita.*

L'uomo accede alla Bibbia portando con sé la dignità e il peso della propria libertà, delle irrequiete ricerche, delle involuzioni spirituali, dei fremiti di coraggio e di speranza, delle conquiste effettive ma precarie nei vari settori dell'esperienza umana. L'intuizione, continuamente offuscata e rinnegata, ma sempre riaffiorante, di essere l'attonito, fragile, indegno custode dell'inafferrabile mistero di Dio; l'intuizione di essere lui stesso segno, cifra, parola di Dio, in un modo che Dio solo può chiarire, determinare, liberare dalle ambiguità e dalle distorsioni; l'intuizione di potersi pienamente attuare solo in un evento che lo eccede e lo mette in un atteggiamento di confidente abbandono e di umile adorazione: ecco, proprio questa intuizione, in cui culminano e si inverano le varie esperienze umane, è la condizione spirituale che l'evento della Parola di Dio suppone e fonda nel medesimo tempo.

Addentrandosi, poi, nella contemplazione della Parola di Dio; cogliendo nella storia sacra il mistero della volontà di Dio circa la storia umana; imbattendosi in una infinita varietà di situazioni umane illuminate e salvate dalla Parola di Dio; immergendosi, soprattutto, nella meditazione della vita di Gesù, l'uomo incontra la forma pura e autentica della vita umana, quella che Dio stesso ha proposto come luminosa rivelazione di se stesso.

Allora l'uomo ritorna alla vita di ogni giorno con una nuova luce di speranza. E anche con un impegno nuovo: testimoniare, con gli esempi concreti del proprio comportamento, la vittoriosa energia della Parola di Dio, che salva la libertà dall'illusoria autosufficienza, dai desideri ambigui, dalla prepotenza ottusa e dalle rinunciatarie disperazioni.

15

L'ÀNCORA DELLA PREGHIERA

La domanda al "Padre nostro"

«Egli disse loro: "Quando pregate, dite: Padre, sia santificato il tuo nome, venga il tuo Regno; dacci oggi il nostro pane quotidiano, e perdonaci i nostri peccati, perché anche noi perdoniamo a ogni nostro debitore e non ci indurre in tentazione"» (Lc 11,2-4).

Questa istruzione sulla preghiera è uno dei punti nodali di tutto il Vangelo. Non a caso, nel testo parallelo di Matteo, il "Padre nostro" è al centro del discorso della montagna. Possiamo dire anzi che il "Padre nostro" riassume tutto il cristianesimo, tutto ciò che noi siamo, che noi viviamo, tutto ciò di cui abbiamo bisogno, tutto ciò che ci qualifica come figli di Dio in cammino verso il Regno. È una preghiera che non finiremo mai di meditare e, quando non sappiamo pregare, basta riprendere adagio adagio, parola per parola, il "Padre nostro".

Cerchiamo dunque di cogliere la struttura fondamentale di questa preghiera, che comporta tre momenti: il primo è come la base di una sorgente; il secondo è come uno zampillo che sale verso l'alto; il terzo è lo zampillo che discende innaffiando tutto ciò che c'è intorno.

La sorgente è espressa nella parola «Padre», ed è, per chi prega, lo spirito di figliolanza. Dal momento che vivere da figli significa vivere il battesimo, nella preghiera noi viviamo al massimo il nostro battesimo.

Lo spirito filiale è la radice di ogni preghiera, è l'atteggiamento più importante, perché la vita eterna consiste nell'esplicitazione dell'essere figli di Dio. Notate che nel "Padre nostro" potremmo ripetere la parola «Padre» a ogni invocazione: Padre, venga il tuo Regno; Padre, sia fatta la tua volontà; Padre, perdona i nostri peccati; Padre, liberaci dalla tentazione.

Il secondo momento è costituito appunto dalle invocazioni che salgono verso l'alto, come uno zampillo, che si rivolgono a Dio col pronome in seconda persona: «Venga il *tuo* Regno, sia santificato il *tuo* nome». Nella forza dello Spirito santo l'anima redenta, battezzata, si innalza verso il Padre.

Il terzo momento è la ricaduta sulla terra di questa sorgività spirituale, di questo gettito potente dello Spirito santo che ci spinge in alto. La ricaduta sulla terra, cioè su di noi che siamo affamati, che abbiamo bisogno di perdono, che dobbiamo perdonarci a vicenda, che siamo tentati perché deboli e fragili.

Così la preghiera ci coinvolge nella verità del nostro essere: Signore, non permettere che io cada nella tentazione. Tu vedi come sono tentato, stanco, annoiato, pigro; liberami da tutto ciò che mi impedisce di avere fiducia in te, di contemplarti e amarti come Padre.

Questa struttura della preghiera corrisponde alle due definizioni classiche di preghiera come *elevatio mentis in Deum* oppure come *petitio decentium a Deo*.

Il primo e il secondo momento del "Padre nostro" sono *elevatio mentis in Deum*; il terzo è *petitio decentium*, espressione delle nostre necessità corporali e spirituali, della fatica della vita del discepolo.

La preghiera continua

«Se uno di voi ha un amico e va da lui a mezzanotte a dirgli: Amico, prestami tre pani, perché è giunto da me un amico da un viaggio e non ho nulla da mettergli davanti; e se quegli dall'interno gli risponde: Non m'importunare, la porta è già chiusa e i miei bambini sono a letto con me, non posso alzarmi per darteli; vi dico che, se anche non si alzerà a darglieli per amicizia, si alzerà a dargliene quanti gliene occorrono almeno per la sua insistenza» (Lc 11,5-8).

Gesù ci fa compiere un passo avanti. Non ci dice solo di pregare come figli, chiedendo umilmente ciò di cui abbiamo bisogno, ma ci chiede di *insistere*. E credo sia l'insegnamento di cui abbiamo più urgenza. Tutti i particolari di questa breve parabola mostrano la situazione reale dei credenti che faticano a vivere la preghiera continua.

– Notiamo, per esempio, la parola «mezzanotte», il tempo cioè in cui si è stanchi e si ha voglia di dormire. Proprio in quel momento viene un amico da un lungo viaggio e la tentazione è di non accoglierlo, di non aprire la porta, perché di fatto disturba. Tuttavia, si vorrebbe rispondere ai doveri dell'ospitalità e, non avendo nulla da dargli da mangiare, ci si fa coraggio e si va a bussare da un altro amico.

Gesù dice a noi: anche se siete affaticati, insistete nel chiedere.

La situazione descritta è quella del pastore, di colui che spesso deve dare ad altri il nutrimento spirituale, e che però è stanco, non se la sente, non ha il nutrimento spirituale che gli viene domandato. Ma l'insistenza degli altri è grande e allora il pastore si decide a chiedere al Signore, a pregare. Ovviamente, chi si reca da un amico a mezzanotte lo fa con fatica, non con animo tranquillo; in ogni caso vi si reca.

Non lasciatevi prendere dallo scoraggiamento – ci insegna Gesù – andate comunque, insistete comunque.

– L'amico allora va e bussa; stranamente la risposta non è buona, e deve continuare a bussare. È disagevole insistere, così come è disagevole continuare a chiedere al Signore. Quando la nostra preghiera è apparentemente inascoltata, ci immaginiamo che Dio sia un po' sordo e viviamo l'imbarazzo dell'uomo che sta fuori nella speranza che l'altro si muova, che gli apra la porta. Più passa il tempo, più perdiamo la fiducia in Dio.

Ma Gesù ci ripete: continua a chiedere, perché già il chiedere è una grazia, già il chiedere ti fa figlio, già il chiedere è l'esaudimento; se non trascuri questa preghiera anche materiale, povera, ripetitiva, diverrai misteriosamente figlio e riceverai pure il pane per nutrire gli altri, anche se sei stanco, arido, povero.

Non si tratta, in questo brano, di una preghiera facile, tranquilla, gioiosa, che nutre, ma di una preghiera sofferta. Tuttavia, è attraverso di essa che Dio ci dona il vero pane, cioè la consapevolezza della nostra condizione filiale, il dono di vivere abbandonati al Padre, con la certezza che egli non ci lascerà mai soli.

Nasce spontaneo l'interrogativo: come mai Dio ha bisogno della nostra insistenza? Non sa forse, prima di noi, ciò di cui abbiamo bisogno?

In realtà, siamo noi che, pregando con insistenza, ci purifichiamo e, passando per l'umiltà di riconoscere che non sappiamo pregare, diventiamo figli.

Il Signore ha molto a cuore questo insegnamento sulla preghiera continua, da cui viene pure la perseveranza nel ministero, nella fatica quotidiana del servizio. L'insistere nella preghiera sostiene e trasforma l'intera giornata, l'intera vita.

La fiducia nella preghiera

«Chiedete e vi sarà dato, cercate e troverete, bussate e vi sarà aperto. Perché chi chiede ottiene, chi cerca trova, e a chi bussa sarà aperto» (Lc 11,9-10).

E ancora:

«Quale padre tra voi, se il figlio gli chiede un pane, gli darà una pietra? O se gli chiede un pesce, gli darà al posto del pesce una serpe? O se gli chiede un uovo, gli darà uno scorpione? Se dunque voi, che siete cattivi, sapete dare cose buone ai vostri figli, quanto più il Padre vostro celeste darà lo Spirito santo a coloro che glielo chiedono!» (Lc 11,11-13).

Dunque, fiducia totale nella preghiera, certezza di ottenere lo Spirito santo. Questo è il dono per eccellenza. Noi, come avverte san Paolo, non sappiamo bene che cosa chiedere, non conosciamo bene che cosa sia il dono dello Spirito santo, ma lo otteniamo. Ed è, in realtà, lo spirito filiale, è la presenza della forza di Dio in noi, è la stessa capacità di perseverare nella fede arida e nella preghiera nuda, non consolata. Lo Spirito è una forza che non viene da un semplice momento di felice composizione della nostra mente, del nostro corpo; è una forza dall'alto, che ci permette di perseverare, di crescere e di purificarci nella figliolanza divina.

16

APRIRE LE PORTE A CRISTO AMORE

Chi è Cristo amore?

Cristo amore è l'estasi di Dio per l'uomo, è Dio che ama davvero e va incontro all'uomo nella sua storia. Cristo amore è lo spendersi tuo, o mio Dio per me! Sei tu, o mio Dio, che innamorato di me mi vuoi incontrare!

Cristo amore è la divinità innamorata dell'uomo, che si svuota in qualche modo della sua potenza, della sua vita divina, a cui non importa più niente di essere importante perché ritiene la mia vita più importante della sua e dà la sua vita per la mia.

Cristo amore è il culmine di Cristo verità, di Cristo libertà. Cristo amore è Cristo crocifisso che ha amato i suoi fino alla fine, che mi ha amato e ha dato se stesso per me; è Cristo eucaristia che offre il suo corpo in sacrifico per me, che dà il suo sangue versato per me.

L'incontro estatico di Cristo crocifisso nella fede dà a noi il gusto autentico di cosa voglia dire essere amati senza interesse e senza ritorno, di cosa voglia dire essere importanti per qualcuno e ci insegna, a nostra volta, ad amare così.

L'amore perciò non è prima di tutto una nostra esperienza e una nostra iniziativa, un sentimento o una commozione dell'animo, non è il risultato di uno sforzo. O meglio è anche tutto questo, ma lo è solo dopo l'accoglienza di Cristo e grazie ad essa.

Quando si aprono le porte del cuore alla reale vicenda dell'incarnazione, passione, morte e risurrezione del Figlio di Dio per me si apprende la verità dell'amore. Dice, infatti, san Giovanni nella sua prima Lettera:

«Da questo abbiamo conosciuto l'amore: Egli ha dato la sua vita per noi: quindi anche noi dobbiamo dare la vita per i fratelli... In questo si è manifestato l'amore di Dio per noi: Dio ha mandato il suo unigenito Figlio nel mondo, perché noi avessimo la vita per lui. In questo sta l'amore: non siamo stati noi ad amare Dio, ma è lui che ha amato noi» (1 Gv 3,16; 4,9-10).

Ma chi può dire Cristo amore, chi può dargli questo nome se non *colui* che ha fatto una formidabile esperienza affettiva di incontro? Chi può dargli questo nome se non chi lo ha incontrato come amico, come il tutto della vita?

Cristo amore è dunque Cristo crocifisso incontrato da me. Non ha senso parlare di Cristo amore se non in relazione all'incontro suo con me. Posso dire che comincio a capire Cristo amore quando accetto di incontrarlo.

Lasciar entrare Cristo nella vita

Che cosa significa aprire le porte a Cristo amore nella mia vita? Non è prima di tutto correre incontro a Cristo ma lasciarlo entrare, lasciarsi amare, lasciarsi perdonare, credere che lui è morto proprio per me.

E, al contrario, che cosa significa non aprirgli le porte? È forse, semplicemente, l'essere lontano da lui, non pregare, non leggere il Vangelo, non pensare a lui? Non vuol dire soltanto questo, perché anche chi gli è vicino può chiudergli le porte. Pensiamo a Giuda che si lascia baciare da Gesù ma non si lascia amare; si lascia baciare e intanto chiude la porta del proprio cuore, perché non capisce e non accetta Gesù.

Non apre le porte a Cristo chi non entra nella sua posizione di amore, non cerca di capirlo, di capire che lui per primo ama noi, che è lui a perdonarci, a farci importanti. Non apre le porte a Cristo chi ha un'immagine di sé antecedente a quella che Cristo gli offre, e la difende nei suoi confronti.

Apre, invece, le porte a Cristo chi si mette nella sua posizione, chi impara ad amarlo e ad amare con lui e in lui ogni altro uomo, ogni altro gruppo, razza, popolo, chi si mette nella sua posizione di perdonare e fare pace.

Le porte chiuse a Cristo sono le porte del razzismo, delle diffidenze, delle chiusure mentali, le porte chiuse anche di un certo elitarismo spirituale. Tenere le porte chiuse a Cristo amore vuol dire non essere nella posizione di abbracciare l'universo, vuol dire essere costretti a dividere l'universo in due: io e gli altri, gli amici e nemici. Tenere le porte chiuse a Cristo amore vuol dire entrare nella ruota dannata delle contrapposizioni, per cui io non posso definirmi se non contro qualcuno.

Diremo noi: ma Cristo ha avuto anche lui qualcuno contro, è morto ucciso perché aveva quasi tutti i potenti contro di lui! In realtà, Cristo muore ucciso, rifiutato, respinto non perché ha cercato dei nemici ma per la serietà del suo amore, perché ha amato fino in fondo, totalmente, e non si è tirato indietro di fronte a ciò che gli uomini hanno cercato di fargli. Proprio per non mettersi contro nessuno, proprio per amare ciascuno degli uomini, si è lasciato uccidere.

Forse anch'io avrò qualcuno contro, avrò molti contro [...], solo perché ho scelto di amare fino in fondo, per la serietà del mio amore, forse perché ho scelto di seminare la pace: incontrerò difficoltà e opposizioni solo in forza del mio amore senza limiti.

Pier Giorgio Frassati, il giovane torinese morto nel 1925, a ventiquattro anni, dopo una vita piena di fede e di amore scriveva: «Con la violenza si semina l'odio e si raccolgono poi i frutti nefasti di tale seminagione; con la carità si semina negli uomini la pace, ma non la pace del mondo, la vera pace che solo la fede di Gesù Cristo può dare».

È questa pace che noi dobbiamo sempre e ovunque seminare.

Risuonano alla memoria anche le parole del vescovo Ignazio di Antiochia, un grande martire della Chiesa antica morto a Roma, ucciso dall'invidia e dall'odio degli uomini:

> «Di fronte all'ira degli altri voi siate mansueti; di fronte alla loro grandiloquenza, siate umili; alle loro maledizioni opponete la vostra orazione; di fronte al loro errore rimanete saldi nella fede; di fronte alla loro violenza siate miti» (*Lettera agli Efesini* 10,2).

Così affronta le realtà, e anche le opposizioni, colui che vuole essere dalla parte di Cristo, che vuole aprire le porte a Cristo amore.

Se vogliamo dunque sapere se siamo capaci di amare non interroghiamoci sui nostri sentimenti o sulle nostre iniziative; non guardiamo alle cose che siamo capaci di fare; piuttosto mettiamoci di fronte a questa semplice e formidabile domanda: chi è Gesù per me? Quale presenza ha nella mia vita e io nella sua? Domandiamoci se davvero gli abbiamo aperto le porte della nostra esistenza perché egli possa entrare e cenare con noi e noi con lui.

Che cosa significa aprire le porte a Cristo amore nella Chiesa?

L'aspetto ecclesiale dell'aprire le porte a Cristo amore è il non fare divisioni con la Chiesa, né parzialità; è il non dividere la Chiesa in noi/voi, noi di qui/voi di là, noi di questo/voi di quello.

L'aspetto ecclesiale dell'aprire le porte a Cristo amore è guardare tutto a partire dal cuore di Cristo crocifisso. Da quel luogo, cioè, che non ha sospetto di parte, da quel luogo che è più in alto del mondo e di tutte le cose, pur essendovi ben dentro. Il cuore di Cristo crocifisso è il luogo della contemplazione che ama e abbraccia la Chiesa come l'ha amata Gesù.

Che cosa significa aprire le porte a Cristo amore nel mondo?

L'ultima nostra riflessione è sull'aspetto cosmico dell'aprire le porte a Cristo. Che significato ha per il mondo il nostro aprire le porte a Cristo amore?

Il cuore di Cristo crocifisso è come un osservatorio da cui guardare tutta la storia per ritessere rapporti di amore assolutamente veri, capaci di attraversare la sanguinosa vicenda umana.

Cristo, morto per l'uomo, è misura obiettiva della verità dell'amore. Una misura sempre presente perché egli è il vivente, risorto e vivo, presente come perenne istanza a cui l'uomo può fiduciosamente rivolgersi per trascendere e riportarsi all'autentico cioè a Dio, nel cui Verbo si fonda la mia esistenza, in cui è costituita originariamente la mia verità, nel cui *logos* la mia vita ha finalmente senso.

Solo l'amore è credibile, si dice. Ma è credibile solo un amore che può essere toccato con mano e verificato attraverso i suoi frutti. «In questo è glorificato il Padre mio» – dice Gesù – «che portiate molto frutto... Non voi avete scelto me, ma io ho scelto voi e vi ho costituiti perché andiate e portiate frutto e il vostro frutto rimanga» (Gv 15, 8.16).

Diventare segni di Cristo amore

Quale frutto ci si può augurare se non quello di una profonda conversione del mondo a Cristo amore, di una capacità nuova di seminare la pace, della capacità per ciascuno di assumersi nuove e concrete responsabilità di amore a servizio della pace?

«Più che chiunque altro – diceva Paolo VI – colui ch'è animato da una vera carità è ingegnoso nello scoprire le cause della miseria, nel trovare i mezzi per combatterla, nel vincerla risolutamente. Operatore di pace, "egli percorrerà la sua strada accendendo la gioia e versando la luce e la grazia nel cuore degli uomini su tutta la superficie della terra, facendo loro scoprire, al di là di tutte le frontiere, volti di fratelli, volti di amici"» (*Populorum progressio*, 75).

Ascoltiamo anche il messaggio dal deserto di Magdeleine, piccola sorella di Gesù: «Sogno che si possa donare molto affetto a tutti gli esseri umani, un affetto che sia così divino, pur scaturendo da un cuore umano, che non conduca fatalmente al disordine dei sensi... Il mondo ha bisogno d'amore... Vorrei amare tutti gli esseri umani del mondo intero... vorrei mettere una scintilla d'amore in ogni angolo del mondo: l'Egitto, il Brasile, presto il Giappone... Una scintilla provoca incendi di bosco; perché non dovrebbe accendere fuochi nel mondo intero?» (*Dal Sahara al mondo intero*).

Diremo dunque: salvate l'amore, l'amore autentico, per salvare il cosmo, la natura, per salvare l'uomo, la società, per salvare la pace! Ma come riconoscere nella storia questa istanza suprema di amore, necessaria e sempre presente? Come ascoltarla, come incontrarla?

Lo Spirito di Cristo che ha parlato per mezzo dei profeti, e che nel Cristo morto e risorto ha ridato al mondo la speranza dell'amore, è presente e operante nella Chiesa, che non cessa di ripresentare all'uomo d'oggi l'istanza suprema della verità e della carità [...].

La Chiesa, infatti, ha la missione, umile e ardente, povera e fiduciosa insieme, di riconciliare con l'amore la società e di restituire l'unità al mondo.

Noi Chiesa, come comunione d'amore, come luogo della perfetta amicizia, siamo chiamati, partendo dalla nostra povertà, fragilità, dal nostro peccato, a essere principio da cui procede la vita autentica del singolo; siamo chiamati come Chiesa – perché Gesù ci ama – a essere il noi del mondo riconciliato che ha come legge suprema, e in un certo senso unica, la carità, cioè l'amore gratuito e autentico.

Questa Chiesa, di cui siamo grati di essere membra e servitori, ci presenta Gesù, esempio e fonte di carità perfetta principalmente nell'eucaristia. È Gesù nell'atto di dare la vita per te che ti viene proposto nel mistero della Cena.

O Gesù, Cristo amore,
manifesta la tua presenza in mezzo a noi!
Fa' che ci accostiamo alla tua cena
non come Giuda, che pensa ai suoi trenta denari,

ma come Pietro che ti dice: Signore, purificami interamente!
Lavami piedi, testa e tutte le membra,
purifica ogni mio amore sbagliato,
rendimi capace di amore vero.
Fammi, o Signore, segno di unità
nella tua Chiesa;
fammi strumento della tua pace
nel mondo!

17

COME VIVERE LA SETTIMANA SANTA

La domenica delle Palme

La benedizione delle palme, da cui questa domenica prende il nome, e la processione che ne è seguita vogliono evocare l'ingresso in Gerusalemme di Gesù e la folla che gli va incontro festosa e acclamante.

Forse la nostra processione appare un po' povera rispetto a ciò che dovrebbe rievocare. L'importante, tuttavia, non è prendere in mano le palme e gli ulivi e compiere qualche passo, ma esprimere la volontà di iniziare un cammino. Questa scena infatti, che vorrebbe essere di entusiasmo, non ha valore in sé: assume piuttosto il suo significato nell'insieme degli eventi successivi che culmineranno nella morte e nella risurrezione di Gesù. Contiene perciò una domanda che è anche un invito: vuoi tu muovere i passi entrando con Gesù a Gerusalemme fino al calvario? Vuoi vedere dove finiscono i passi del tuo Dio, vuoi essere con lui là dove lui è? Solo così sarà tua la gioia di Pasqua.

Entriamo dunque con la domenica delle Palme nella Settimana santa, chiamata anche "autentica" o "grande". Grande perché, come dice san Giovanni Crisostomo,

> «in essa si sono verificati per noi beni infallibili: si è conclusa la lunga guerra, è stata estinta la morte, cancellata la maledizione, rimossa ogni barriera, soppressa la schiavitù del peccato. In essa il Dio della pace ha pacificato ogni cosa, sia in cielo che in terra».

Sarà dunque una settimana nella quale pregheremo in particolare per la pace a Gerusalemme e ci interrogheremo pure sulle condizioni profonde per attuare una reale pace a Gerusalemme e nel resto del mondo.

La liturgia odierna è quindi un preludio alla Pasqua del Signore. L'entrata in Gerusalemme dà il via all'*ora* storica di Cristo, l'ora verso la quale tende tutta la sua vita, l'ora che è al centro della storia del mondo. Gesù stesso lo dirà poco dopo ai greci che, avendo saputo della sua presenza in città, chiedono di vederlo: «*È venuta l'ora* in cui sarà glorificato il Figlio dell'uomo» (Gv 12,23). Gloria che risplenderà quando dalla croce attirerà tutti a sé.

Mi lascio guidare per questa breve riflessione dalle tre letture bibliche che sono state proclamate.

Umiltà e sovranità

Nella prima lettura il profeta Zaccaria vede come in sogno l'entrata in Gerusalemme di un re «giusto, vittorioso e umile», che spezzerà con la sua mitezza l'arco di guerra, che annuncerà la pace a tutti i popoli e il cui dominio si estenderà da mare a mare fino ai confini della terra (Zc 9,9-10). Sottolinea così la possibilità dell'incontro tra umiltà e sovranità, tra potere e amore, tra giustizia e salvezza. L'incontro vincente non è perciò quello della forza con la potenza economica, né quello delle armi con l'astuzia diplomatica, né quello delle ideologie impazzite con la violenza terroristica. È l'incontro tra mitezza e giustizia o, come ha affermato il Papa nel suo *Messaggio della pace*, tra giustizia e perdono.

Che cosa fa Gesù

La terza lettura ci racconta che cosa fa Gesù quando la folla gli va incontro gridando: «Osanna! Benedetto colui che viene nel nome del Signore, il re d'Israele!» (Gv 12,13). Gesù non parla, non dice nulla, pone soltanto un gesto simbolico, ricco di significato: trova un asino e vi monta sopra. L'evangelista Giovanni annota: «Come sta scritto: Non temere, figlia di Sion! Ecco, il tuo re viene, seduto sopra un puledro d'asina» (Gv 12,15).

L'asino era l'animale mite che anche i primi re d'Israele – Davide, Salomone – cavalcarono in tempo di pace, contrapposto al destriero e al cocchio dei tempi di guerra. Gesù fa un gesto semplicissimo per indicare il servizio umile e benevolo di cui parla anche san Paolo nella seconda lettura: «Cristo si è fatto servitore dei circoncisi in favore della veracità di Dio» (Rm 15,8).

Quello di Gesù è il primo di una serie di gesti inediti, fuori dall'aspettativa della gente, che contempleremo nei giorni della Settimana santa: gesti di pazienza, di inermità di fronte ai suoi persecutori, di passività, che neppure gli apostoli capiranno.

Proviamo a contemplarlo così, a metterci nel suo cuore quando, arrivando a Gerusalemme, sa di andare incontro alla morte e quindi tiene gli occhi fissi sul Padre, nell'unico desiderio di compiere fino in fondo la sua volontà, di adempiere le Scritture, di portare a termine, a prezzo della vita, la missione affidatagli di salvare l'umanità, di liberare il mondo dal peccato, dal male, dalla violenza.

Tu entri, o Signore, nella grande città non per farti proclamare re dalla folla che, avendo saputo della risurrezione di Lazzaro, ti corre incontro nella speranza che tu possa liberare Israele dall'oppressione politica. Se ti lasci osannare dalla folla è perché hai compassione di questa gente buona e semplice, amareggiata e appesantita da una vita faticosa e vuoi aprirle un orizzonte di speranza.

Entri nella città per offrirle l'alleanza definitiva, per assicurarla che Dio la ama, come una figlia: «Non temere, figlia di Sion!».

Per Gesù la città non è una realtà estranea, invivibile, dura di cuore, bensì una creatura da curare con pazienza e amabilità. E così entra oggi nella nostra città, entra in ciascuno di noi con benevolenza, fiducia, affetto, per darci vita e non per condannarci. Il suo amore è come un roveto ardente che brucia e non si consuma. Questo fa Gesù.

Ricordare oggi la sua entrata in Gerusalemme vuol dunque dire lasciare al suo mistero di entrare nella nostra vita.

Che cosa dobbiamo fare noi

Abbiamo riflettuto su che cosa fa Gesù, e adesso ci chiediamo: che cosa in concreto dobbiamo fare noi?

Anzitutto siamo invitati a partecipare ai riti della Settimana santa, che hanno lo scopo di coinvolgerci profondamente, giorno per giorno, negli avvenimenti che hanno segnato l'ultimo scorcio della vita di Gesù, e di stimolarci a una comunione intima con i sentimenti da lui vissuti.

Siamo pure invitati ad accostarci al sacramento della penitenza in modo che il nostro cuore sia purificato, pronto ad aprirsi al dono dell'alleanza pasquale, dell'umanità nuova. Un'umanità che diventa fonte di gioia per la città e si mette al servizio della pace, della giustizia e della verità, secondo la vera scala dei valori.

Ma c'è qualcosa di più, ed è l'imperativo espresso da san Paolo nella seconda lettura: «Accoglietevi gli uni gli altri» (Rm 15,7). Un imperativo che fa eco alla parola di Gesù: «Amatevi gli uni gli altri». La soluzione di ogni conflitto tra gruppi e mentalità diverse, all'interno della Chiesa e nel mondo, si trova nel comportamento di Cristo, che ha accolto tutti per radunarci in un'unica grande famiglia di fratelli, figli dell'unico Padre. Egli è venuto al mondo proprio per accogliere Israele e tutti i popoli della terra nel Regno di Dio. Vivere da cristiani significa, allora, vivere accogliendoci nell'amore vicendevole; significa prepararsi alla Pasqua avendo nel cuore o ritrovando questi sentimenti. La nostra appartenenza al popolo di Dio non è un privilegio che ci separa dagli altri, bensì una sorgente di responsabilità nei confronti di tutti gli uomini che dobbiamo indistintamente accogliere come fratelli.

San Paolo conclude la sua esortazione con un augurio: «Il Dio della speranza vi riempia di ogni gioia e pace nella fede, perché abbondiate nella speranza per la virtù dello Spirito santo» (Rm 15,13).

È un augurio che rilanciamo a tutto il mondo: gioia e pace nella fede non sono conciliabili con le discordie e le divisioni; sono un dono che ci apre al futuro di Dio, futuro pieno di speranza fondata sulla potenza dello Spirito. È la speranza di cui abbiamo molto bisogno e ci sarà elargita abbondantemente se vivremo i misteri celebrati nella Settimana santa. Chiediamo per tutti noi il dono della gioia e pace nella fede che prelude e ci avvicina alla luce sfolgorante della Pasqua.

18

METTERE AL CENTRO L'EUCARISTIA

La presunzione dei progetti dell'uomo

Su questo tema possiamo farci illuminare da una pagina dell'Antico Testamento: Samuele 2,7. Il re Davide, dopo che si era costruito una reggia in Gerusalemme, provò il desiderio di costruire una casa anche per il Signore, un tempio nel quale collocare l'arca dell'alleanza, che si trovava ancora sotto una tenda.

Nel suo desiderio c'era un sincero senso religioso e molta gratitudine per la fortuna che Dio gli aveva concesso. Ma c'era pure l'orgoglio di farsi vedere grande e munifico anche verso il Signore. C'era la sottile compiacenza di poter contare Dio stesso tra gli abitanti della propria città. C'era la segreta speranza di avere Dio a propria disposizione, di poter mettere le mani su di lui, di assicurarsi la sua potente protezione.

Il profeta Natan, consultato in proposito, dapprima diede la sua approvazione, ma poi, colpito da un'improvvisa rivelazione notturna, ritornò dal re per dissuaderlo dal realizzare quel progetto: non sarebbe stato Davide a edificare una casa al Signore, ma il Signore gli avrebbe consolidato la casa e gli avrebbe assicurato una discendenza.

Anche noi tante volte ci avviciniamo all'eucaristia con gli stessi atteggiamenti con cui Davide si avvicinava al mistero della presenza del Signore. Abbiamo già i nostri progetti. Presumiamo già di sapere che cos'è l'eucaristia e di poterla tranquillamente mettere tra le cose in nostro possesso. Abbiamo già, insomma, costruito la nostra vita secondo un programma che vede al centro noi stessi. È questo l'oscuro mistero della «durezza del cuore» dell'uomo, della sua lentezza a credere, di cui ci parlano così spesso le Scritture.

Talvolta, questo accentramento su noi stessi è così radicale da renderci riluttanti o indifferenti al rapporto con Dio. Ecco perché molti trascurano l'eucaristia o la considerano un fenomeno sentimentale, che può adattarsi all'età infantile o concederci un'emozione vagamente religiosa in qualche momento di pausa nostalgica nell'età adulta.

In altri casi, viene accettato un generico rapporto con Dio. Ma si tratta di un Dio misurato sulle nostre idee. È l'uomo che decide come, dove e quando incontrarsi con Dio. L'eucaristia come modalità gratuita, con cui Dio si concede a noi nella comunità cristiana, viene trascurata a favore di altre espressioni incomplete o ambigue di religiosità.

In altri casi, infine, si accetta il Dio di Gesù, che si è manifestato nella Pasqua, e si crede che il mistero pasquale si rende presente nell'eucaristia celebrata nella comunità cristiana. Ma l'atteggiamento dell'uomo, che pone al centro se stesso, riaffiora in modi sottili e per vie traverse.

L'esperienza viva dell'eucaristia

Noi sappiamo che nell'eucaristia opera la Pasqua, è presente la «carne di Gesù per la vita del mondo» (Gv 6,51). Cerchiamo pertanto di comprendere quale messaggio la Pasqua, attraverso l'eucaristia, invia alla nostra vita. Ma questa ricerca non è del tutto pura. Attraverso la nostra esperienza, i nostri contatti con gli altri, ci siamo fatti un'idea della nostra vita. Non andiamo fino in fondo in questa indagine; ci arrestiamo al punto in cui la nostra vita ci sembra un bene che è, di fatto, nelle nostre mani e attende di essere plasmato praticamente solo da noi.

Di conseguenza, anziché chiederci quali radicali mutamenti la Pasqua esiga dalla nostra vita, cerchiamo di sapere quali vantaggi le può arrecare.

Questo nostro atteggiamento non è per lo più chiaro e consapevole. Si presenta in forme velate e assume vari orientamenti. Alcuni, per esempio, considerano il mistero pasquale come una grande riserva di grazia, ma intesa in chiave sottilmente utilitaristica, come un complesso di beni da ottenere. Allora l'eucaristia verrà vista un po' come un vaso sacro che ci trasmette la grazia della Pasqua.

Altri, invece, vedono nella Pasqua una somma di valori etici che suggellano gli ideali morali dell'uomo. Ammirano il coraggio di Gesù, la sua libertà, il suo perdono fraterno, la fedeltà a un progetto d'amore fino alla morte. Ritengono che il ricordo della vita di Gesù, ricca di esempi così altamente emblematici, debba raggiungere beneficamente anche l'uomo d'oggi, alle prese con ingigantite responsabilità morali. Allora l'eucaristia verrà vista come il ricordo attualizzato della Pasqua di Gesù, capace di produrre un benefico contagio morale.

Tutti questi sono valori, ma non sono ancora l'"eucaristia messa al centro". Se l'uomo – e ognuno di noi è costantemente tentato di farlo – si chiude in una concezione utilitaristica dell'eucaristia e la considera come definitiva, cade nell'errore di coloro che, dopo la moltiplicazione dei pani, cercavano Gesù per farlo re (Gv 6,15) e assicurarsi così una vita senza problemi.

A essi e a tutti Gesù grida: «In verità, in verità vi dico, voi mi cercate non perché avete visto dei segni», traendo cioè dal miracolo lo stimolo per un'adesione incondizionata di fede a Gesù, «ma perché avete mangiato di quei pani e vi siete saziati» (Gv 6,26).

Quando la comunità si dibatte ancora in queste secche, non v'è da stupirsi che ne escano eucaristie che dicono poco, che influiscono poco sulla vita; che si cada da una parte in un ritualismo rigido e freddo, dall'altra in un attivismo verboso e distraente. Non si ha l'esperienza del roveto ardente.

Più in generale si potrebbe dire che quando l'eucaristia viene decentrata e poi sottilmente attratta verso altri "centri" soggettivamente stabiliti in base a esigenze non discusse e verificate, non è più in grado di liberare la pienezza della sua forza.

Occorre allora compiere un cammino di conversione, che ci aiuti a scoprire nel mistero eucaristico non un bene che è semplicemente a nostra disposizione, ma la presenza viva di Cristo, la forza del suo Spirito che ci attrae nel movimento di obbedienza e di disponibilità del Figlio all'amore misericordioso del Padre.

L'autosufficienza della cultura contemporanea

Nei fenomeni finora descritti è facile riconoscere anche la presenza di qualcosa che non riguarda solo la vita della Chiesa, ma tutta la cultura contemporanea. Rivivono nei comportamenti lacunosi della comunità cristiana verso l'eucaristia la mentalità e la sensibilità proprie della nostra epoca. Si tratta di quel complesso fenomeno culturale che può essere descritto con gli stessi elementi che esprimono l'azione di Gesù nell'eucaristia, ma presi in senso inverso: mentre Gesù nell'eucaristia attira tutti gli uomini a sé, l'uomo moderno, essendosi posto al centro della realtà, vuole essere lui ad attirare tutto a sé. È da sempre la tentazione più insidiosa: la presuntuosa autosufficienza che nella cultura contemporanea si è fatta ancora più corposa e temibile.

Questo significa che un'azione pastorale che voglia capire fino in fondo e rinnovare nelle radici i comportamenti della comunità cristiana verso l'eucaristia, deve fare i conti con questa mentalità generale, che si insinua anche negli atteggiamenti dei credenti, i quali sono pur sempre uomini del loro tempo. Ma questa mentalità generale, questa "cultura", ha oggi anche un'altra faccia.

Infatti, pur nella permanenza degli orientamenti che mettono l'uomo al centro di tutto, diventano sempre più insistenti e diffuse anche le analisi delle conseguenze negative di questo atteggiamento.

L'uomo non regge alla fatica e alla responsabilità di essere il centro di tutto. Nascono allora dei comportamenti complessi e ambigui.

È tipica, ad esempio, dell'uomo d'oggi la *frammentarietà*. Egli ha compiuto e va compiendo importanti conquiste nel dominio della natura, nella cura della salute, nella promozione della dignità personale, nell'organizzazione della vita sociale, ecc. Ma si tratta di conquiste settoriali. Il senso globale rimane nell'ombra: si acuisce un preoccupante disorientamento circa la direzione complessiva da imprimere alle conquiste scientifiche, circa l'esito ultimo e i valori definitivi dell'esistenza umana.

Mancando questa visione unitaria, è facile cadere in una serie di *contraddizioni*. Basti un solo esempio, relativo alla dignità della vita umana.

È maturata una forte coscienza civile della libertà e della dignità della persona. Si fanno grandi battaglie e si impegnano mezzi, tempo, energie per salvare tante vite umane dalla guerra, dalla malattia, dalla fame, dagli ambienti malsani, ecc.

Stranamente, però, accanto a questi atteggiamenti costruttivi si registrano fenomeni di segno opposto: uccisione della vita nel suo sorgere o nel suo finire; corsa sfrenata agli armamenti; mentalità violenta; mancanza di rispetto del contesto fisico, psichico, sessuale, affettivo, familiare in cui la vita umana nasce e si sviluppa; paurosa diffusione della droga; ricorso agli interventi armati, anziché alle mediazioni diplomatiche, per risolvere i vari conflitti tra i popoli. Purtroppo, contraddizioni di questo genere diventano inevitabili, quando non si sa riconoscere il valore ultimo e assolutamente intangibile su cui si fonda la dignità dell'uomo.

Connesso con la mancanza di visione unitaria è lo *sgretolamento della coscienza morale*. Di fronte ai tanti casi di corruzione, al generale affievolimento del senso di responsabilità, alla crisi delle istituzioni democratiche, tante voci chiedono un rinvigorimento della coscienza morale. Questa diffusa domanda etica è una sfida che va raccolta, decifrata e fatta evolvere verso la coscienza del bisogno di un solido fondamento. Altrimenti un tale appello, che pure non va disatteso, è condannato a restare velleitario, se vengono meno gli strumenti per dare figura solida e costruttiva alla vita etica.

Il desiderio del bene, che è l'anima della moralità, non riuscendo ad aprirsi a una concezione del bene ultimo e definitivo che sappia rinnovare e correggere il desiderio stesso, rimane in balia dei moti istintivi, dello sperimentalismo superficiale e inquieto, della tendenza ad accontentarsi di ciò che soddisfa in modo immediato e disimpegnato.

Insomma, il desiderio è senza nerbo interiore, senza struttura solida, senza figura unitaria. Lo costatano con grande preoccupazione soprattutto coloro che vogliono dedicarsi seriamente all'educazione dei giovani: spesso parecchi giovani danno l'impressione di non sapere che cosa vogliono, passano da un'esperienza all'altra e vengono facilmente catturati da chi propone soddisfazioni più facili e risultati immediati.

L'uomo dovrebbe avere il coraggio di andare alla radice di queste ambiguità. Dovrebbe allora mettere in discussione il presupposto da cui sono scaturite queste conseguenze, cioè la volontà di attirare tutto a sé.

Questa breve analisi culturale suggerisce una concreta indicazione pastorale: c'è un rapporto tra l'azione con cui la Chiesa riscopre la centralità dell'eucaristia e l'opera culturale che essa svolge perché l'uomo d'oggi ritrovi il senso del mistero.

I due impegni devono intrecciarsi. In una relazione all'assemblea della Cei ho detto: «Anche al di fuori del mondo cristiano ufficiale risuonano voci pensose, che invitano l'uomo d'oggi a rimettersi davanti all'arduo, ma imprescindibile problema della trascendenza. Senza strumentalizzare frettolosamente queste voci, occorre consolidare un dialogo e un consenso tra tutti coloro che cercano onestamente la verità ultima dell'uomo al di là dei desideri immediati e delle realizzazioni pratiche, in cui l'uomo si esprime».

Anche nelle nostre comunità dobbiamo svolgere quest'opera culturale, che disintossica l'uomo d'oggi dalla suggestione contagiosa di essere il centro, orgoglioso o disperato di tutto.

Quest'opera trova la sua esecuzione più efficace e la sua illuminazione più piena nell'azione pastorale che aiuta a riscoprire e a rivivere la centralità dell'eucaristia.

19

ESSERE CHIESA DEL GIOVEDÌ SANTO

Il mistero del giovedì santo

Entriamo nel cuore dell'anno liturgico, che è il grande Triduo pasquale. Noi siamo riuniti per fare memoria di quella prima eucaristia celebrata da Gesù, per rendere presente quella stupenda realtà come memoria e insieme attualizzazione, come ricordo del passato e insieme presenza, come speranza e profezia per il futuro.

La sera del giovedì santo è infatti il momento in cui Gesù, con i segni del pane spezzato e del vino versato, anticipa il sacrificio cruento della croce, avvenuto una volta per tutte sul calvario, perché il suo corpo eucaristico e il suo sangue eucaristico restassero ad assicurarci la sua presenza lungo i secoli della storia. Egli stabilisce così in modo concreto la permanenza visibile e misteriosa della sua morte in croce per noi, del suo supremo amore per l'umanità, del suo venire al di dentro di noi per salvarci e santificarci. E nell'eucaristia sono racchiusi tutti gli eventi successivi alla cena: dall'agonia alla passione, crocifissione, morte di Gesù, alla notte gelida del sepolcro e al mattino radioso della risurrezione.

Gesù riassume fedelmente, nel suo gesto inaudito e umanamente incomprensibile, tutto quanto il Padre gli ha chiesto di fare per la salvezza del mondo: la sua incondizionata dedizione che non si blocca davanti al tradimento di Giuda, ai nostri tradimenti, al rinnegamento di Pietro, alle nostre incoerenze. Il suo cuore, che sulla croce verrà squarciato, si apre già nella cena per riversare lo Spirito sulla Chiesa e sul mondo.

Questo Spirito viene effuso su di noi, che stiamo per iniziare il Triduo pasquale con la tristezza nel cuore per l'inasprirsi dei conflitti e degli atti terroristici, che in Medio Oriente non hanno risparmiato neppure il giorno più sacro ai nostri fratelli ebrei, spargendo nuovo sangue innocente.

Come affermava Giovanni Paolo II in un suo Messaggio per la pace:

> «Il terrorismo si fonda sul disprezzo per la vita dell'uomo. Proprio per questo esso non dà solo origine a crimini intollerabili, ma costituisce esso stesso, in quanto ricorso al terrore come strategia politica ed economica, un crimine contro l'umanità».

O Gesù, ancora una volta ci mettiamo davanti a te con dolore e tristezza per tante sofferenze di nostri fratelli e invochiamo con angoscia la cessazione di simili atti di violenza nel nostro Paese e in ogni altro. Viviamo la preghiera di questi giorni anche come suffragio per i morti, conforto per i sopravvissuti, intercessione per quella pace che viene dalla potenza della tua risurrezione.

O Gesù, noi siamo davanti a te con stupore e tremore, riconoscendo che col tuo gesto eucaristico poni la tua vita nelle nostre mani per confermarci la tua misericordia, per ricordarci che nell'eucaristia ogni promessa di Dio si compie, che la violenza può essere vinta e tu stesso diventi nostra vita e nostra pace.

Le tre letture bibliche proposte dalla liturgia ci aiutano ora a contemplare e adorare, con gli occhi della mente e del cuore, il prodigio dell'ultima cena.

I segni del pane e del vino

La prima lettura, dal libro di Giona (1,1-16; 2,1-2.11; 3,1-5.10; 4,1-11), ci fa riflettere sulla fedeltà e la tenerezza di Dio per la città di Ninive e per lo stesso profeta: atteggiamenti che trovano espressione compiuta nell'eucaristia, in quell'*ora* che perdura lungo i secoli e le generazioni e nella quale, come recita l'inno di san Tommaso d'Aquino:

> «il Verbo incarnato con la sua parola trasforma il vero pane nella sua carne, si dà cibo ai Dodici».

Della seconda e della terza lettura sottolineo le due sconvolgenti affermazioni di Gesù sul pane e sul vino e le conseguenze che ne derivano.

Nel brano della prima Lettera di Paolo ai Corinzi (11,20-34) – scritta verso la Pasqua del 57 – l'apostolo ci trasmette ciò che ha ricevuto dal Signore. Nella notte in cui fu tradito, prese il pane, lo spezzò e disse: «Questo è il mio corpo per voi». Il pane spezzato, che è Cristo stesso, è inseparabile dallo spezzarsi della sua vita sulla croce, e perciò l'eucaristia è annuncio della morte del Signore, finché egli venga. Ogni Messa che celebriamo ci fa passare dalla morte alla vita, da questo mondo al Padre, ci attira prepotentemente verso il cielo dove si celebrerà per sempre il banchetto della gioia messianica; in ogni messa si ripete il prodigio della divina misericordia.

Non solo, ma il pane che spezziamo è la carne per la vita del mondo, in quanto l'eucaristia supera tutti i confini e si pone come giudizio sulla storia, giudizio sulla capacità dei discepoli di Gesù di essere, in lui, segno di unità e di amore. Dunque la Messa ci apre al mondo e diventa missione, passione d'amore della Chiesa per la salvezza dell'umanità.

Il testo del Vangelo secondo Matteo (26,17-75) premette, al racconto della passione, la descrizione dell'ultima cena e ci dice che Gesù, dopo aver preso il calice del vino, afferma:

> «Bevetene tutti, perché questo è il sangue dell'alleanza, versato per molti, in remissione dei peccati» (Mt 26,27-28).

La parola biblica «alleanza» richiama tutta l'iniziativa d'amore di Dio per l'uomo, a partire da Noè ad Abramo, a Mosè e lungo i secoli. Nell'eucaristia l'intera storia della salvezza – passata, presente e futura – viene riassunta e sfocia nell'eternità; grazie a essa l'umanità divisa e dispersa diventa a poco a poco una nel Cristo.

Una triplice certezza

Possiamo trarre una triplice certezza sul rapporto di Gesù con la sua morte.

1. Gesù ha potuto anche come uomo prevedere sempre più chiaramente la sua morte violenta. Non è stato colto di sorpresa. Ciò che al più avrebbe potuto non attendersi era l'uccisione sul patibolo della croce da parte di legionari romani; conoscendo l'avversione crescente degli ambienti religiosi alla sua attività profetica, si sarebbe piuttosto aspettato di perire sotto la lapidazione, in un tumulto di folla, a cui si era già più di una volta sottratto. Egli stesso aveva pianto su Gerusalemme dicendo:

> «Gerusalemme, Gerusalemme, che uccidi i profeti e lapidi quelli che ti sono inviati...» (Lc 13,34).

In ogni caso le vicende lo mettevano sempre più di fronte al rischio di morte.

2. Prevedendo la sua morte, Gesù non solo non si è tirato indietro, ma neppure ha tenuto per sé questa previsione: ne ha parlato apertamente nella cerchia ristretta dei discepoli, come mostrano le predizioni sulla passione. Non ha mai voluto, quindi, rimuovere questo argomento.

3. Gesù stesso, con le parole dell'ultima cena, ha indicato il senso che avrebbe avuto la sua morte guardata in faccia con

amore e per amore nostro e ha consegnato tale senso nell'eucaristia.

Sta a noi non ricevere invano questo mistero d'amore; sta a noi partecipare alla sua cena con quell'atteggiamento di continua conversione di cui ci ha parlato il Libro di Giona: conversione della città di Ninive e conversione del profeta che è chiamato ad accettare l'agire perdonante e misericordioso di Dio per i peccatori. Nella comunione eucaristica il Signore si dona a noi e ci assimila a sé nella misura in cui il nostro cuore è indiviso e rinunciamo a noi stessi per accettare di diventare figli di Dio in Gesù e fratelli di ogni uomo; nella misura in cui ci amiamo reciprocamente e ci serviamo gli uni gli altri come ci ha comandato di fare dopo aver lavato i piedi ai discepoli [...].

Per tutti noi ricevere la comunione significa affermare la nostra piena adesione alla volontà del Padre e insieme l'impegno di donarci con amore al prossimo, di vivere le beatitudini, di spendere la nostra vita per far nascere un mondo nuovo che sia riflesso del regno di Dio, regno di pace e di giustizia, regno di amore e di verità.

Non c'è niente che ci apre alla conoscenza profonda di Gesù come l'incontro eucaristico, dove tutto avviene nello splendore e nella tenebra della fede: una conoscenza di amore e di fede, di amore che crede e di fede che ama. Se viviamo così il dono della comunione sapremo vedere il corpo e il sangue del Signore in ogni fratello, nelle povertà e nei limiti delle nostre comunità ecclesiali, nelle tante situazioni difficili del nostro tempo.

O Gesù, noi crediamo che il tuo corpo è veramente cibo, che il tuo Sangue è veramente bevanda delle nostre anime sotto le specie del pane e del vino. Noi crediamo che nell'eucaristia ti fai nostro contemporaneo, corrobori le nostre forze interiori, ci sostieni nel cammino verso l'eternità e che già sulla terra ci fai gustare quell'unione con la Trinità a cui, in te, il Padre ci chiama. Fa' che l'eucaristia sia davvero il centro, il cuore della nostra vi-

ta cristiana, la sorgente inesauribile della riconciliazione, la medicina che ci guarisce dai peccati e ne strappa le radici, accresce la carità e rende più solida la comunione ecclesiale.

E tu, Maria, Madre dell'eucaristia, ottienici di sentire quanto bisogno abbiamo di convertirci all'esercizio stabile e comune della carità nell'unità che hai vissuto nella tua esistenza terrena.

È così che si è Chiesa del giovedì santo, che si è comunità eucaristica nel senso voluto dal Signore; una comunità che con l'amore può trasformare la terra arida in giardino vivibile e affrontare coraggiosamente le gravi sfide del nuovo millennio.

20

LA RIVELAZIONE DELLA BELLEZZA CHE SALVA

La contemplazione della gloria di Dio

Ci troviamo sul monte in compagnia dei tre discepoli accanto a Gesù, portando con noi le loro e le nostre domande. Che cosa ci risponderà ora il Signore? In realtà, sul monte Gesù non ci parla: si trasfigura!

> «Dopo sei giorni, Gesù prese con sé Pietro, Giacomo e Giovanni e li portò sopra un monte alto, in un luogo appartato, loro soli. Si trasfigurò davanti a loro e le sue vesti divennero splendenti, bianchissime: nessun lavandaio sulla terra potrebbe renderle così bianche. E apparve loro Elia con Mosè e discorrevano con Gesù. Prendendo allora la parola, Pietro disse a Gesù: "Maestro, è bello per noi stare qui; facciamo tre tende, una per te, una per Mosè e una per Elia!"» (Mc 9,2-5).

Il racconto di Luca dice che anche i due personaggi partecipano della bellezza di Gesù: «apparsi nella loro gloria» (Lc 9,31).

Il monte è nella Bibbia il luogo della rivelazione, novello Sinai dove Dio parla al suo popolo. Gesù è la Legge in persona, la *Torah* fatta carne, che si manifesta nello splendore della luce divina: è la Verità vivente, attestata dai due testimoni per eccellenza, Mosè ed Elia, figure della Legge e dei profeti.

Quest'esperienza appare ai discepoli non solo vera e buona, ma anche bella: è il fascino della verità e del bene, è la bellezza di Dio che si offre a loro. Tale bellezza è collegata nel racconto alla misteriosa rivelazione della Trinità: «Poi si formò una nube che li avvolse nell'ombra e uscì una voce dalla nube: "Questi è il Figlio mio prediletto: ascoltatelo!"» (Mc 9,7). La nube e l'ombra sono figura dello Spirito di Dio. La voce è quella del Padre e Gesù è indicato come il Figlio, l'Amato: è dunque la Trinità che si sta comunicando ai discepoli. La bellezza a cui fa riferimento l'esclamazione di Pietro è dunque quella della Trinità divina.

Nel racconto di Luca viene indicato espressamente dove la piena rivelazione della Trinità si compirà, nell'evento pasquale: «Parlavano della sua dipartita, che avrebbe portato a compimento in Gerusalemme» (Lc. 9,31). Negli altri sinottici l'allusione a tale evento avviene al momento della discesa. Mentre scendevano dal monte, Gesù ordinò loro di non raccontare a nessuno ciò che avevano visto, se non dopo che il Figlio dell'uomo fosse risuscitato dai morti. Ed essi tennero per sé la cosa, domandandosi però che cosa volesse dire risuscitare dai morti. E lo interrogarono: «"Perché gli scribi dicono che prima deve venire Elia?". Ed egli rispose: "Sì, verrà Elia e ristabilirà ogni cosa. Ma io vi dico: Elia è già venuto e non l'hanno riconosciuto; anzi, l'hanno trattato come hanno voluto. Così anche il Figlio dell'uomo dovrà soffrire per loro"» (Mt 17,9-12).

La morte e risurrezione del Figlio dell'uomo sono dunque il luogo in cui la Trinità si rivela definitivamente al mondo come amore che salva:

> «In questo sta l'amore: non siamo stati noi ad amare Dio, ma è lui che ha amato noi e ha mandato il suo Figlio come vittima di espiazione per i nostri peccati» (1Gv 4,10).

La Trasfigurazione ci consente allora di riconoscere nella rivelazione della Trinità la rivelazione della "gloria", e rinvia al pieno compimento di tale rivelazione nella suprema consegna dell'amore che si realizza sulla croce. È lì che «il più bello tra i figli dell'uomo» (Sal 45,3) si offre – nel segno paradossale del contrario – «come uomo dei dolori..., davanti al quale ci si copre la faccia» (Is 53,3). La bellezza è l'amore crocifisso, rivelazione del cuore divino che ama: del Padre sorgente di ogni dono, del Figlio consegnato alla morte per amore nostro, dello Spirito che unisce Padre e Figlio e viene effuso sugli uomini per condurre i lontani da Dio negli abissi della carità divina.

Accompagnamo allora i discepoli nel cammino che Gesù sul monte ha loro mostrato: contempliamo con loro la gloria di Dio, la divina bellezza nella croce e risurrezione del Figlio dell'uomo, dal venerdì santo – ora delle tenebre in cui la bellezza è crocifissa – fino allo splendore del giorno di Pasqua. Vorrei che questo cammino non si limitasse a una successione di richiami biblici, ma rappresentasse come un percorso di fuoco, in cui inoltrarsi con decisione personale e insieme con timore e tremore, lasciandosi bruciare dalla fiamma di Dio.

La croce, rivelazione della Trinità

La croce è rivelazione della Trinità nell'ora della "consegna" e dell'abbandono: il Padre è colui che consegna alla morte il Figlio per noi; il Figlio è colui che si consegna per amore nostro; lo Spirito è il Consolatore nell'abbandono, consegnato dal Figlio al Padre nell'ora della croce («E chinato il capo, diede lo spirito»: Gv 19,30; cfr. Eb 9,14) e dal Padre al Figlio nella risurrezione (cfr. Rm 1,4). Sulla croce il dolore e la morte entrano in Dio per amore dei senza Dio: la sofferenza divina, la morte in Dio, la debolezza dell'Onnipotente sono altrettante rivelazioni del suo amore per gli uomini. È questo amore incredibile e insieme mite e attraente che ci coinvolge e affascina, quello che esprime la vera bellezza che salva. Questo amore è fuoco divorante, a esso non si resiste se non con un'ostinata incredulità o con un persistente rifiuto a mettersi in silenzio davanti al suo mistero, cioè col rifiuto della "dimensione contemplativa della vita".

Certo, il Dio cristiano non dà in questo modo una risposta teorica alla domanda sul perché del dolore del mondo. Egli semplicemente si offre come la "custodia", il "grembo" di questo dolore, il Dio che non lascia andare perduta nessuna lacrima dei suoi figli, perché le fa sue. È un Dio vicino, che proprio nella vicinanza rivela il suo amore di misericordia e la sua tenerezza fedele. Ci invita a entrare nel cuore del Figlio che si abbandona al Padre e a sentirci così dentro il mistero stesso della Trinità.

Il Figlio è il grande compagno della sofferenza umana, colui che ci è dato riconoscere in tutte le sofferenze, soprattutto quelle che chiamiamo "innocenti": si pensi a quanto è stato forte questo motivo del «dolore innocente» nell'opera instancabile di un don Carlo Gnocchi per i suoi «mutilatini». Il volto «davanti al quale ci si copre la faccia» (Is 53,3) ci appare come un volto bello, quello che Madre Teresa di Calcutta contemplava con tenerezza nei suoi poveri e nei morenti.

A Pasqua risplende la bellezza che salva, la carità divina che si effonde nel mondo. Nel Risorto, colmato dal Padre dello Spirito di vita, non solo si compie la vittoria sul silenzio della morte ed è offerta la forma dell'uomo nuovo, che è tale in pienezza secondo il progetto di Dio; ma si compie anche il supremo "esodo" da Dio verso l'uomo e dall'uomo verso Dio, si attua quell'apertura all'oltre da sé, cui aspira il cuore umano. Se facciamo nostro nella fede l'evento di Pasqua, siamo noi pure trascinati in questo vortice che ci invita a uscire da noi stessi, a dimenticarci, a gustare la bellezza del dono gratuito di sé.

La rivelazione della Trinità come bellezza divina che salva raggiunge la vita dei discepoli negli incontri testimoniati dai racconti delle apparizioni. Nella varietà cronologica e geografica di queste scene emerge una struttura ricorrente: è il Risorto che prende l'iniziativa e si mostra vivente (cfr. At 1,3). L'incontro viene a noi dall'esterno, attraverso un gesto e una parola che ci raggiungono e che sono oggi il gesto e la parola della Chiesa che annuncia il Risorto. Gesti e parole che suscitano sorpresa gioiosa, esultanza per la gloria del Risorto, consolazione nel sentirsi tanto amati, voglia di donarsi a colui che ci chiama a partecipare alla sua pienezza di vita, desiderio di gridare la lieta confessione di fede: «È il Signore!» (Gv 21,7); «Mio Signore e mio Dio!» (Gv 20,28).

Essere testimoni della bellezza

Chi ha incontrato il Risorto è inviato da lui a essere suo testimone: l'incontro pasquale cambia la vita di chi lo sperimenta. I pavidi fuggiaschi del venerdì santo diventano i testimoni coraggiosi di Pasqua fino a dare la vita per la confessione del loro Signore. Il suo splendore ha veramente rapito il loro cuore e ha fatto di loro gli annunciatori del dono di Dio: quelli che, avendo fatto esperienza della salvezza e gustandone la bellezza e la gioia, avvertono il bisogno incontenibile di portare ad altri il dono ricevuto. Trasfigurati dall'amore che salva, i discepoli diventano i testimoni di questa trasfigurazione: la bellezza che li ha rapiti a se stessi diventa la molla che li spinge a dare a tutti gratuitamente quanto gratuitamente è stato loro donato.

Essere testimoni della bellezza che salva nasce dal farne continua e sempre nuova esperienza: ce lo fa capire lo stesso Gesù quando, nel Vangelo di Giovanni, si presenta come il «Pastore bello» (così è nell'originale greco, anche se la traduzione normalmente preferita è quella di «buon Pastore»):

> «Io sono il Pastore bello. Il bel Pastore offre la vita per le pecore... Io sono il bel Pastore, conosco le mie pecore e le mie pecore conoscono me, come il Padre conosce me e io conosco il Padre; e offro la vita per le pecore» (Gv 10,11.14-15).

La bellezza del Pastore sta nell'amore con cui consegna se stesso alla morte per ciascuna delle sue pecore e stabilisce con ognuna di esse una relazione diretta e personale di intensissimo amore. Questo significa che l'esperienza della sua bellezza si fa lasciandosi amare da lui, consegnandogli il proprio cuore perché lo inondi della sua presenza, e corrispondendo all'amore così ricevuto con l'amore che Gesù stesso ci rende capaci di avere.

Il luogo in cui è possibile quest'incontro d'amore bello e vivificante con il Pastore è la Chiesa: è in essa che il bel Pastore parla al cuore di ciascuna delle sue pecore e rende presente nei sacramenti il dono della sua vita per noi; è in essa che i discepoli possono attingere dalla Parola, dagli eventi sacramentali e dalla carità, vissuta nella comunità, la gioia di sapersi amati da Dio, custoditi con Cristo nel cuore del Padre.

La Chiesa è in tal senso la Chiesa dell'amore, la comunità della bellezza che salva: farne parte con adesione piena del cuore che crede e che ama è esperienza di gioia e di bellezza, quale nulla e nessuno al mondo può dare allo stesso modo. Essere chiamati a servire questa Chiesa con la totalità della propria esistenza, nel sacerdozio e nella vita consacrata, è un dono bello e prezioso, che fa esclamare: «Per me la sorte è caduta su luoghi deliziosi, è magnifica la mia eredità» (Sal 16,6).

La conferma di questo ci viene dalla vita dei santi: essi non solo hanno creduto nel «bel Pastore» e lo hanno amato, ma soprattutto si sono lasciati amare e plasmare da lui. La sua carità è diventata la loro; la sua bellezza si è effusa nei loro cuori e si è irradiata dai loro gesti. Quando la Chiesa dell'amore attua in pieno la sua identità di comunità raccolta dal «bel Pastore» nella carità divina, si offre come icona vivente della Trinità e annuncia al mondo la bellezza che salva.

È questa la Chiesa che ci ha generato alla fede e continuamente ha reso bello il nostro cuore con la luce della Parola, il perdono di Dio e la forza del pane di vita. È questa la Chiesa che vorremmo essere, aprendoci allo splendore che irradia dall'alto, affinché esso – dimorando nelle nostre comunità – attiri il "pellegrinaggio dei popoli", secondo la stupenda visione che i profeti hanno della salvezza finale: «Alla fine dei giorni, il monte del tempio del Signore sarà eretto sulla cima dei monti e sarà più alto dei colli; ad esso affluiranno tutte le genti. Verranno molti popoli e diranno: "venite, saliamo sul monte del Signore, al tempio del Dio di Giacobbe, perché ci indichi le sue vie e possiamo camminare per i suoi sentieri"» (Is 2,2-3; cfr. Mi 4,1-3; Zc 8,20s; 14,16; Is 56,6-8; 60,11-14).

Attraverso il popolo del «bel Pastore» la luce della salvezza potrà raggiungere tanti, attirandoli a lui, e la sua bellezza salverà il mondo.

21

IL MISTERO DELLA PROVA

La storia del prologo di Giobbe

I personaggi fondamentali del racconto sono tre:

– *Giobbe*, il quale viveva nella terra di Uz, al di fuori quindi dei confini d'Israele: «uomo integro e retto, temeva Dio ed era alieno dal male». Uomo ricco: «Gli erano nati sette figli e tre figlie; possedeva settemila pecore e tremila cammelli, cinquecento paia di buoi e cinquecento asine, e molto numerosa era la sua servitù. Quest'uomo era il più grande fra tutti i figli d'oriente» (Gb, 1,1-3).

– La seconda figura caratteristica del prologo è *Satana*, l'accusatore, personaggio misterioso che appare presso la corte di Dio come colui che mette in luce negativamente le azioni degli uomini. Egli chiede che Giobbe venga tentato.

– Il terzo personaggio del dramma è *Dio* che, dall'alto della sua corte, segue le azioni degli uomini e in qualche maniera le ha presenti.

Il racconto è composto di *due momenti o prove*:

– Giobbe è provato nei suoi beni. «Un messaggero venne e gli disse: "I buoi stavano arando e le asine pascolando vicino ad essi, quando i Sabei sono piombati su di essi e li hanno predati e hanno passato a fil di spada i guardiani. Sono scampato io solo che ti racconto questo". Mentr'egli ancora parlava, entrò un altro e disse: "Un fuoco divino è caduto dal cielo, si è attaccato alle pecore e ai guardiani e li ha divorati. Sono scampato io solo che ti racconto questo"». Il terzo messaggero annuncia la rapina dei cammelli e il quarto la morte dei figli e delle figlie a causa del vento impetuoso che ha investito la casa dove essi stavano mangiando e bevendo (1,13-20).

A questa prova, certamente durissima, segue un atteggiamento di Giobbe, che viene espresso così: «Si alzò, si stracciò le vesti, si rase il capo, cadde a terra, si prostrò e disse: "Nudo uscii dal seno di mia madre, e nudo vi ritornerò. Il Signore ha dato, il Signore ha tolto, sia benedetto il nome del Signore!". In tutto questo Giobbe non peccò e non attribuì a Dio nulla di ingiusto» (1,20-22).

– Allora Satana chiede una seconda possibilità di provare Giobbe e lo colpisce con una piaga maligna «dalla pianta dei piedi alla cima del capo» (2,7). Privato della sua integrità fisica, oltre che di tutti gli averi, Giobbe è considerato come maledetto da Dio; allontanato da casa sta seduto in mezzo alla cenere: a indicare simbolicamente che non è altro che miseria. «Allora sua moglie disse: "Rimani ancora fermo nella tua integrità? Benedici Dio e muori!"». In realtà, la moglie lo invita, non a benedire bensì a maledire Dio; la Scrittura conia la frase in maniera da non offendere. «Ma egli rispose: "Come parlerebbe una stolta tu hai parlato! Se da Dio accettiamo il bene, perché non dovremmo accettare il male?". In tutto questo Giobbe non peccò con le sue labbra» (2,9-10).

La storia si conclude con la notizia dei tre amici che vanno a condolersi con Giobbe e a consolarlo. Alzano gli occhi da lontano, non lo riconoscono e poi, dando in alte grida, si mettono a piangere. Si siedono accanto a lui per sette giorni e sette notti in silenzio. Questo il prologo.

Le domande

1. Che cosa significano i *personaggi?*

Giobbe è certamente una figura non reale, una specie di modello di laboratorio. Egli è simbolo dell'uomo giusto, e quindi benedetto da Dio, che non ha alcun motivo per attirare su di sé il male: né per causa sua e nemmeno per causa dei figli, dal momento che suole addirittura sacrificare ogni volta che essi hanno banchettato, onde cancellare le eventuali colpe commesse.

Non è un personaggio reale, perché ciascuno di noi ha delle colpe di cui dolersi se deve sopportarne le cattive conseguenze. Viene dunque creata appositamente una figura astratta nella quale si possa cogliere un modo di conoscenza di Dio.

È anche interessante che Giobbe sia presentato con delle caratteristiche che non lo legano a una particolare tradizione religiosa, confessionale. In tutto il Libro, infatti, non ricorrono i vocaboli tipici della tradizione ebraica – alleanza, legge, tempio, Gerusalemme, sacerdozio –. In lui può rispecchiarsi qualunque uomo di buona volontà, onesto, che abbia il senso di Dio e del suo mistero.

Satana significa ciò che in qualsiasi modo tenta e prova l'uomo attraverso i momenti difficili.

2. Se queste sono le due realtà che si muovono nella scena introduttiva, ci chiediamo *che cosa sta al centro* di quest'azione tanto singolare.

Potremmo rileggere la domanda di Satana, che muove l'azione. Il Signore gli dice: «Hai posto attenzione al mio servo Giobbe? Nessuno è come lui sulla terra: uomo integro e retto, teme Dio ed è alieno dal male". Satana rispose al Signore e disse: "Forse che Giobbe teme Dio per nulla? Non hai forse messo una siepe intorno a lui e alla sua casa e a tutto quanto è suo? Tu hai benedetto il lavoro delle sue mani e il suo bestiame abbonda sulla terra. Ma stendi un poco la mano e tocca quanto ha e vedrai come ti benedirà in faccia"» (1,8-11).

La posta in gioco si configura come una domanda irriverente o una *scommessa* fatta sull'uomo: esiste o non esiste la gratuità nell'azione umana? *Esiste o non esiste la libertà che si giochi per se stessa e non per un calcolo sottile?* Non è forse vero che tutto ciò che avviene nell'uomo, anche nei suoi sentimenti più profondi, è frutto di un calcolo, di un tornaconto, di una speranza di ricevere, di un "do ut des"?

Questa è, in fondo, l'accusa che ciascuno di noi sente dentro di sé e che l'analisi del profondo mette continuamente in luce: l'uomo non sa amare gratuitamente e ogni sua azione è motivata da un interesse o addirittura da un risentimento, da una vendetta. Azioni veramente limpide, pulite, non esistono e la stessa religiosità – l'azione più alta dell'uomo – nasce dalla speranza di ricevere un premio o si appoggia a un premio già ricevuto.

È il dramma che avvolge la nostra realtà, perché ogni situazione umana libera vuole sapere se si fonda nella verità, nell'autenticità, nella gratuità oppure sul tornaconto. Quante volte noi ci poniamo domande anche sulla scelta della vocazione, sulla perseveranza, sul nostro servizio: sono frutto di amore di Dio oppure di comodità, calcolo, inclinazione, predisposizione? E alla fine restiamo desolati perché ci accorgiamo che le reali motivazioni delle azioni sono spesso meschine. Satana, l'accusatore, afferma dunque che non esiste religiosità vera, che l'uomo è incapace di amore gratuito, di vivere l'alleanza con Dio. Dio gli offre un'alleanza alla pari e con amore autentico e sincero attende una risposta di amore autentico e sincero; ma questa non è possibile, è falsità, illusione. La religione, perciò, è oppio del popolo, copertura di motivazioni economiche, sociali, politiche, psicologiche, culturali; non esiste il vero amore di Dio, la divinità stessa è inventata dall'uomo per coprire e sublimare le proprie motivazioni. In realtà, l'uomo gioca con se stesso.

Al centro del dramma narrato nel prologo non c'è però soltanto la scommessa di Satana sull'uomo, ma anche la *scommessa di Dio* che crede alla verità dell'uomo e ha fiducia in lui.

Per questo è un dramma universale; esso copre tutta la gamma delle situazioni umane libere, soprattutto di quelle nelle quali una sofferenza innocente mette alla prova portando l'uomo all'espressione più vera di sé. Il lettore si sente coinvolto nella lotta perché avverte subito che è in gioco anche la sua capacità o incapacità di essere autentico. Come dice un commentatore contemporaneo del Libro di Giobbe: «La sacra rappresentazione di Giobbe è troppo poderosa per ammettere lettori indifferenti. Chi non entra nell'azione con sue domande e risposte interiori, chi non prende posizione con passione, non comprenderà un dramma che per sua colpa rimarrà incompleto. Ma se entra e prende posizione si scoprirà sotto lo sguardo di Dio, messo alla prova dalla rappresentazione del dramma eterno e universale dell'uomo Giobbe»[1].

È ciò che noi chiediamo al Signore di poter fare attraverso la rilettura del prologo del Libro.

Gli insegnamenti

Ecco alcune riflessioni conclusive sul tema della prova.

1. *La prova c'è* e *c'è per tutti*, anche per i migliori. Giobbe non offriva nessun motivo per essere tentato, perché era perfetto in tutto. È dunque necessario prendere coscienza che la prova o tentazione è un fatto fondamentale nella vita.

2. *Dio è misterioso.* Egli sa benissimo se l'uomo vale o non vale, lo sa prima di provarlo, eppure lo prova. «Io ti ho fatto passare per quarant'anni nel deserto per metterti alla prova e per vedere se tu veramente mi amavi» (cfr. Dt 8,2), dice il Signore al popolo di Israele esprimendo lo stesso concetto. Questo comportamento di Dio è parte, mi sembra, di quel mistero impenetrabile per cui, pur conoscendo il Figlio, lo mette alla prova nell'incarnazione. Perché anche l'incarnazione e la vita di Gesù sono una prova.

3. *L'atteggiamento* a cui tendere nella prova è *la sottomissione*, l'accogliere e non il domandare. Nel prologo emerge come conclusivo e risolutivo, ma verrà poi elaborato nelle sue tappe lungo il corso del poema. «Nudo uscii dal seno di mia madre e nudo vi ritornerò; il Signore ha dato, il Signore ha tolto; sia benedetto il nome del Signore... Se da Dio accettiamo il bene, perché non dovremmo accettare il male?» (Gb 1,21; 2,10). Questa misteriosa sottomissione, culmine dell'esistenza umana davanti a Dio, è presentata fin dall'inizio come l'atteggia-

[1] Cfr. Alonso Schökel, *Giobbe*, Borla, Torino-Roma 1985, p. 108.

mento a cui ispirarsi. Ciò non vuol dire che è già in noi, perché in Giobbe stesso sarà il frutto di tutto il suo travaglio. Tuttavia, viene messa in rilievo, perché è la sola capace di gettare una scintilla di luce sull'esperienza drammatica dell'esistenza.

4. Nella prova corriamo anche il *rischio della riflessione*. L'uomo, per grazia di Dio, può rapidamente assumere l'atteggiamento della sottomissione, ma subito dopo sopravviene il momento della riflessione, che è la prova più terribile. Il Libro di Giobbe si sarebbe potuto concludere alla fine del secondo capitolo, dimostrando che Giobbe aveva resistito perché il suo amore per Dio era vero, autentico. In realtà, bisogna attendere e la situazione concreta di Giobbe non è quella di chi se la cava con un sospiro, con un'accettazione data una volta per tutte; piuttosto è la situazione concreta di un uomo che, avendo espresso la propria accettazione, deve incarnarla nel quotidiano. Tutto questo dà adito allo sviluppo drammatico del Libro.

Talora noi sperimentiamo qualcosa di simile: di fronte a una decisione difficile, a un evento grave, li accogliamo presi dall'entusiasmo e dal coraggio che ci viene dato nei momenti duri della vita. Dopo un po' di riflessione, però, si fa strada un tumulto di pensieri e sperimentiamo la difficoltà di accettare ciò a cui abbiamo detto di sì. Questa è la prova vera e propria.

Il primo "sì" detto da Giobbe è proprio di chi istintivamente reagisce al meglio; la fatica è di perdurare per una vita in questo "sì" sotto l'incalzare dei sentimenti e della battaglia mentale. La prima accettazione, dunque, che spesso è una grande grazia di Dio, non è ancora completamente rivelativa della gratuità della persona. Occorre sia passata per il vaglio lungo della quotidianità.

La prova di Giobbe non è tanto l'essere privato di ogni bene e l'essere piagato, ma il dover resistere per giorni e giorni alle parole degli amici, alla cascata di ragionamenti che cercano di fargli perdere il senso di chi egli è veramente. Da questo punto la prova comincia a snodarsi dentro l'intelletto dell'uomo e la vera e diuturna tentazione nella quale anche noi entriamo e rischiamo di soccombere è quella di perderci nel terribile travaglio della mente, del cuore, della fantasia.

22

PREGARE NEL MOMENTO DELLA PROVA

Nella pagina che proponiamo del Vangelo di Luca (22,39-46) ricorre molte volte il verbo "pregare": «Pregate per non entrare in tentazione»; «Gesù, inginocchiatosi, pregava», «in preda all'angoscia, pregava più intensamente», «rialzatosi dalla preghiera». Poi Gesù conclude ripetendo ai discepoli: «Alzatevi e pregate, per non entrare in tentazione».

Il brano è inquadrato tra due esortazioni di Gesù quasi identiche e al centro c'è la sua preghiera personale. Questa preghiera è presentata nel suo inizio: «Gesù, inginocchiatosi, pregava»; nel momento culminante: «in preda all'angoscia, pregava più intensamente»; nel suo termine: «rialzatosi dalla preghiera».

L'altro tema dominante è il tema della tentazione, ripetuto due volte: «Pregate per non entrare in tentazione». Domandiamoci in che cosa consiste questa tentazione e quale rapporto c'è tra la tentazione e la preghiera.

La tentazione della fuga

Per tentazione non si intende, almeno immediatamente, la spinta a fare il male. È qualcosa di molto più sottile ed è più drammatica e pericolosa: è la tentazione di fuggire dalle proprie responsabilità, la paura di decidersi, la paura di guardare in faccia una realtà che esige una decisione personale; è la paura ad affrontare i problemi della vita, della comunità, della nostra società.

È la tentazione della fuga dal reale, di chiudere gli occhi, di nascondersi, di far finta di non vedere e non sentire per non essere coinvolti: è la tentazione della pigrizia, della paura di buttarsi, la tentazione che vuole impedirci di rispondere a ciò a cui Dio, la Chiesa, il mondo ci chiama a compiere.

Allora l'esortazione a pregare per non entrare in tentazione significa: pregate per non entrare in quell'atmosfera di compromesso e comodità, di viltà, fuga e disinteresse, nella quale si matura la scelta di non scegliere, la decisione di non decidere, la fuga dalle responsabilità.

Questa situazione è esemplificata nel brano evangelico da ciò che fanno gli apostoli: dormono per la tristezza, dormono per non vedere.

Ci sono altri episodi biblici che sottolineano la fuga dalla realtà. Il sacerdote e il levita che, passando presso l'uomo ferito sulla strada da Gerusalemme a Gerico, chiudono gli occhi e vanno oltre, sfuggono alla domanda di responsabilità.

Il grande profeta Elia – coraggioso, temerario e impavido – è stato travolto anche lui da questa tentazione del disimpegno. Nel primo Libro dei Re infatti, si racconta che «impaurito, si alzò e se ne andò per salvarsi» (19,3). Eppure Elia aveva saputo affrontare da solo, sulla montagna del Carmelo, i 450 profeti di Baal: sembrava che non avesse paura di nessuno, ma ad un tratto è afferrato da questa tentazione e fugge dalla realtà.

È la tentazione del profeta Giona che fugge, perché non vuole affrontare il suo compito di profeta. È la tentazione che prende ciascuno di noi quando chiudiamo occhi e orecchie per non vedere e non sentire i bisogni di chi ci sta intorno. Disimpegnarci, defilarci lontano da ciò che invece ci chiamerebbe a buttarci con coraggio.

L'esortazione di Gesù a pregare per non entrare in tentazione ci fa allora capire che la preghiera non è fuga, non è declinare le responsabilità, non è rifugiarsi nel privato: la preghiera è guardare in faccia la tentazione, la paura, la responsabilità. La preghiera è fare come il samaritano che, di fronte all'uomo ferito, si ferma e si piega su di lui. La preghiera è audacia che affronta la decisione importante.

Questo è il rapporto che il testo ci presenta tra preghiera e tentazione.

Corpo e preghiera

«Gesù, inginocchiatosi, pregava». L'inginocchiarsi di Gesù non è usuale: nel tempio ordinariamente si pregava in piedi. Pregare in ginocchio significa un momento particolare di intensità e ritorna qualche altra volta nella Bibbia. Raccontando la morte di Stefano, l'autore degli Atti degli apostoli scrive: «Piegò le ginocchia e gridò forte: "Signore, non imputare loro questo peccato"» (At 7,60). Nell'istante drammatico e decisivo della sua morte, Stefano si inginocchia per pregare.

La descrizione di Gesù inginocchiato ci dice però un'altra cosa importante: c'è una relazione tra il corpo e la preghiera, tra il gesto e la preghiera che va vissuta e ritrovata. Alcune forme sobrie del rapporto tra corpo e preghiera sono quelle che esprimiamo nella liturgia alzandoci in piedi, inginocchiandoci, sedendoci e alzando le braccia per la preghiera del Padre nostro.

Ma è importante che ciascuno di noi, nella propria preghiera privata, ritrovi ed esprima in maniera più personale il rapporto tra preghiera e gesto, preghiera e corpo.

Gesù vive questo rapporto: «Inginocchiatosi pregava» e dice: «Padre, se vuoi, allontana da me questo calice! Tuttavia non sia fatta la mia, ma la tua volontà» (Lc 22,41-42).

Padre, se vuoi...

La sua preghiera contempla due cose fondamentali: l'esclamazione «Padre», che è l'atteggiamento di totale fiducia in colui che lo ama come Figlio e l'espressione di desideri profondi e violenti: «Allontana da me questo calice, se vuoi», «non la mia ma la tua volontà». Gesù lascia emergere in sé due desideri oggettivamente contrastanti, due realtà conflittuali di cui non ha paura, perché nella sua preghiera si unificano nella domanda: «Si compia la tua volontà».

Pregare nel momento della prova vuol dire lasciar emergere l'angoscia, la paura, il timore di ciò che ci sta di fronte e che è opposto al desiderio che abbiamo di essere disponibili, di deciderci, di affrontare la realtà. Nella preghiera, questa divisione che è in noi si unifica e ci dispone alla lotta e alla decisione coraggiosa. Ciò che è in noi tumultuosamente conflittuale – e perciò ci impedisce di agire, di muoverci, ci paralizza nella paura, ci porta a dilazionare nel tempo le decisioni, ad accampare scuse senza limiti – tutto questo conflitto interiore, se messo a fuoco nella preghiera, ci unifica e ci permette di riprendere in mano la nostra capacità di deciderci e di dire: «Sia fatta la tua volontà», «si compia in me ciò a cui sono chiamato».

Il testo ci dice inoltre che la preghiera di abbandono e di unificazione di Gesù è espressa in uno stato di angoscia e agonia. Viene alla mente la parola di Pascal: «Gesù sarà in agonia fino alla fine del mondo».[2] Possiamo quindi unirci all'agonia, all'angoscia e allo sconforto di tutti gli uomini che nel mondo, vicino o lontano da noi, soffrono e sono sottoposti alla prova. Gesù, nella sua prova, vince la prova per noi fino alla fine del mondo; nella sua angoscia è vinta la nostra. La paura di deciderci, di buttarci, di perdere la vita per i fratelli è vinta dalla sua preghiera nell'agonia.

Gesù ha voluto manifestare la sua angoscia per esserci vicino fino in fondo. Non ha temuto che apparisse la sua debolezza e fragilità per insegnarci a non aver paura della nostra; a non aver paura neanche che essa si manifesti e sia conosciuta, perché in questa nostra fragilità opera la potenza di Dio.

Preghiera e vita

Pensando a Gesù che prega in ginocchio, pieno di abbandono al Padre, che lascia emergere i desideri più profondi, che entra nell'angoscia e la vince, chiediamoci come noi preghiamo di fronte alle scelte decisive della vita. Sono tre le domande che possiamo farci rileggendo il testo: la mia preghie-

[2] Pascal, *Pensées*, 553, Brunschvicg.

ra è fuga o è contemplare coraggiosamente ciò che Dio mi chiede?

Quando prego, unifico i miei desideri e i conflitti interiori nella domanda della volontà di Dio che mi rende forte di fronte alla prova? Sento la forza di Cristo che prega in me, la sua vittoria sull'angoscia e la paura, sento che è la mia forza e la mia vittoria?

Per rispondere alle domande, chiediamo al Signore di insegnarci a pregare così: «Fa' che nella nostra preghiera vinciamo ogni paura che ci impedisce di deciderci per te, per i fratelli, per ciò che ci costa, per ciò che ci spaventa; fa' che la nostra preghiera sia una vittoria della nostra fede: in essa trionfi la tua potenza che ha vinto la paura della morte».

23

IL GIUSTO SENSO DELLA CROCE

La grazia da chiedere in questa meditazione è indicata dal titolo: il giusto senso della croce. Titolo che potremmo indicare, più specificatamente così: io, Pietro e la croce. La croce di Gesù è la sua esperienza del fallimento esterno della missione e l'opposizione che lo conduce alla morte. Pietro rappresenta il discepolo eletto, che lo ha seguito nel suo cammino, e ci avviciniamo a lui per vedere e vivere la croce dal suo punto di vista, per meditare il dramma di Pietro così da capire anche il nostro.

In Pietro infatti leggiamo la nostra reazione davanti alla croce. Egli non è solo il discepolo eletto: è l'uomo semplice, sincero, senza seconde intenzioni, che prende le cose come sono, vi reagisce secondo la propria sensibilità, e di sorpresa viene portato avanti. Lo seguiremo nel cammino fino al punto culminante, il suo pianto durante la passione del Signore (Lc 22,62). Momento culminante, ma non ultimo; il momento finale è nell'annuncio di Lc 24,34: «Davvero il Signore è risorto ed è apparso a Simone».

Croce e conversione

Riflettiamo su un tema complesso, nel quale si incontrano tante realtà: la croce di Cristo, la nostra croce, la croce degli altri, la croce del mondo, la consolazione che possiamo dare. Tutto si complica per le sfumature che questo problema assume per ciascuno di noi, in virtù della nostra esperienza, del nostro partecipare alle sofferenze dei fratelli. Siamo davanti a un elemento personalissimo: come ci sono forme senza fine di preghiera (la nostra preghiera è nostra e di nessun altro), così ci sono forme senza fine di affrontare, sentire, vivere la croce, e ciascuno ha la sua. Da una parte, quindi, ci troviamo disarmati nel parlare, dall'altra avvertiamo l'urgenza di esortarci a far emergere, ciascuno nel proprio stato di preghiera, la grazia di affrontare nella verità le proprie e altrui sofferenze. Sarà il frutto della meditazione.

Uno dei blocchi che impediscono l'emergere della verità di noi stessi, nell'esperienza della croce propria e altrui, è costituito da alcune carenze intellettuali sul tema teologico della redenzione: tema difficile, su cui la teologia ha elaborato diverse spiegazioni che ci hanno soddisfatto poco e non ci hanno aiutato, come speravamo, a chiarire il mistero; anzi, forse l'hanno caricato di pesi e oscurità. È la difficoltà di teologie nate non dall'esperienza vissuta della conversione e della croce, bensì da considerazioni astratte. Dovremmo inoltre liberarci, se ce ne fosse bisogno, da certe ipoteche che le teologie astratte hanno messo in noi a proposito del tema della croce, del sacrificio, della mortificazione, e riguardo a tutti i temi connessi, come la vittoria sulla sensualità e lo stesso tema della sessualità.

Ho riscontrato, per esempio, in un autore americano, la totale incapacità a comprendere il senso del celibato e, quindi, l'assenza totale del senso della croce, unita a una permissività strana e sospetta. Una volta scalzati dalla nostra vita spirituale alcuni elementi fondamentali, non si è più in grado di prevedere dove si arriverà.

Quando manca l'ancoraggio profondo alla conversione, al Vangelo vissuto e si esaminano i problemi in astratto, le conseguenze possono dunque essere deleterie. Per questo siamo invitati anzitutto a sviluppare in noi il senso profondo, vero e vissuto della conversione evangelica e a metterci di fronte alla realtà della vita cristiana come la viviamo, per poi chiedere alla teologia di illuminare tale realtà, e non viceversa.

La realtà della vita evangelica, che leggiamo nella Scrittura e nella vita dei santi, non può essere condizionata da teorie costruite e da modi di pensare che non partano da una fede autenticamente adulta. Ci accorgiamo allora come sia delicato il tema che stiamo trattando e quante risonanze abbia nel nostro modo di concepire la vita, l'apostolato, l'ascetica, la mortificazione.

Io, Pietro e la croce

Di per sé il Vangelo di Luca non è il manuale migliore per meditare sul cammino di Pietro, dal momento che risparmia molto l'apostolo (è Marco che presenta bene il dramma e racconta i rimproveri di Gesù in modo più forte): non troviamo, ad esempio, in Luca il rimprovero di Pietro a Gesù dopo la prima predizione della passione e la parola «Satana» rivoltagli dal Signore.

Ancora, Luca non parla di Pietro come colui che dorme nel Getsèmani e al quale Gesù si rivolge con rammarico. Anche la parola «Rimetti la tua spada nel fodero», che Giovanni riferisce come detta a Pietro, non è riportata. In più, per mettere in buona luce l'apostolo suo amico, soltanto Luca riferisce la frase: «Io ho pregato per te, che non venga meno la tua fede» (22,32), mentre la stessa millanteria di Pietro nell'ultima cena («Anche se tutti dovessero lasciarti, io non ti lascerò») è omessa.

Dunque, risparmia Pietro, lo lascia nell'ombra e noi mediteremo sulla base di Luca, tenendo tuttavia presenti Marco e Giovanni.

Cominceremo col riflettere su Luca 9,20, per vedere anzitutto l'inizio del cammino di Pietro a proposito della via della croce. Poi passeremo a considerare Pietro nell'ultima cena, Pietro nell'orto del Getsèmani, Pietro in tribunale durante la passione di Gesù.

Provvedere al Regno

In Luca 9,20 cogliamo Pietro in un momento culminante della sua carriera, quando si sente soddisfatto perché ha detto ciò che gli altri non sono stati capaci di dire: Tu sei «il Cristo di Dio». La fiducia mostratagli dal Maestro, fin dalla prima chiamata, gli faceva sentire e intuire che avrebbe avuto una missione importante; ora è al colmo della gioia credendo che la missione gli sia stata conferita: egli infatti ha proclamato «il Cristo di Dio», ha dato voce a quello che era timido e implicito negli altri, ha avuto coraggio e ha messo Gesù in buona luce. Immaginiamo la sofferenza e l'umiliazione allorché, subito dopo, Gesù attenua l'entusiasmo e proibisce di parlarne, mentre incomincia a parlare della croce.

In Marco 8,32 Pietro è sconcertato dall'annuncio della passione, sente il dovere di rimproverare Gesù e di dirgli: no, questo non è per te; ma ottiene solo il risultato di irritare fortemente il Maestro.

Proviamo a immaginare che sia Pietro a raccontare e chiediamogli cosa gli è successo in quel momento. Ci direbbe probabilmente di non aver capito più niente: io, che avevo esaltato il Signore, non potevo assolutamente permettere che andasse in croce; volevo evitargli la croce, perché lo stimavo e provavo per lui grande affetto; volevo fargli capire che noi, peccatori, avremmo dovuto essere votati alla sofferenza, non lui; allora il Signore si è messo a gridare, a inveire contro di me, e non ho capito più niente. Così mi sono chiuso e mi sono interrogato: chi sarà dunque questo Gesù?

In realtà Pietro, nell'episodio immediatamente seguente la Trasfigurazione, non ha affatto capito la lezione; di nuovo vuole provvedere al Maestro ed esclama: «Maestro, è bello per noi stare qui. Facciamo tre tende, una per te, una per Mosè e una per Elia». Luca aggiunge: «Egli non sapeva quel che diceva» (9,33).

Proviamo a metterci noi nella sua situazione: convinto di dover provvedere a Gesù e agli ospiti, sembra quasi dire: ci penso io; adesso stiamo qui. Notate la sua generosità: le tende sono solo per Gesù, Mosè ed Elia, mentre gli apostoli staranno all'aperto. Pietro però si sente al centro della situazione, e forse, ancora con questa fiducia in se stesso, scende dalla montagna.

Più avanti, l'evangelista racconta che gli apostoli rimasti in pianura non avevano potuto cacciare il demonio da un ragazzo (cfr. Lc 9,27-40); forse Pietro li avrà guardati con una certa sufficienza, per il fallimento dell'esorcismo, dicendo tra sé, con le parole di Gesù: «Generazione incredula!».

La psicologia di Pietro è in fondo la nostra. Si sentiva investito del Regno, capace veramente di opere grandi, di provvedere come Gesù e magari un pochino più di lui. Questo atteggiamento ci penetra rispetto alle nostre opere, rispetto alla Chiesa, quando ci identifichiamo col nostro lavoro, col nostro apostolato e lo consideriamo appunto "nostro" più che del Signore.

Autosufficienza

Passiamo, senza che ci sia stato molto progresso (perché Luca sottolinea come gli apostoli, quindi anche Pietro, non avevano capito niente delle predizioni della passione), all'episodio dell'*ultima cena*, in particolare a Luca 22,31-34.

Notiamo anzitutto la doppia ripetizione del nome – presente anche nel richiamo a Marta (Lc 10,41) –, che indica la serietà della situazione e insieme il molto affetto di Gesù:

> «"*Simone, Simone*, ecco Satana vi ha cercato per vagliarvi come il grano; ma io ho pregato per te, che non venga meno la tua fede; e tu, una volta ravveduto, conferma i tuoi fratelli"». «E Pietro gli disse: "Signore, con te sono pronto ad andare in prigione e alla morte". Gli rispose: "Pietro, io ti dico: oggi non canterà il gallo prima che tu per tre volte avrai negato di conoscermi"».

Cerchiamo di metterci nei panni di Pietro, interpellato così accoratamente e amorevolmente: «Simone, Simone».

Egli è oggetto dell'amoroso rimprovero di Gesù: Pietro, non stai comprendendo la situazione reale, non sei nel giusto, non capisci che cosa sta accadendo intorno. Sei così pieno di te, della tua capacità di fare qualcosa per me, che quasi ti consideri tu il mio benefattore, il mio salvatore. Io ho pregato per te, perché sei tu ad aver bisogno della mia preghiera, la tua fede è in pericolo. Ho pregato per te perché tu possa poi aiutare gli altri, ma solo quando sarai tornato indietro. E qui c'è un accenno delicatissimo: guarda, sei al baratro, sei al limite. Mentre credi di aiutarmi a portare la croce, stai per esserne schiacciato tu.

Pietro risponde con parole bellissime: «Signore, *con te* sono pronto». Che cosa potrebbe dire di più? Viene in mente l'espressione di sant'Ignazio negli *Esercizi spirituali:*

> «Chi vuole venire *con me*, deve lavorare *con me*, perché, seguendomi nella sofferenza, mi segua anche nella gioia».

Ma queste parole, pur bellissime, non contano. Come mai Pietro ha sbagliato? Probabilmente perché sta addirittura abusando delle parole del Signore. Gli è stato appena detto: «ho pregato per te», e Pietro, invece di ricavare consapevolezza della sua povertà e della sua fragilità, ne trae motivo di autosufficienza e presunzione. Non ha colto l'accenno al ritorno, al pericolo per la sua fede; solo l'accenno a se stesso di cui il Regno di Dio ha necessità («conferma i tuoi fratelli»). Non ha neppure bisogno della preghiera del Signore, perché è sicuro che da solo ce la farà. Gesù risponde: Guarda, Pietro, che la catastrofe è imminente; e lui continua a non voler capire, e gli altri apostoli con lui, tanto è vero che, subito dopo l'affermazione: «Sono pronto con te ad andare in prigione e alla morte», nel v. 38, appena luccicano le spade, queste parole acquistano un altro senso. Lo leggiamo tra le righe, anche se materialmente non è scritto nel testo: ecco qui due spade, siamo pronti a morire, ma per difenderti, Signore. Vogliamo difendere te, vogliamo farti vedere di che cosa siamo capaci per te.

È lo stravolgimento completo del Vangelo, per cui non è Gesù a salvarci, bensì siamo noi che salviamo lui e la sua

Chiesa; non è più il Vangelo dell'iniziativa divina, è il Vangelo della nostra bravura nell'operare a favore di Dio.

Al luccicare delle due spade, Pietro ha sentito rinascere in sé l'uomo-uomo, l'uomo che vuol fare qualcosa per il Signore, perché non è mai riuscito ad accettare che Gesù sia più generoso di lui, che sia al suo servizio e che egli debba lasciarsi condurre. Pietro ha sempre tradotto tutto in chiave di autosufficienza e quindi non ha compreso l'insegnamento di Gesù sul fariseo e il pubblicano, il messaggio di salvezza per i poveri, la necessità della conversione del peccatore. Persino quando ha dichiarato: «Sono un uomo peccatore» (Lc 5,8), l'ha detto per riprendersi nuovamente la propria potenza, per illudersi sulle sue possibilità.

Passione

Arriviamo così al giardino degli ulivi (Lc 22,39-46).

Abbiamo già sottolineato come Pietro venga risparmiato da Luca e perciò ci lasciamo aiutare da Marco. Comunque, anche leggendo Luca, contempliamo Gesù che prega, agonizza e suda sangue; ci chiediamo allora: Dov'è Pietro, perché non è qui? E lo domandiamo pure a noi, che certamente ci saremmo comportati come lui. Personalmente confesso che mi sarei spaventato dell'angoscia di Gesù, non avrei voluto vederlo piangere, e mi sarei messo da parte. Per un senso di protezione e di affetto, non avrei potuto sopportare di guardarlo in quello stato di abbattimento.

Così Pietro ha paura dell'angoscia di Gesù e non sa trovare le parole giuste: preferisce restare lontano, cancellare la scena che si rifiuta di assorbire e lasciarsi andare al sonno della tristezza, di cui parla Luca (22,45).

Tutti sappiamo per esperienza che è difficile sopportare il dolore di una persona cara quando siamo impotenti ad aiutarla; forse lo sopportiamo finché ci sentiamo utili e importanti, ma allorché la sofferenza ci rivela la nostra incapacità e inadeguatezza, preferiamo ritirarci, temiamo di essere travolti da sentimenti ed emozioni che non riusciamo a dominare. Pietro avverte di non poter dominare l'angoscia di Gesù, appunto perché il suo modo di capire il Vangelo glielo impedisce; in questo momento si rivela l'errata concezione della salvezza che Pietro non ha ancora dissipato del tutto. Si sente perduto di fronte al dolore del Maestro, e la sua sicurezza comincia a crollare.

Avrebbe desiderato essere con Gesù fino in prigione, alla croce, però in una condizione affrontata virilmente, coraggiosamente, con la spada in mano. Adesso che invece è di fronte alla tentazione di Gesù, alla sua umiliazione, è di nuovo sconvolto. Lo schiaffo ultimo alla sua sicurezza lo leggiamo al v. 46. Gesù dice loro – a Pietro, secondo Marco, a tutti in Luca – : «Perché dormite? Alzatevi e pregate, per non entrare in tentazione».

Gesù vede chiaramente che questi uomini hanno una fede debole, oscura, confusa, e stanno per essere travolti. E li esorta: «Pregate», cioè mettetevi nella vera situazione di mendicanti di Dio; non fermatevi a pensare che non sapete in quale modo esercitare la vostra capacità di reagire, ma confessate la verità del momento, quella che Gesù sta confessando con le parole: Padre, io non ce la faccio se tu non mi dai la forza, vorrei non bere questo calice. Gesù stesso sta pregando e gridando con umiltà la verità della debolezza umana; tuttavia, i discepoli non accettano tale debolezza.

Si mettono a dormire sapendo che la preghiera li porterebbe a scoprire la loro miseria, a riconoscerla, a riconoscere il bisogno di essere salvati loro più di Gesù. Per questo entrano in tentazione; la falsità nella quale si sono lasciati avvolgere li travolge. Tutto questo emerge nella scena della cattura (Lc 22,47ss). La situazione cambia rapidamente: entra la folla, entra Giuda, l'emozione giunge al colmo.

Cosa fa Pietro? Vuole salvare Gesù, ricorre alla spada, e il culmine della sua realtà di uomo ora salta fuori: il Maestro non deve morire e noi dobbiamo difenderlo da prodi!

Chiediamo a Pietro: cosa intendevi fare con quel gesto? E lui risponde: avrei voluto impedire a Gesù di morire, a costo della mia vita; non potevo accettare che fosse catturato, mentre avrei accettato che catturassero me; ho perso la testa e mi sono scagliato per spaccare la testa a uno, e meno male che il colpo è andato di fianco perché ho evitato così guai peggiori.

Gesù si oppone, e a questo punto Pietro perde tutto il coraggio e si domanda: che ci sto a fare allora? Cosa vuole da me il Maestro? Mi sono compromesso fino all'ultimo e ora mi ordina di tornare indietro, anzi sana l'uomo ferito all'orecchio con misericordia. Non capisco più niente; evidentemente sono diventato inutile.

Sconfessato da Gesù, umiliato e confuso, Pietro è al culmine della tentazione. C'è ancora un'ultima parola di Gesù che spazza via ogni sicurezza: «Questa è la vostra ora, è l'impero delle tenebre» (Lc 22,53).

Immagino che Pietro avrà pensato: ma se lui non resiste neppure alla potenza delle tenebre, dove siamo andati a finire? Se accetta su di sé la potenza delle tenebre, si può sapere cosa è venuto a fare? Quale è mai il regno di cui parlava tanto?

Per Pietro la delusione è enorme, completa: non solo mi viene impedito di aiutarlo, ma addirittura non so più quale sia la mia parte! L'apostolo ha perso la sua identità.

Lasciarsi amare

Tuttavia, siccome è buono e sincero, e Gesù ha pregato per lui, Pietro non vuole abbandonare del tutto il Maestro, e lo segue con amore, anche se molto avvilito. Continua a pensare cosa accadrà e, in fondo in fondo, spera ancora di aiutarlo, di essergli utile. In questo stato d'animo, con sentimenti d'affetto più che con convinzione, va dietro a Gesù. Finalmente assistiamo all'esplodere della verità di Pietro, che si era già manifestata nella sua povertà al Getsèmani; qui cala a picco, è costretto a riconoscere pubblicamente la sua situazione di smarrimento totale. Nel Getsèmani poteva ancora cavarsela con una certa gloria, ma ora sente con le sue stesse orecchie a che punto è arrivato.

Consideriamo le domande che gli vengono poste. Una serva lo vede seduto al fuoco, lo guarda e dice: «Anche questi era con lui» (Lc 22,50). Come sono belle le parole: «Con lui»! Sono le stesse usate da Pietro: «Con te». Ma egli nega affermando: «Non lo conosco!».

Come è vera questa espressione, che sottolinea l'amarezza di Pietro, non però ciò che pensava: quell'uomo mi ha deluso, non riesco a capirlo, non lo conosco più. Esse esprimono la paura e insieme la delusione, lo smarrimento: non so più cosa dire di lui.

Al v. 58 la seconda pubblica umiliazione di Pietro. Un altro lo accusa: «Anche tu sei di loro!».

Nel primo intervento è messo in questione il suo rapporto con Gesù; nel secondo il suo rapporto con i discepoli. Risponde, pensando che gli altri siano fuggiti: «No, non lo sono!».

È persino incapace di riferirsi ai suoi amici, che forse stima diversi da sé in questo momento, perché non sono presenti. Ha perso il senso del rapporto con il Signore e con la comunità dei fratelli: nega l'uno, nega gli altri.

Luca continua: «Passata circa un'ora»: che terribile ora! Pietro, cosa ti è successo in quel tempo? È stata l'ora più spaventosa della mia vita: smarrito, mangiato dai rimorsi, dalla paura, dall'incapacità di riprendermi, dal non sapere cosa dovevo fare e chi ero.

Per lui devono essere risuonate, come martellate nel cuore, le parole che aveva precedentemente ascoltato: «Vi dico: chiunque mi riconoscerà davanti agli uomini, anche il Figlio dell'uomo lo riconoscerà davanti agli angeli di Dio; ma chi mi rinnegherà davanti agli uomini, sarà rinnegato davanti agli angeli di Dio» (Lc 12,8-9).

Pietro è sconvolto da queste parole che vanno e vengono, turbinando in lui. E risente un altro insegnamento del Maestro: «Quando vi condurranno davanti alle sinagoghe, ai magistrati e alle autorità, non preoccupatevi come discolparvi o che cosa dire; perché lo Spirito Santo vi insegnerà in quel momento ciò che bisogna dire» (Lc 12,11-12).

Con quale vergogna, invece, Pietro si accorge di essere entrato proprio in quella tentazione, preoccupato e confuso! Preoccupato di sé, del proprio ruolo, di come doveva regolarsi nella vicenda, poiché toccava a lui salvare Gesù: Gesù che invece non aveva voluto lasciarsi salvare.

In tale confusione e umiliazione, leggiamo l'ultima domanda, la più insistente: «"In verità", dice uno che lo osserva dal fondo "anche questo era con lui; è anche lui un galileo". Ma Pietro disse: "O uomo, non so quello che dici"» (Lc 22,59-60).

Pietro si rivela al massimo. Luca usa la stessa espressione impiegata nel racconto della Trasfigurazione, a proposito delle tre tende: «Egli non sapeva quel che diceva» (Lc 9,33).

Pietro ha lasciato emergere la sua verità, ha lasciato venir fuori la sua povertà ed è arrivato al punto di non capirsi più; gli è sfuggita completamente di mano la situazione, è smarrito, non sa cosa deve fare, cosa ci si aspetta da lui. L'unico sentimento che avverte è l'istinto di salvare la pelle, di non compromettersi, e basta, dal momento che non c'è più niente che valga la pena di fare. Così neppure il canto del gallo (Lc 22,60) lo scuote. È la denuncia del peccato, però la denuncia fredda, tagliente, accusatrice, e l'apostolo non ne capisce il senso. E «Allora il Signore, voltatosi, guardò Pietro e Pietro si ricordò delle parole che il Signore gli aveva detto: "Prima che il gallo canti, oggi mi rinnegherai tre volte". E uscito, pianse amaramente» (Lc 22,61).

Domandiamo a Pietro cosa ha capito in quel momento e perché lo sguardo di Gesù gli ha aperto gli occhi, rivelandogli la verità di tutta la situazione. Più o meno avrà pensato: Lui muore per me, che sono un verme e un vile (ecco la verità!); io volevo essere chissà chi e adesso lui sta morendo per me, pover'uomo e ridotto a non sapere chi sono. Mi hai vinto, Signore, tu sei più buono di me; credevo di farcela, di fare qualcosa per te, ma tu mi hai sopraffatto con la tua bontà. Vai a morire per me, di cui io stesso mi vergogno!

La prima espressione della conversazione di Pietro era stata: «Sta' lontano da me, perché sono un uomo peccatore» (Lc 5,8).

Ora si confronta con la carità del Signore e finalmente capisce che lui lo ama e gli chiede di lasciarsi amare.

A Pietro sono cadute le squame dagli occhi; si accorge che aveva sempre rifiutato di lasciarsi amare, aveva sempre rifiutato di lasciarsi salvare pienamente da Gesù, e quindi non voleva che il Signore lo amasse del tutto. Ma la straordinaria grandezza di Gesù consiste proprio nel morire per lui e lui deve accettare questo amore, anche se incredibile!

Com'è difficile lasciarsi amare davvero! Vorremmo sempre che qualcosa di noi non fosse legato a riconoscenza, mentre in realtà siamo debitori di tutto perché Dio è il primo e ci salva totalmente, con amore.

La conclusione del cammino di Pietro è in Luca 24,34: «Davvero il Signore è risorto ed è apparso a Simone».

Cerchiamo, nella meditazione personale, di chiedere a Pietro quale differenza c'è stata tra lo sguardo di Gesù e l'apparizione del Risorto. In fondo, già in quello sguardo aveva capito di essere amato infinitamente, e tutto il resto gli si era chiarito: Gesù è amore, vita, Dio; la sua morte è morte per amore e non può non essere per la vita. Perciò la risurrezione era già compresa in quello sguardo accettato.

Cosa sente allora Pietro, quando il Risorto gli si fa presente? Penso che provi un'immensa gioia per Gesù. Ormai per Pietro è solo il Signore che conta, quindi la sua consolazione è la consolazione stessa di Gesù: consolazione che gli viene come rovesciata addosso, da cui è travolto, nella quale resta immerso. L'apertura a lasciarsi amare è accettazione senza limiti della consolazione del Signore nella risurrezione; non quella consolazione preoccupata e affaticata che a volte ci sforziamo di raggiungere, bensì la consolazione di chi si è lasciato travolgere dal piano di Dio, che lo ha fatto proprio, per il quale la gloria di Cristo è la propria gloria. Chiediamo a Pietro di renderci partecipi della sua esperienza e del vero senso della croce.

Gesù, tu hai permesso che Pietro passasse per tante paure, così che risplendesse in lui la verità del Vangelo che doveva manifestare agli altri. Fa' che anche noi ci lasciamo amare da te in tutte le nostre prove. Donaci di riconoscere la tua bontà, di lasciarci conquistare dalla tua croce per conoscerti come tu sei, cioè il Dio che ci ama, per poter con gioia partecipare alla tua gloria e proclamarla agli altri. Tu che vivi e regni nei secoli dei secoli. Amen.

24

LA PREGHIERA DI GESÙ SULLA CROCE

Secondo il Vangelo di Luca (22,33-49), l'ultima parola di Gesù nella sua vita è una preghiera. Gesù muore pregando: «Padre, nelle tue mani consegno il mio spirito». È una preghiera che lui sa a memoria. Nel momento drammatico che sta vivendo, non c'è evidentemente né tempo né modo di comporre preghiere; erompono dal cuore quelle che gli sono più familiari, che gli stanno dentro come un grido. Quelle parole sono di un salmo: «In te Signore mi sono rifugiato, mai sarò deluso. Per la tua giustizia salvami». E poi: «Mi affido alle tue mani, tu mi riscatti, Signore, Dio fedele» (Sal 31,2.6).

Preghiera biblica

I versetti del salmo che Gesù lascia emergere dal fondo del cuore e dalla memoria sono stati composti molti secoli prima di lui. Avrebbe potuto considerarli come preghiere lontane, scritte da uomini di un mondo diverso, di una mentalità e di una cultura diversa. Eppure, quel salmo così antico, sulle labbra di Gesù, diventa la sua preghiera, si identifica con la sua esperienza. È come se lo pronunciasse in quel momento perché è diventato espressivo della sua realtà. Di fronte alla morte le parole più vere che Gesù sente il bisogno di pronunciare, sono parole della Bibbia.

Anche noi abbiamo cercato di imparare, durante il nostro "itinerario", a leggere noi stessi in quelle preghiere antiche, pronunciate da altri molti secoli fa; a leggere la nostra esperienza e a vedere come attraverso di esse ci sentivamo capiti e interpretati. Abbiamo cercato di imparare che sono le parole giuste, perché dicono ciò che di più vero avevamo o abbiamo dentro. Dovremmo conservare come ricordo permanente che le preghiere bibliche sono scritte anche per noi. Pregando con quelle parole scritte tanti secoli fa, troviamo il modo di esprimerci più autenticamente, sperimentiamo che Dio ce le ha messe dentro per poterci manifestare davanti a lui e davanti agli uomini, perché con quelle parole diciamo ciò che in altro modo non riusciremmo a spiegare né a noi né agli altri.

Gesù che prega nel momento supremo della sua vita ci insegna ad affidarci, con la sua stessa preghiera, alla Parola di Dio.

Solitudine nella testimonianza

Il salmo che Gesù proclama è una parola di fiducia totale. Gesù "rende" se stesso a Dio, compie un atto di abbandono pieno al Padre.

Quella che sta vivendo non è soltanto una situazione drammatica: è la situazione limite della morte. È una morte in totale, perfetta, amarissima solitudine. Il Vangelo ha cura di farci notare che nessuno intorno l'ha capito e il racconto che introduce a questa ultima parola di Gesù sottolinea fortemente che viene abbandonato da tutti. Le persone che avrebbero potuto capirlo, che avevano motivi per essergli almeno vicino, non lo sono. Il popolo sta a vedere, i capi lo scherniscono, i soldati lo beffeggiano, persino uno dei malfattori appesi alla croce lo insulta.

È drammatico vedere come queste persone (i capi, i soldati, i malfattori) rappresentano categorie che la pensano in maniera diversissima gli uni dagli altri, categorie nemiche tra loro, eppure nessuna di esse è con Gesù. Tutto sembra dirgli che è una morte assurda, che non serve a niente; è un gesto sbagliato e per questo nessuno lo sostiene. La solitudine che sperimenta non è soltanto quella di non essere capito, ma è la solitudine di essere deriso, schernito in ciò che gli sta più a cuore: la salvezza. Il ritornello di chi gli sta vicino e lo insulta è sempre uguale: «Salva te stesso», «salvi se stesso».

Questa parola-chiave, ripetuta tre volte, è proprio la parola-chiave di tutta la predicazione e la missione di Gesù: è la parola che Luca ha addirittura preso come punto di riferimento di tutto il suo Vangelo. Luca presenta Gesù che comincia il suo ministero pubblico a Nazaret nel capitolo quarto, pronunciando – con una citazione della Scrittura – la parola di salvezza: «Ogni uomo vedrà la salvezza di Dio». Con questo annuncio della salvezza, si inaugura la missione di Gesù. E l'evangelista chiude il suo secondo libro – gli Atti degli apostoli – quasi a sigillo di tutto ciò che ha raccontato, ancora con la parola "salvezza": «... La salvezza di Dio viene ora rivolta ai pagani...» (At 28,28).

È questa parola di salvezza che viene messa in questione proprio nel momento culminante, quando Gesù sta per morire. La gente gli dice: «Se veramente sei capace di salvare, comincia a salvare te stesso. Come puoi dare salvezza, se non sai dare salvezza a te stesso?».

L'argomento sembra evidente e irrefragabile: se Gesù non sa salvarsi non sarà neanche credibile. Gesù è solo ed è attaccato proprio nel cuore della sua missione: portare salvezza. Gli viene chiesto di usare del potere che dice di avere, di usarlo a suo favore. Se lo userà per scendere dalla croce crederanno che è il Messia.

Ma Gesù non usa di questo potere. Se lo usasse, infatti, si farebbe garante di un dio pagano, di un dio detentore di potere e distributore di potere per accrescere il potere di ciascuno; di un dio che si serve del potere a proprio vantaggio e lo distribuisce perché ciascuno se ne serva a proprio vantaggio. Se scenderà dalla croce gli crederanno, ma crederanno a un dio che fa comodo, a un'immagine sbagliata di Dio.

Abbandono all'amore del Padre

Gesù sceglie di non scendere dalla croce. È vero che in questo modo morirà solo e abbandonato; avrà però testimoniato il Dio che dà la vita, il Dio a servizio dell'uomo. Avrà testimoniato il Dio che è Amore. Ed ecco, in questo sfondo, il significato dell'ultima parola di Gesù. Si è trovato di fronte alla contestazione massima, definitiva, quella che riguarda la sua missione alla quale vuol essere fedele fino in fondo. In questa solitudine che esteriormente appare fallimento totale, Gesù reagisce esclamando: «Nelle tue mani, Padre, affido la mia vita». Così testimonia il Dio del Vangelo, il Dio della fede, il Dio a cui ci si affida a occhi chiusi, il Dio nel quale siamo invitati noi stessi a deporre la nostra vita, il nostro passato, il nostro presente e il nostro avvenire.

Fede e preghiera

La domanda fondamentale che emerge da questa scena e da questa parola di Gesù è: a quale Dio credo? Al Dio da cui posso sperare un certo successo, una certa alleanza, di cui mi posso servire a mio vantaggio? Oppure credo al Dio che dà la vita se affido a lui tutto me stesso, il mio progetto di vita e il mio futuro? Credo al Dio che mi saprà ridare la vita al centuplo, anche se l'evidenza sarà la morte perché la certezza è la vita col Risorto? Gesù l'ha detto nel Vangelo: chi perde la propria vita la troverà, ma chi invece vuol trovare la propria vita, vuol tenerla chiusa in se stesso, non si affida, la perderà.

C'è una seconda domanda: la mia preghiera è la preghiera dell'esigenza? Oppure è la preghiera dell'affidamento?

Quando il Signore ci guida verso il culmine della preghiera, che è preghiera di affidamento, di consegna della nostra vita nelle sue mani, allora abbiamo raggiunto l'atteggiamento fondamentale, primario e sorgivo dell'esistenza, perché l'esistenza dell'uomo è affidarsi e sapersi fidare. Il bene che si fa nel mondo viene dal fatto che qualcuno va oltre il calcolo, oltre la misura, oltre la pura razionalità.

L'atteggiamento di morte, invece, è quello di un mondo che ha paura del futuro, che ha paura di dare la vita e allora scende inesorabilmente verso un gusto progressivo di morte, verso un intristirsi di tutte le espressioni dell'esistenza. Così si spiegano tanti fatti che succedono intorno a noi, in una civiltà che ha perso il gusto di rischiare, di giocarsi nel futuro di Dio, di mettersi nelle mani del Padre.

Gesù si affida: «Padre, nelle tue mani affido il mio spirito». La sua preghiera esprime quell'abbandono filiale nel quale noi ritroviamo la verità di noi stessi, e di cui non siamo capaci. Ne siamo capaci, a volte, nella nostra fantasia, ma quando siamo di fronte a una realtà che chiede di fare davvero un salto, allora vediamo come la preghiera di Gesù è lontana da noi, rappresenta un ideale che non riusciamo a realizzare.

Preghiamo: «Signore, non sono capace di dire quella parola di affidamento di Gesù: dilla tu in me. Tu, Signore Gesù, che vivi in me con la pienezza del tuo Spirito, pronuncia in me quella preghiera, mettila nel mio cuore. Fa' che io sappia riconsiderare tutta la mia vita alla luce di questa preghiera, che sappia riconsiderare le mie attività, le cose per le quali sono chiamato, l'avvenire, la mia stessa scelta di vocazione e di impegno.

Di fronte alla tua croce, o Signore, e alla potenza della tua risurrezione sono sempre tanto povero, tanto mancante. Ti chiedo di imprimere nel mio cuore il tuo abbandono supremo perché in esso hai davvero manifestato Dio.

Tu, o Signore, non ci hai voluto ingannare, non hai voluto scendere dalla croce e con la tua preghiera è incominciato a sorgere intorno a te il Regno del Padre. Il centurione ha glorificato Dio, le folle sono tornate percuotendosi il petto, convinte di trovarsi di fronte a qualcosa di straordinario, a una realtà sconosciuta e nuova. Prima ancora di manifestarti nella gloria della risurrezione, ti sei manifestato mettendo nelle mani del Padre la tua vita.

Aiutaci a capire che un'esistenza evangelica nella quale si manifesta l'abbandono al Padre, è già presenza del Regno, è già manifestazione della vera potenza di Dio, non della potenza per proprio uso e strapotere, ma di quella di Dio che si mette a servizio».

Dalla preghiera passiamo così al servizio e al dono di noi stessi perché queste preghiere sono atteggiamenti di vita, esperienza fondamentale di conversione cristiana.

25

PREGHIERA DAVANTI AL CROCIFISSO

Il silenzio, commosso e reverente, con cui guardiamo la croce del Signore ci fa intuire quanto sia difficile entrare con spirito autentico di fede nel mistero tremendo del venerdì santo, quanto sia difficile credere e accettare che la liberazione dal male e dal peccato ci è ottenuta attraverso le sofferenze e la morte dell'innocente Gesù.

Davanti al crocifisso siamo perciò chiamati non solo a credere e ad amare, ma a vigilare per capire qualcosa di più dell'insondabile mistero d'amore e di dolore di Cristo. Come diceva H. Newman: «Vigilare con il crocifisso è fare memoria con tenerezza e lacrime della sua sofferenza per noi, è smarrirci in contemplazione, attratti dalla grandezza dell'evento, è rinnovare nel nostro essere la passione e l'agonia di Gesù».

Noi confessiamo di non trovare le parole e i gesti per esprimere i sentimenti profondi di cui ci compenetra quella croce. Sì, sulla croce rimangono ancora i segni della malvagità dell'uomo, quella che si scatena nei conflitti e nel terrorismo di questi giorni, dove tanti sono i nuovi crocifissi. Ma nella croce di Gesù ciò che maggiormente risplende non è il peccato dell'uomo né la collera di Dio, ma l'amore di Dio senza misura.

Noi desideriamo unirci, o Gesù, alla contemplazione di Maria, tua madre, alla contemplazione delle donne sulla collina del Calvario, le sole rimaste a guardarti da lontano; desideriamo unirci alla contemplazione del centurione romano che, vedendo il modo in cui morivi, ha esclamato: «Davvero costui era il Figlio di Dio» (Mt 27,54; Mc 15,39).

Sì, Gesù, tu sei il misterioso servo di Dio, del quale ci hanno parlato le due letture del profeta Isaia; sei il servo che si carica delle nostre sofferenze e si addossa i nostri dolori, che si offre a un destino di morte atroce, che sta davanti al Padre a nome di tutti gli uomini e che soffre per la tragedia dei nostri peccati.

Tu, Gesù, sei l'Agnello mite che toglie i peccati del mondo e si immola per rivelarci il vero volto di Dio e insegnarci che cosa significa vivere la fedeltà al Padre.

Per questo hai scelto di giungere all'esproprio estremo di te, allo svuotamento assoluto, e ti sei fatto l'ultimo degli ultimi; hai rinunciato alla tua gloria divina per condividere in pienezza la miseria della tua creatura.

Così, la croce è l'ora del dolore e dell'amore senza limiti, del totale abbandono e della suprema esaltazione, è l'ora dello Spirito che sgorga dal costato trafitto di Cristo quale fiume di vita e di grazia, pienezza di perdono, di riconciliazione e di pace. La croce è l'ora dell'alto grido ed è l'ora del silenzio attonito del cosmo che piange morto il suo Creatore. È l'ora dell'immensa pietà di Maria e della sua trepida attesa. Tutto il male del mondo confluisce, si concentra nella tua croce. Pur di salvarci, ti sei disposto a tutto, Gesù; pur di strapparci al male e al principe delle tenebre, al nemico dell'uomo, ti sei lasciato schernire, oltraggiare, percuotere, flagellare, incoronare il capo di spine, assumendo su di te l'immane angoscia dell'umanità, facendoti solidale con noi, coinvolgendoci nel tuo cammino di amore doloroso ed espiatorio. Hai preso su di te le ingiustizie, le insensatezze, le violenze, le crudeltà, i soprusi, gli inganni, i crimini che si perpetrano nel mondo in tutti i secoli. Hai sperimentato l'abbandono del Padre come il vero e il più grande dolore dell'uomo e, sperimentandolo nella tua carne, ci hai spalancato la porta della speranza.

E noi, in questo momento, vogliamo pregare con le tue parole: «Padre, perdonali perché non sanno quello che fanno»; perdonaci e aiutaci a comprendere che dalla croce tu rispondi alla domanda più ardua che da sempre gli uomini si pongono: Chi è Dio? E rispondi: È Amore, l'Amore crocifisso.

Vogliamo unirci al tuo grido: «Dio mio, Dio mio, perché mi hai abbandonato?» (Mt 27,46; Mc 15,34). Un grido lacerante. Una preghiera gridata può nascere solo da un'estrema angoscia, che non sopprime però la fede. Chi non sa che cosa è veramente la fede può immaginare che l'angoscia e la fiducia si contraddicano e pensare che la fede – quella vera – sia immobile tranquillità.

Ma l'esperienza della fede più profonda può convivere con l'angoscia. Così anche nel grido dell'abbandono tu, o Gesù, rimani aggrappato al tuo Dio. E il tuo grido invita ogni uomo che soffre ad associarsi a te nella tua fiduciosa invocazione; e il Padre, che ascolta il tuo grido e lo abbraccia, abbraccia anche la sofferenza del mondo.

Vogliamo, o Gesù, risentire la tua voce dolcissima che dice: «Padre, nelle tue mani accogli il mio spirito». E ripetiamo con te: Padre, accogli nella croce del tuo Figlio la Chiesa, l'umanità tutta, il mondo. Accogli, Padre, ciascuno di noi senza guardare ai nostri tradimenti, alle nostre pigrizie, alle nostre incoerenze, ma guardando solo al sacrificio di Gesù!

Fa', o Signore, che la tua croce rimanga il segno che il Padre ci accoglie, il segno dell'alleanza nuova e definitiva che hai suggellato nel tuo sangue; il segno permanente dell'Amore che tutto trascende, l'amore di Dio per gli uomini e il nostro amore per i fratelli fino al perdono.

Vogliamo ascoltare, infine, l'ultima parola pronunciata da te e riportata dall'evangelista Giovanni: «Tutto è compiuto!» (Gv 19,30), tutto ha raggiunto la pienezza. L'uomo è salvato per sempre dalla morte ed è reso capace di adorare infinitamente Dio. Ormai la morte non è più un punto finale, bensì è il punto culminante dell'esistenza.

Da qui vogliamo ricavare la lezione che tu ci dai, o Signore, nel venerdì santo. Tu riveli dalla croce, in ogni tuo palpito, che l'amore di Dio si manifesta anche là dove viene rifiutato, dove l'innocente è messo a morte come un malfattore, dove il Figlio appare sconfitto e la sua missione fallita. Tu ci fai comprendere che la ragione per cui il Verbo, la Parola si è fatta carne, era proprio di rivelarci quell'Amore perdonante di Dio per gli uomini, che sei tu stesso, nell'inermità e nella mitezza, perché sulla croce il tuo amore è più forte del male e della morte, il perdono più forte della vendetta.

È una lezione fondamentale per la nostra vita cristiana: Dio, che avrebbe potuto sconfiggere il male annientando tutti gli empi e i malvagi, ha preferito entrare nel male con la carne del suo Figlio che ha subìto su di sé le conseguenze del male per redimerle nella sua carne crocifissa. Il velo del tempio squarciato è il tuo corpo piagato, Gesù, il tuo corpo nel quale si nasconde la vera onnipotenza divina, onnipotenza capace di annullarsi per donare vita e amore.

Fa', o Gesù, che la tua croce sia sempre presente nelle nostre giornate e divenga la strada per camminare nell'amore e nel perdono verso tutti. Donaci di arrenderci senza riserve nelle tue mani di crocifisso, in cui risuona il senso dell'esistenza umana, della storia e del cosmo [...].

Fa', o Signore, che la potenza impotente della croce si mostri, ancora una volta e sempre, più forte del male che ci minaccia, dei molteplici peccati presenti nella vita degli uomini e della società, perché con il tuo sangue hai redento il mondo!

Illumina i nostri cuori con la luce del fuoco della tua croce, così che ci sia dato di unirci intimamente a te, di partecipare alle tue prove e di capire il senso delle nostre prove quotidiane.

26

LA PORTA DEL SABATO SANTO

Nel silenzio e nello smarrimento

Ci rappresentiamo anzitutto l'atteggiamento prevalente nei discepoli il giorno dopo la morte di Gesù, per poi interpretare il nostro tempo alla luce di questa loro esperienza.

Mi sembra che il vissuto dei discepoli nel sabato dopo la crocifissione del Maestro sia quello di un grande smarrimento. Perché sono tanto smarriti?

Perché il loro Signore e Maestro è stato ucciso, il suo appello alla conversione non è stato ascoltato, le autorità lo hanno condannato e non si vede via di scampo o senso positivo da dare a tale evento. C'è stato, a partire dalla cena pasquale, un succedersi di fatti imprevedibili che li ha sorpresi e resi muti. Come i due discepoli che camminano verso Emmaus nel primo giorno della settimana, hanno il cuore triste (Lc 24,17); le anticipazioni che avevano avuto (le previsioni della passione fatte più volte da Gesù), i gesti rassicuranti che li avevano sinora sostenuti (i miracoli del Maestro, il suo amore mostrato nell'ultima cena) sono svaniti dalla memoria. Si ha l'impressione che Dio sia divenuto muto, che non parli, che non suggerisca più linee interpretative della storia.

È la sconfitta dei poveri, la prova che la giustizia non paga. A ciò si aggiunge la vergogna per esser fuggiti e aver rinnegato il Signore: si sentono traditori, incapaci di far fronte al presente. Manca ogni prospettiva di futuro, non si vede come uscire da una situazione di catastrofe e di crollo delle illusioni, sono assenti persino quei segni che incominceranno a scuoterli a partire dal mattino della domenica (come le donne al sepolcro vuoto, Lc 24,22-23).

Ma qui si pone la domanda: perché fermarsi al sabato santo? Non siamo forse già nel tempo del Risorto? Perché non lasciarsi ispirare anzitutto dalla domenica di Pasqua? Perché riflettere sullo smarrimento dei discepoli dopo la morte di Gesù e non invece sulla loro gioia quando lo incontrano vivente (Gv 20,20: «E i discepoli gioirono al vedere il Signore»)?

È vero: siamo già nel tempo della risurrezione, il corpo glorioso del Signore riempie della sua forza l'universo e attrae a sé ogni creatura umana per rivestirla della sua incorruttibilità. Il nostro atteggiamento fondamentale dev'essere di letizia pasquale.

E tuttavia la luce del Risorto, percepita dagli occhi della fede, ancora si mescola con le ombre della morte. Siamo già salvati nella fede e nella speranza (Rm 8,24), già risorti con Gesù nel battesimo quanto all'uomo interiore, ma la nostra condizione esteriore rimane legata alla sofferenza, alla malattia e al declino. Il peccato è vinto nella sua forza inesorabile di distruzione e però continua a coinvolgere innumerevoli situazioni umane e a riempire la storia di orrori. I poveri sono oppressi, i prepotenti trionfano, i miti sono disprezzati.

Siamo in una situazione simile a quella dei due discepoli di Emmaus nella mattina di Pasqua. Gesù è risorto, le donne hanno trovato il sepolcro vuoto, gli angeli hanno detto di non cercarlo tra i morti (Lc 24,2-6.22-23), ma il loro cuore è ancora appesantito: sono «stolti e tardi di cuore nel credere alla parola dei profeti» (Lc 24,25). Siamo simili agli apostoli nel cenacolo, che hanno già sentito parlare della risurrezione e tuttavia sono ancora chiusi in casa per la paura (Gv 20,19).

In altre parole, il tempo che viviamo è quello in cui la «buona notizia» del Signore risorto è accolta da alcuni ed è respinta da altri, e deve farsi strada fra la diffidenza e il rifiuto. Gesù crocifisso è già nella gloria del Padre ed è il Signore dei tempi («Mi è stato dato ogni potere in cielo e in terra», Mt 28,18), ma l'evidenza della sua risurrezione permane velata e la gloria del suo trionfo va contemplata con lo sguardo della fede, superando il trauma del venerdì santo e lo smarrimento del sabato, per accogliere il disegno misterioso della salvezza proprio a partire dalla croce («Non bisognava che il Cristo sopportasse queste sofferenze per entrare nella sua gloria?», Lc 24,26). Siamo quindi nel regime della fede e della speranza, in cui è necessaria l'apertura della mente per accogliere la «buona notizia» («allora aprì loro la mente all'intelligenza delle Scritture», Lc 24,45) e l'allargamento degli orizzonti per sperare «contro ogni speranza» (Rm 4,18) di fronte alla condizione di morte che regna nell'umanità. Infatti, «l'ultimo nemico a essere annientato sarà la morte» (1Cor 15,26).

Siamo in un tempo che viene definito «del già e del non ancora». Gesù è già risorto e glorioso, la sua grazia incomincia a trasformare i cuori e le culture, ma non si tratta ancora della vittoria finale e definitiva che si avrà solo col ritorno del Signore alla fine dei tempi. Perciò i sentimenti di smarrimento e di paura dei primi discepoli nel sabato santo vanno contrastati e vinti con la fede e la speranza di Maria. Cerchiamo allora di renderci conto di quanto nel nostro tempo è segnato dalla diffidenza, per sottoporlo alla grazia della letizia pasquale.

Nell'inquietudine dei discepoli mi sembra di poter riconoscere le inquietudini di tanti credenti di oggi, soprattutto in Occidente, a volte smarriti di fronte ai cosiddetti segni della "sconfitta di Dio". In questo senso il nostro tempo potrebbe essere visto come un "sabato santo della storia". Come lo viviamo? Che cosa ci rende un po' smarriti nel contesto odierno della nostra situazione? Una sorta di vuoto della memoria, una frammentazione del presente e una carenza di immagine del futuro.

– Anzitutto la memoria del *passato* si è fatta debole. In realtà, non mancano ricordi che ci potrebbero sostenere e dare fiato: esiste nel nostro contesto europeo e nazionale la memoria di un grande cammino cristiano legato a prestigiosi simboli e a luoghi di grande suggestione: basta pensare alle grandi cattedrali, a luoghi come Roma, Assisi, ecc. Molte sono le tracce che la tradizione ebraico-cristiana ha lasciato nel modo di concepire la vita, di onorare la dignità della persona, di promuovere l'autentica libertà; la presenza del cristianesimo ha segnato la nostra storia con vestigia indelebili.

Ma tale memoria si è indebolita sul piano del vissuto quotidiano. Molti non riescono più a integrarla nella loro esperienza in modo da ricavarne comprensione sicura del presente e fiducia per il futuro. Il procedere lento e però progressivo del secolarismo (in forme differenti secondo i diversi ambiti di vita) suscita la domanda: dove stiamo andando? Cresce la difficoltà di vivere il cristianesimo in un contesto sociale e culturale in cui l'identità cristiana non è più protetta e garantita, bensì sfidata: in non pochi ambiti pubblici della vita quotidiana è più facile dirsi non credenti che credenti; si ha l'impressione che il non credere vada da sé mentre il credere abbia bisogno di giustificazione, di una legittimazione sociale né ovvia né scontata.

– Se la memoria delle radici del passato si fa debole, l'esperienza del *presente* diviene frammentaria e prevale il senso della solitudine. Ciascuno si sente un po' più solo.

Tale solitudine si riscontra anzitutto al livello della famiglia: i rapporti all'interno della coppia e i rapporti genitori-figli entrano facilmente in crisi e ciascuno ha l'impressione di doversi aggiustare un po' da sé.

Diminuisce la capacità di aggregazione delle grandi agenzie sociali e persino della parrocchia, in particolare per quanto riguarda i giovani. Non pochi movimenti sembrano dare segni di invecchiamento o almeno di non sufficiente ricambio generazionale.

Si frammentano le aggregazioni politiche e i vari tentativi di coalizione soffrono per il riproporsi di individualismi di gruppo. Anche là dove operano con successo e dedizione realtà molteplici di volontariato, si coglie una certa incapacità a lasciarsi coordinare per un'azione più efficace, a entrare "in rete".

Ne consegue un'*autoreferenzialità* che chiude su di sé singoli e gruppi. In questo contesto non stupisce il crescere di una generale indifferenza etica e di una cura spasmodica per i propri interessi e privilegi.

Siamo dentro a un grande movimento di *globalizzazione*, che sembrerebbe corrispondere alla tendenza verso la manifestazione della fraternità e unità del genere umano che nasce dalla rivelazione biblica. Eppure, tale processo di universalizzazione degli scambi di beni, di valori e di persone avviene nel quadro di un neoliberismo e di un neocapitalismo che punisce ed emargina i più deboli e accresce il numero dei poveri e degli affamati della terra.

– La fatica di vivere e interpretare il presente si proietta sull'immagine di *futuro* di ciascuno, che risulta sbiadita e incerta. Del futuro si ha più paura che desiderio. Ne è segno la drammatica diminuzione della natalità, come pure il calo delle vocazioni al sacerdozio e alla vita consacrata. Una metafora di paura del futuro si ha probabilmente nell'accresciuta inclinazione dei giovani a vivere e a divertirsi nella notte. Ci si aggancia all'attimo fuggente dimenticando le incertezze e gli smarrimenti del giorno, evitando di confrontarsi con un oggi e un domani impegnativi (non ci sarà qui anche un richiamo a leggere, nella tradizione cristiana della veglia pasquale e delle altre grandi veglie e adorazioni notturne, una possibilità, finora poco esplorata, di offrire risposte di significato all'inquietudine che qui si esprime?).

Anche quella grande visione di futuro che è espressa nel fenomeno della *mondializzazione* fa prevedere per il domani del mondo piuttosto un'unità di dominio dei più forti e dei più ricchi, un'unità della torre di Babele (Gen 11,1-9), che non un'unità di comunione di beni, un'unità della Pentecoste e della primitiva comunità di Gerusalemme (At 2-4).

Il sabato santo di Maria

Nel venerdì santo, dopo la morte di Gesù, il discepolo Giovanni prese Maria con sé (Gv 19,27), nel suo cuore e nella sua *casa*. Non è facile immaginare ciò che questo vuol dire: si tratta di una casa in Gerusalemme? O di un semplice luogo di appoggio per i pellegrini della Galilea a Gerusalemme in occasione della Pasqua?

Cerco di introdurmi in questa casa dove la Madre di Gesù vive il suo "sabato santo" e di iniziare, col permesso di Giovanni, un *dialogo* con lei. Un dialogo fatto anzitutto di contemplazione del suo modo di vivere questo momento drammatico.

Contemplo Maria: è rimasta in silenzio ai piedi della croce nell'immenso dolore della morte del Figlio e resta nel silenzio dell'attesa senza perdere la fede nel Dio della vita, mentre il corpo del Crocifisso giace nel sepolcro. In questo tempo che sta tra l'oscurità più fitta – «si fece buio su tutta la terra» (Mc 15,33) – e l'aurora del giorno di Pasqua – «di buon mattino, il primo giorno dopo il sabato... al levar del sole» (Mc 16,2) – Maria rivive le grandi coordinate della sua vita: coordinate che risplendono sin dalla scena dell'annunciazione e caratterizzano il suo pellegrinaggio nella fede. Proprio così ella parla al nostro cuore, a noi, pellegrini nel "sabato santo" della storia.

Che cosa ci dici, o Madre del Signore, dall'abisso della tua sofferenza? Che cosa suggerisci ai discepoli smarriti? Mi pare che tu ci sussurri una parola, simile a quella detta un giorno da tuo Figlio: «Se avrete fede pari a un granellino di senapa...» (Mt 17,20).

Che cosa vuoi comunicarci? Tu vorresti che noi, partecipi del tuo dolore, partecipassimo anche della tua consolazione. Tu sai, infatti, che Dio «ci consola in ogni nostra tribolazione perché possiamo anche noi consolare quelli che si trovano in qualsiasi genere di afflizione con la consolazione con cui siamo consolati noi stessi da Dio» (2Cor 1,4).

È la consolazione che ci viene dalla fede. Tu, o Maria, nel sabato santo sei e rimani la *Virgo fidelis*, la Vergine credente, tu porti a compimento la spiritualità di Israele, nutrita di ascolto e di fiducia. Ma come opera la consolazione che viene dalla fede? Essa assume forme diverse e una di queste – di cui c'è tanto bisogno oggi – può essere chiamata la «consolazione della mente». Di che cosa si tratta?

È un dono divino molto semplice, che permette di intuire come in un unico sguardo la ricchezza, la coerenza, l'armonia, la coesione, la bellezza dei contenuti della fede. Un teologo contemporaneo, Hans Urs von Balthasar, la chiamava «percezione della forma» (*Schau der Gestalt*): intuizione del legame che unisce tra loro tutte le verità di salvezza e ne svela la proporzione e il fascino. Di fronte all'evidenza della sofferenza e della morte, che tende a schiacciare il cuore, tale intuizione si pone come una grazia dello Spirito Santo che fa risplendere talmente la «gloria di Dio» da illuminare con la luce della verità anche gli angoli più tenebrosi della storia. È la grazia di percepire la gloria di Dio che si manifesta nell'insieme dei gesti con cui il Padre si dona al mondo nella storia di salvezza e, in particolare, nella vita, morte e risurrezione di Gesù. È il dono di presagire dietro e sotto gli eventi della fede le vestigia del mistero della Trinità.

Si ha la "consolazione della mente" (o "consolazione intellettuale") quando i gesti e le parole riportate nelle Scritture si collegano con altri gesti e parole della rivelazione: chi riceve tale grazia sente che ogni pietruzza del mosaico illumina quelle vicine e si compone con le più lontane in un disegno convincente e sfolgorante. Allora non si rimane più bloccati nella preghiera di fronte all'uno o all'altro dei momenti singoli della storia di salvezza, incapaci di vedere la relazione e il concatenamento di un singolo fatto o parola con tutti gli altri; la mente avverte di essere inondata di luce, il cuore si dilata, la preghiera zampilla come da una fresca sorgente.

È la grazia di visione sintetica e mistica del piano di Dio che a te, o Maria, è stata comunicata dalle parole dell'angelo Gabriele quando riassumeva in tua presenza il destino del figlio di Davide («Sarà grande e chiamato Figlio dell'Altissimo... il suo Regno non avrà fine», Lc 1,32-33). È la grazia di contemplazione unitaria delle costanti dell'agire divino che tu hai cantato nel *Magnificat* (Lc 1,40-55); è l'esercizio del ricordo meditativo dei fatti salvifici che tu, o Maria, hai praticato fin dall'inizio: «Maria, da parte sua, serbava tutte queste cose meditandole nel suo cuore» (Lc 2,19); «Sua madre serbava tutte queste cose nel suo cuore» (Lc 2,51).

Ciascuno di noi, quando riceve questa grazia, anche soltanto qualche accenno di essa, vive qualcosa di simile a ciò che vissero i tre discepoli sul monte della trasfigurazione. Contemplando Gesù con Mosè ed Elia e sentendoli parlare dell'"esodo" di Gesù a Gerusalemme (Lc 9,21), essi intuiscono i profondi legami che intercorrono tra i mille episodi narrati nelle Scritture e colgono la forza di unità che li mette insieme e li porta a compimento nella passione e risurrezione del Signore. È un'apertura degli occhi e del cuore, che dà un senso profondo di appagamento e di pace. Allora anche le ombre e le tragedie di questo mondo si rivelano come attraversate dalla luce di amore, di compassione e di perdono che viene dal cuore del Padre. Si percepisce qualcosa della verità delle beatitudini, il cuore si apre alla speranza di giustizia, alla visione della vittoria dei poveri e degli oppressi di questa terra.

Un santo che ha goduto di questa grazia in maniera straordinaria così la descrive: «Il rimanere con l'intelletto illuminato in tal modo fu così intenso che gli pareva di essere un altro uomo. O che il suo intelletto fosse diverso da quello di prima. Tanto che se fa conto di tutte le cose apprese e di tutte le grazie ricevute da Dio, e le mette insieme, non gli sembra di aver imparato tanto, lungo tutto il corso della sua vita, fino a sessantadue anni compiuti, come in quella volta sola»[3].

Noi non sappiamo, o Maria, da quale tipo di consolazione profonda sei stata sostenuta nel tuo sabato santo. Siamo certi però che colui che ti ha gratificata di tali doni in momenti decisivi della tua esistenza ti ha sostenuto anche in quel giorno, in continuità con tutte le grazie precedenti. La forza dello Spirito, presente in te fin dall'inizio, ti ha sorretto nel momento del buio e dell'apparente sconfitta del tuo Gesù. Tu hai ricevuto il dono di poterti fidare fino in fondo del disegno di Dio e ne hai riconosciuto nel tuo intimo la potenza e la gloria.

[3] Ignazio di Loyola, *Autobiografia*, 30.

Tu ci insegni così a credere anche nelle notti della fede, a celebrare la gloria dell'Altissimo nell'esperienza dell'abbandono, a proclamare il primato di Dio e ad amarlo nei suoi silenzi e nelle apparenti sconfitte. Intercedi per noi, o Madre, perché non ci manchi mai quella consolazione della mente che sostiene la nostra fede e fa sì che da un granello di senapa spunti un albero capace di offrire rifugio agli uccelli del cielo (Mt 13,31-32).

Che cosa ci dici ancora, o Maria, dal silenzio che ti avvolge? Ti sento ripetere, come un sospiro, la parola del tuo Figlio: «Con la vostra perseveranza salverete le vostre anime» (Lc 21,19).

La parola «perseveranza» può essere tradotta anche con «pazienza». La pazienza e la perseveranza sono le virtù di chi attende, di chi ancora non vede eppure continua a sperare: le virtù che ci sostengono di fronte agli «schernitori beffardi, i quali gridano: "Dov'è la promessa della sua venuta? Dal giorno in cui i nostri padri chiusero gli occhi tutto rimane come al principio della creazione"» (2Pt 3,3-4).

Tu, o Maria, hai imparato ad attendere e a sperare. Hai atteso con fiducia la nascita del tuo Figlio proclamata dall'angelo, hai perseverato nel credere alla parola di Gabriele anche nei tempi lunghi in cui non capitava niente, hai sperato contro ogni speranza sotto la croce e fino al sepolcro, hai vissuto il sabato santo infondendo speranza ai discepoli smarriti e delusi. Tu ottieni per loro e per noi la consolazione della speranza, quella che si potrebbe chiamare «consolazione del cuore».

Se la "consolazione della mente" comporta un'illuminazione dell'intelletto e un'"apertura degli occhi" (Lc 24,31), la "consolazione del cuore" (Lc 24,32) – o "consolazione affettiva" – consiste in una grazia che tocca la sensibilità e gli affetti profondi, inclinandoli ad aderire alla promessa di Dio, vincendo l'impazienza e la delusione. Quando il Signore sembra in ritardo nell'adempimento delle sue promesse, questa grazia ci permette di resistere nella speranza e di non venire meno all'attesa. È la «speranza viva» di cui parla Pietro (1Pt 1,3). È la «speranza contro ogni speranza» di cui parla Paolo a proposito di Abramo (Rm 4,18), il quale «per la promessa di Dio non esitò con incredulità, ma si rafforzò nella fede e diede gloria a Dio, pienamente convinto che quanto gli aveva promesso era anche capace di portarlo a compimento» (Rm 4,20-21).

Tu, o Madre della speranza, hai pazientato con pace nel sabato santo e ci insegni a guardare con pazienza e perseveranza a ciò che viviamo in questo sabato della storia, quando molti, anche cristiani, sono tentati di non sperare più nella vita eterna e neppure nel ritorno del Signore. L'impazienza e la fretta caratteristiche della nostra cultura tecnologica ci fanno sentire pesante ogni ritardo nella manifestazione svelata del disegno divino e della vittoria del Risorto. La nostra poca fede nel leggere i segni della presenza di Dio nella storia si traduce in impazienza e fuga, proprio come accadde ai due di Emmaus che, pur messi di fronte ad alcuni segnali del Risorto, non ebbero la forza di aspettare lo sviluppo degli eventi e se ne andarono da Gerusalemme (Lc 24,13ss).

Noi ti preghiamo, o Madre della speranza e della pazienza: chiedi al tuo Figlio che abbia misericordia di noi e ci venga a cercare sulla strada delle nostre fughe e impazienze, come ha fatto con i discepoli di Emmaus. Chiedi che ancora una volta la sua parola riscaldi il nostro cuore (Lc 24,32).

Intercedi per noi affinché viviamo nel tempo con la speranza dell'eternità, con la certezza che il disegno di Dio sul mondo si compirà a suo tempo e noi potremo contemplare con gioia la gloria del Risorto: gloria che già è presente, pur se in maniera velata, nel mistero della storia.

A questo punto, o Maria, azzardo un'ultima domanda: ma che senso ha tanto tuo soffrire? Come puoi rimanere salda mentre gli amici del tuo Figlio fuggono, si disperdono, si nascondono? Come fai a dare significato alla tragedia che stai vivendo? Mi pare che tu risponda di nuovo con le parole del tuo

Figlio: «Se il chicco di grano caduto in terra non muore, rimane solo; se invece muore, produce molto frutto» (Gv 12,24).

Il senso del tuo soffrire, o Maria, è dunque la generazione di un popolo di credenti. Tu nel sabato santo ci stai davanti come madre amorosa che genera i suoi figli a partire dalla croce, intuendo che né il tuo sacrificio né quello del Figlio sono vani. Se lui ci ha amato e ha dato se stesso per noi (Gal 2,20), se il Padre non lo ha risparmiato, ma lo ha consegnato per tutti noi (Rm 8,32), tu hai unito il tuo cuore materno all'infinita carità di Dio con la certezza della sua fecondità. Ne è nato un popolo, «una moltitudine immensa... di ogni nazione, razza, popolo e lingua» (Ap 7,9); il discepolo prediletto che ti è stato affidato ai piedi della croce («Donna, ecco tuo figlio», Gv 19,26) è il simbolo di questa moltitudine.

La consolazione con la quale Dio ti ha sostenuto nel sabato santo, nell'assenza di Gesù e nella dispersione dei suoi discepoli, è una forza interiore di cui non è necessario essere coscienti, ma la cui presenza ed efficacia si misura dai frutti, dalla fecondità spirituale. E noi, qui e ora, o Maria, siamo i figli della tua sofferenza.

La percezione di una forza che ci ha accompagnato in momenti duri, anche quando non la sentivamo e ci sembrava di non possederla, è un'esperienza vissuta da tutti noi. Ci pare, a volte, di essere abbandonati da Dio e dagli uomini. Però, rileggendo in seguito gli eventi, ci accorgiamo che il Signore aveva continuato a camminare con noi, anzi a portarci sulle sue braccia. Ci succede un po' come a Mosè sul monte Oreb: egli riuscì a vedere qualcosa della gloria di Dio, che desiderava tanto contemplare («Mostrami la tua gloria!», Es 33,18) solo quando era già passata (Es 33,19-22).

Una tale consolazione opera in noi e ci sostiene efficacemente, pur senza una consapevole illuminazione della mente e una percepita mozione degli affetti del cuore; essa opera dandoci la forza di resistere nella prova quando tutto intorno è oscurità. La chiamo «consolazione sostanziale», perché tocca il fondo e la sostanza dell'anima, ben al di sotto di tutti i moti superficiali e consci; oppure «consolazione della vita», perché i suoi effetti si esprimono nella quotidianità permettendoci di stare in piedi nei momenti più duri («resistere nel giorno malvagio», Ef 6,13), quando la mente sembra avvolta dalla nebbia e il cuore appare stanco.

Tu conosci, o Maria, probabilmente per esperienza personale, come il buio del sabato santo possa talora penetrare fino in fondo all'anima, pur nella completa dedizione della volontà al disegno di Dio. Tu ci ottieni sempre, o Maria, questa consolazione che sostiene lo spirito senza che ne abbiamo coscienza, e ci darai, a suo tempo, di vedere i frutti del nostro "tener duro", intercedendo per la nostra fecondità spirituale. Non ci si pente mai di aver continuato a voler bene! Ci accorgeremo allora di aver vissuto un'esperienza simile a quella di Paolo, che scriveva ai Corinti: «In noi opera la morte, ma in voi la vita» (2Cor 4,12).

Tu, o Maria, sei madre del dolore, tu sei colei che non cessa di amare Dio nonostante la sua apparente assenza, e in lui non si stanca di amare i suoi figli, custodendoli nel silenzio dell'attesa. Nel tuo sabato santo, o Maria, sei l'icona della Chiesa dell'amore, sostenuta dalla fede più forte della morte e viva nella carità che supera ogni abbandono. O Maria, ottienici quella consolazione profonda che ci permette di amare anche nella notte della fede e della speranza e quando ci sembra di non vedere neppure più il volto del fratello!

Tu, o Maria, ci insegni che l'apostolato, la proclamazione del Vangelo, il servizio pastorale, l'impegno di educare alla fede, di generare un popolo di credenti, ha un prezzo, si paga "a caro prezzo". È così che Gesù ci ha acquistati: «Voi sapete che non a prezzo di cose corruttibili, come l'argento e l'oro, foste liberati dalla vostra vuota condotta ereditata dai vostri padri, ma con il sangue prezioso di Cristo» (1Pt 1,18-19). Donaci quell'intima consolazione della vita che accetta di pagare volentieri, in unione col cuore di Cristo, questo prezzo della salvezza. Fa' che il nostro piccolo seme accetti di morire per portare molto frutto!

Verso l'ottavo giorno, nel sabato del tempo

Nella prima parte vi ho proposto di riconoscerci nel disorientamento vissuto dai discepoli il giorno seguente la morte di Gesù. Nella seconda ho voluto contemplare con voi la fede, la speranza e la carità della Madonna del sabato santo. In questa parte finale vorrei mettere insieme i due momenti precedenti per farli interagire e cercare di comprendere come la luce della testimonianza di Maria e le consolazioni che ci ottiene dal suo Figlio illuminino le nostre insicurezze e orientino il nostro cammino.

Se l'incontro con i discepoli spaventati e tristi ci ha permesso di riconoscere la realtà delle nostre paure, delle tristezze che avvertiamo in noi e attorno a noi e delle nostre colpe, la fede, la speranza e la carità di Maria possono aiutarci a comprendere che il tempo – anche il nostro tempo – è come un unico, grande "sabato", in cui viviamo fra il "già" della prima venuta del Signore e il "non ancora" del suo ritorno, come pellegrini verso l'"ottavo giorno", la domenica senza tramonto che lui stesso verrà a dischiudere alla fine dei tempi.

I discepoli del sabato santo portano in sé la memoria di quanto hanno vissuto col Maestro. Ma si tratta di un ricordo carico di nostalgia e fonte di tristezza, perché quanto era stato sperato e atteso con lui e per lui appare irrimediabilmente perduto.

Noi pure portiamo impresse le orme di un'insopprimibile memoria cristiana: basta pensare alla nostra cultura segnata dai grandi valori della tradizione biblica, a cominciare dall'idea di "persona" e dal senso del "tempo", inteso quale storia orientata verso un compimento promesso e atteso. I nostri spazi vitali sono pieni delle tracce di questa memoria: dalle opere d'arte, tanto spesso a soggetto religioso, alle nostre chiese, al Duomo, simbolo non solo della Chiesa locale, ma della stessa identità civile ambrosiana.

Come per i discepoli in cammino verso Emmaus, ancora totalmente immersi nel loro sabato santo, la memoria di tali radici potrebbe essere per noi semplice oggetto di nostalgia e forse un po' di tristezza: una memoria quindi inoperosa, incapace di suscitare slanci e nuove imprese ricche di generosità e di passione.

La Madonna del sabato santo vive invece la memoria quale luogo di profezia: ricorda per sperare, rivisita il passato per aprirsi al futuro, nella certezza che Dio è fedele alle sue promesse e quanto ha operato in lei per la nascita del Figlio eterno nel tempo, lo opererà analogamente per la rinascita di lui e dei suoi fratelli dalla morte alla vita senza tramonto. Maria «serbava tutte queste cose meditandole nel suo cuore» (Lc 2,51). Ella, che ben merita la lode evangelica «Donna, davvero grande è la tua fede» (Mt 15,28), sa coniugare il passato delle meraviglie del Signore col futuro che lui solo sa suscitare. Il suo cantico di lode, il *Magnificat,* esprime al passato («*ha spiegato* la potenza del suo braccio», Lc 1,51) le sue certezze per il futuro.

La Madonna del sabato santo ci insegna a ricuperare la memoria non solo come elemento di tradizione, bensì anche, e fortemente, come stimolo al progresso. Dovremmo chiederci alla scuola della sua fede ricca di speranza: in che maniera valorizzare, aggiornandole al presente, le grandi tradizioni del passato della Chiesa?

Penso al patrimonio di arte delle nostre chiese e mi interrogo su come potrebbe divenire mezzo di annuncio in un mondo che tanto sente il bisogno della bellezza che salva. Penso – per limitarmi a un altro significativo esempio – alla ricchissima tradizione degli oratori, giusto vanto della nostra storia di fede, e mi domando in che modo potrebbero sempre più corrispondere alle inquietudini e alle sfide delle giovani generazioni, in cerca di alternative alla monotonia dei doveri del giorno in notti dilatate, riempite dai suoni forti delle discoteche, con gesti e segni illusori e sovente indecifrabili agli adulti.

E penso in maniera del tutto speciale a quel luogo privilegiato della memoria dei *mirabilia Dei,* delle opere mirabili di Dio, che è la sacra Scrittura. La grazia di una "consolazione della mente", che aiuti a leggere il senso globale degli eventi di questo mondo, è in stretta relazione con la lettura orante della Bibbia, con la *lectio divina*. Chi è fedele alla lettura delle Scritture in atteggiamento di fede riceve dallo Spirito Santo il dono di passare con gioia e fiducia attraverso gli enigmi della storia, cogliendo in tutto il manifestarsi del piano di Dio per la salvezza dell'uomo.

Il sabato santo è vissuto dai discepoli nella paura e nel timore del peggio, perché il futuro sembra riservare loro sconfitte e umiliazioni crescenti. Maria però vive un'attesa fiduciosa e paziente; ella sa che le promesse di Dio si avvereranno. Anche nel sabato del tempo in cui ci troviamo è necessario riscoprire l'importanza dell'attesa; l'assenza di speranza è forse la malattia mortale delle coscienze nell'epoca segnata dalla fine dei sogni ideologici e delle aspirazioni a essi connesse. All'indifferenza e alla frustrazione, alla concentrazione sul puro godimento dell'attimo presente, senza attese di futuro, può opporsi come antidoto soltanto la speranza. Non quella fondata su calcoli, previsione e statistiche, ma la speranza che ha il suo unico fondamento nella promessa di Dio.

Di nuovo, la Madonna del sabato santo getta luce sul compito che ci aspetta e che ci è reso possibile dal dono dello Spirito del Risorto, il quale ci tocca interiormente con la "consolazione del cuore". Si tratta di irradiare attorno a noi, con gli atti semplici della vita quotidiana – senza forzature – la gioia interiore e la pace, frutti della consolazione dello Spirito. Credere in Cristo, morto e risorto per noi, significa essere testimoni di speranza con la parola e con la vita.

Con la parola. Non dobbiamo temere di toccare i grandi temi oggetto della speranza ultima, troppo spesso rimossi dal nostro linguaggio: la vita terrena e l'insieme dei novissimi che a esse si connettono (morte, giudizio, inferno, purgatorio e paradiso).

Con la vita. Siamo chiamati a dare segni credibili e inequivocabili della luce che i valori ultimi gettano sui valori penultimi, facendo scelte di vita sobrie, povere, caste, ispirate all'umiltà e alla pazienza di Cristo. Sono tali scelte, sempre più ampiamente condivise, che imprimono alla tendenza generale verso la globalizzazione i correttivi necessari per fare di tali processi non una radice mortifera di esclusione e di emarginazione dei sempre più poveri, ma una sorgente di inclusione progressiva di tutti nella partecipazione solidale allo scambio dei beni prodotti. Anche qui ci è modello e aiuto la «donna forte» (Pr 31,10) del sabato santo, che ha dimostrato di saper sperare contro ogni speranza e di credere nell'impossibile possibilità di Dio al di là di ogni evidenza della sua sconfitta.

Il sabato santo è per i discepoli l'esperienza di un presente gravido di tensioni ed essi lo vivono avvertendo soprattutto la grande solitudine in cui li ha lasciati la morte di Gesù, di colui che era la roccia della loro comunione.

Non è difficile riconoscere che tale esperienza di *solitudine* serpeggia fra i cristiani odierni. Può essere colta anzitutto a livello *personale*, là dove si sperimentano le lacerazioni del cuore di fronte all'assenza di futuro, alla mancanza di senso, all'incapacità di dialogo. Penso poi ai processi di frammentazione che attraversano tante volte la vita *familiare,* come pure alle difficoltà di aggregazione vissute nelle *comunità* parrocchiali e negli stessi movimenti e associazioni, fino alla frantumazione della *vita politica*, segnata dallo scollamento fra rappresentanza e rappresentatività (i rappresentanti eletti dal popolo non ne rappresentano spesso i reali bisogni e interessi) e – all'interno del mondo cattolico – dalla diaspora seguita alla fine dell'unità politica dei cattolici.

Maria riesce a custodire non solo la memoria della *comunione*, ma anche la *carità*, per viverla nel presente. Sta con i discepoli, li conforta, li rimette insieme, li incoraggia facendo loro gustare i frutti della "consolazione della vita" che genera comunione; nel tempo del silenzio di Dio e dell'apparente sconfitta dell'amore crocifisso è elemento di coesione, testimone di compassionevole amore e di prossimità operosa; nel Cenacolo si dispone, già piena di Spirito Santo, a ricevere con i discepoli il dono del nuovo inizio reso possibile dalla risurrezione di Gesù.

Alla scuola di Maria non possiamo non chiederci come vivere la nostra condizione presente nella luce che il Risorto getta sul sabato del tempo in cui ci troviamo. Infatti nel «cammino-pellegrinaggio ecclesiale attraverso lo spazio e il tempo, e ancora più attraverso la storia delle anime, Maria è presente».[4]

A livello di *esistenza personale* la scuola di Maria può aiutare a vincere la tentazione dell'angoscia per giocare la propria vita con slancio e fiducia davanti all'Eterno: si tratta di riscoprire la vita stessa come vocazione, cui corrispondere nella fede in Dio e nella fedeltà che la sua fedeltà rende possibile. È soltanto in questa prospettiva che il discernimento vocazionale, così necessario ai singoli e alle urgenze della comunità, trova il suo ambiente adeguato. È aprendosi nella preghiera, con la Madonna, alla grazia della "consolazione della vita" che è possibile perseverare ed essere fedeli fino alla morte alla parola data nel consacrarsi a Dio.

Riguardo alla *comunione familiare* mi sembra che la luce della carità di Maria richieda di ritrovare e sempre più evangelizzare – a tempo e fuori tempo – la carità coniugale e in famiglia, quale soffio ispiratore capace di motivare sia la risposta alla vocazione matrimoniale sia la fedeltà, ogni giorno nuova, all'alleanza sancita nel sacramento nuziale. Senza un amore di gratuità, nutrito alle sorgenti della grazia, è impossibile poter vivere in continuità il dono reciproco che la vita di coppia esige e spendersi con sacrificio personale perché la vita della famiglia venga vissuta come luogo di libertà, di crescita, di verità. La sfida della crisi dei rapporti coniugali e parentali non può essere affrontata e superata che mediante il ripetuto reciproco perdono e la sollecitudine della carità ispirata dal Vangelo.

Analogamente, la *comunione nella vita ecclesiale* – a tutti i livelli, dalla parrocchia alla diocesi, dai movimenti alle associazioni – richiede il sussulto della carità della Madonna del

[4] Giovanni Paolo II, *Redemptoris mater*, 25.

sabato santo: dobbiamo accoglierci e perdonarci tutti sull'esempio del Signore. Papa Giovanni Paolo II ce ne ha data una straordinaria testimonianza con le richieste di perdono a nome di tutta la Chiesa e con il perdono offerto personalmente al suo attentatore.

Occorre esercitare il *dialogo* fra noi e con tutti. Penso al bisogno di incessante slancio propositivo e operativo nella vita degli organismi collegiali parrocchiali e diocesiani, dove la presenza di operatori pastorali laici sempre meglio animati, sostenuti e formati, sarà determinante. Penso – nell'ottica della *Chiesa universale* di cui non possiamo non sentirci parte viva – all'urgenza di affrontare e risolvere insieme a livello veramente cattolico le grandi sfide della vita di oggi, tanto a livello mondiale, quanto più specificamente nella nostra società europea (in tale senso si muoveva il terzo «sogno» di cui ho parlato nel mio intervento al Sinodo europeo). Penso alla promozione del *dialogo ecumenico* – la *Dichiarazione di Augsburg* sulla giustificazione fra cattolici e luterani ne è frutto prezioso –; penso al *dialogo interreligioso* che sempre più appare come un'urgenza ineludibile, non semplicemente a motivo della presenza crescente fra noi di immigrati appartenenti a mondi religiosi diversi dal nostro, ma anche per la responsabilità che i credenti in Dio di tutte le fedi hanno di rendere insieme testimonianza del suo primato sulla vita e sulla storia, contribuendo così a fondare un comportamento condiviso, eticamente responsabile verso gli altri.

Il dialogo e la carità che deve ispirarlo sono un'urgenza pure nel rapporto fra *società civile e rappresentanti politici:* ce lo ha ricordato la *Settimana sociale dei cattolici italiani*, celebrata a Napoli, che ha focalizzato il rapporto necessario, nella dovuta distinzione, fra mediazione politica, istituzioni e società civile nel Paese. Se nel passato ha prevalso una logica passiva della delega, oggi assistiamo spesso a un preoccupante scollamento fra politica e vita ecclesiale, fra etica e servizio pubblico, fra interessi personali e interessi collettivi. Anche nel "sabato della politica" è necessario far risplendere qualche raggio della domenica di risurrezione. Bisognerà educare tanto all'esercizio della carità politica, quanto al dialogo fra le aggregazioni – che formano il tessuto della società civile e sono spesso espressioni della comunità ecclesiale – e coloro che si impegnano nella mediazione politica o vengono chiamati al servizio del bene comune nelle istituzioni.

Infine, nel rapporto fra *l'uomo e il creato* occorre discernere e percorrere vie di riconciliazione: la lacerazione della persona in se stessa e nei suoi rapporti si riflette nello squilibrio con cui è spesso vissuta la relazione fra storia e natura. La crisi ecologica consiste esattamente nello squilibrio indotto fra i ritmi dei tempi biologici e i tempi imposti dall'uomo: questi – con i mezzi tecnologici e scientifici di cui oggi dispone – può modificare, in maniera rapida e irreversibile, ciò che la natura ha prodotto in millenni e spesso in milioni di anni. Un uso sobrio delle possibilità della tecnica si rivela sempre più urgente e necessario per tutti nel crescente processo di globalizzazione: anche qui la coscienza di essere nel sabato del tempo e non nel giorno del compimento deve indurci a scelte equilibrate, in cui il sapere e il potere si rivelino capaci di automoderazione in vista della crescita della qualità della vita di tutti e per tutti.

Confido, per questi cammini, nella capacità propositiva ed esemplare dei nostri giovani che sanno guardare all'esempio di Maria e che vorrei come chiamare a raccolta perché si assumano in questo contesto le loro responsabilità per il futuro.

Siamo dunque nel sabato del tempo, incamminati verso l'ottavo giorno: fra "già" e "non ancora" dobbiamo evitare di assolutizzare l'oggi, con atteggiamenti di trionfalismo o, al contrario, di disfattismo. Non possiamo fermarci al buio del venerdì santo, in una sorta di "cristianesimo senza redenzione"; non possiamo neanche affrettare la piena rivelazione della vittoria di Pasqua in noi, che si compirà nel secondo avvento del Figlio dell'uomo.

Siamo invitati a vivere come pellegrini nella notte rischiarata dalla speranza della fede e riscaldata dall'autenticità dell'amore: l'anno giubilare è, in questo senso, una nuova aurora che, fra la rinnovata memoria delle meraviglie di Dio e l'attesa del loro definitivo compimento, nutre l'impegno, rinnova lo slancio, ci fa sentire custoditi nel seno del Padre, insieme con Cristo (Col 3,3), con Maria, come Maria, nel sabato santo della sua fede ricca di carità.

Allora, il sabato del tempo apparirà ai nostri occhi come già segnato dai colori dell'alba promessa, e la pallida luce dei giorni che passano si illuminerà dei primi raggi del giorno che non passa, l'ottavo e l'ultimo, il primo della vita eterna di tutti i risorti nel Risorto.

Ogni anno la celebrazione del Triduo pasquale ci accompagna e ci illumina in questo percorso di memoria. Nella ricchezza delle parole e dei gesti, esso orienta ogni volta la Chiesa a leggere se stessa nel quadro dell'intero piano di salvezza, a capire in quale direzione orientarsi, quale futuro prefigurare [...].

27

LA VEGLIA PASQUALE

Il mistero della risurrezione

Dopo aver accompagnato Gesù nel venerdì santo verso la passione e la morte, anticipate nell'eucaristia del giovedì santo, e dopo aver sostato in silenziosa meditazione nel sabato santo, ci troviamo riuniti per celebrare con emozione la santa veglia pasquale, madre di tutte le veglie.

Questa veglia ci richiama quella della notte di Natale. Quella notte, abbiamo vegliato in questo Duomo in attesa dell'annuncio dell'angelo che diceva: «Vi è nato Gesù, il Salvatore». Questa notte siamo venuti di nuovo qui a vegliare nell'attesa dell'altro strepitoso annuncio dell'angelo, che io ho ripetuto poco fa e che porta a compimento quello di Betlemme: «Gesù, il crocifisso, è risorto!».

La Chiesa sa quanto spesso ci sentiamo distanti, distratti e confusi di fronte al mistero della risurrezione del Signore. Perciò ha voluto prepararci con tutta la Quaresima e in particolare con la veglia di questa notte: con la benedizione del fuoco e il rito della luce, con il canto del preconio e con le nove letture sacre ci fa esultare per le meraviglie compiute da Dio. Esse hanno richiamato alla memoria la lunga strada di Dio che, dalla creazione del mondo, attraverso tutti gli eventi della storia della salvezza, ha camminato col suo popolo per realizzare il disegno di fare di tutti una cosa sola in Cristo risorto.

Alla luce di questo disegno comprendiamo il perché della creazione, del sacrificio di Abramo, dell'esodo dall'Egitto, del passaggio del mar Rosso; comprendiamo il significato delle antiche parole profetiche. Ogni evento, ogni fatto, ogni parola tendeva a esprimere l'amore misericordioso di Dio per l'umanità, il suo desiderio di far partecipare ciascuno di noi alla vita del Figlio, di farci passare dalla notte e dall'oscurità della morte alla luce della vita.

Era notte fonda quando Abramo salì sul monte per sacrificare il figlio Isacco; era notte quando veniva sacrificato l'agnello pasquale e passava l'angelo sterminatore; era notte profonda nel cuore degli ebrei quando gli egiziani li inseguivano ed essi temevano di essere uccisi; era notte fonda nel sepolcro di Cristo, ma Dio vegliava e, dall'oscurità, si accese improvvisamente la luce; ha brillato nel mondo la stella del mattino, più radiosa e più splendente del sole.

Tutte le nove letture, dal Primo e dal Nuovo Testamento, si riferiscono dunque all'unico, centrale annuncio della risurrezione. I Padri della Chiesa affermano che in Cristo risorto «le cose divise si riuniscono e le discordanti si placano» e «la misericordia divina raduna, da ogni luogo, i frammenti, li fonde nel fuoco del suo amore e ricostituisce la loro unità infranta».

Anche intorno a noi c'è tanto buio, c'è la notte della violenza, dell'egoismo, della sopraffazione, ma in questa veglia la notte viene sconfitta dalla luce del Risorto ed è data a ogni creatura la possibilità di essere inondata di questa luce.

Questa inondazione di luce è fonte di gioia. Noi ci siamo riuniti anche nel desiderio di sperimentare la gioia vissuta dai primi discepoli per l'evento della risurrezione, la gioia propria dei cristiani nel corso di generazioni e generazioni, la gioia dei santi e dei martiri, la gioia sorgiva della nuova creazione scaturita dal Risorto, per condividerla reciprocamente e augurarla a ogni uomo e donna della terra.

Gesù, figlio di Dio vivente, illumina questa nostra veglia pasquale, e colmaci di quella gioia che solo tu, nostra speranza, puoi donarci vincendo ogni nostra amarezza e pianto!

Il Crocifisso è risorto

Mi soffermo ora sulla pagina del Vangelo di Matteo (28,1-10). L'annuncio pasquale si apre con una teofania che richiama le manifestazioni di Dio nella prima alleanza: c'è un grande terremoto e c'è un angelo del Signore, sceso dal cielo, che rotola la pietra e si siede su di essa.

Maria di Magdala e l'altra Maria si erano recate al sepolcro per ungere di profumi il corpo del loro Maestro, che amavano immensamente. Per questo possono percepire il messaggio umanamente incredibile dell'angelo: «Non abbiate paura, voi» che lo amate; non è qui, non è visibile, afferrabile, determinabile nel tempo e nello spazio. «È risorto come aveva detto» e se volete incontrarlo andate in Galilea dove tutto è cominciato, iniziate a immettere la vita nuova nella realtà di ogni giorno.

E l'evangelista annota al v. 8: «Abbandonato in fretta il sepolcro, le due donne, con timore e *gioia grande*, corsero a dare l'annuncio ai discepoli».

Al posto del vuoto della tomba viene donata loro la grande gioia del Vangelo, e si assumono la missione di trasmettere la buona notizia. Esse sono il primo modello per vivere da cristiani l'esperienza della risurrezione di Gesù.

La nostra risurrezione

O Gesù, tu sei qui adesso, in mezzo a noi, sei risorto per costruire un mondo nuovo, la società dell'amore, malgrado le resistenze e le opposizioni del male e della violenza. Donaci di essere sempre più uomini e donne della risurrezione; come le donne del Vangelo che trasaliscono di gioia, di camminare non verso il sepolcro, ma verso la vita e di proclamare a tutti i nostri fratelli: il Crocifisso è risorto, e noi siamo per sempre liberati dai peccati, dall'angoscia, dalla paura, dall'egoismo; facci capire che sei tu la vera gioia!

La risurrezione di Cristo è davvero l'unica realtà che conta e dà senso alla nostra esistenza. Come canta il preconio: «Con la morte e la risurrezione tutto ci è stato donato, perché l'umiliazione di un Dio ci insegni la mitezza di cuore e la glorificazione di un uomo ci offra una grande speranza».

Lo Spirito Santo ci spinge ad aderire con amore al grido della risurrezione, lo Spirito che è dono prezioso del Risorto e che questa notte ci è dato in abbondanza.

La fede nella risurrezione si basa sulla testimonianza di coloro che ne sono stati partecipi, delle donne che scoprono la tomba vuota e ascoltano l'annuncio dell'angelo, degli apostoli che videro il Signore vivo, ma si basa anche sulla testimonianza interiore dello Spirito.

Lo Spirito si rende presente e operante anche questa notte, non solo nei nostri cuori, ma anche nei cuori dei quattro catecumeni che tra poco, nella liturgia battesimale, rinasceranno dall'acqua e dallo Spirito che li immerge nella morte e nella risurrezione di Gesù. Perciò la liturgia battesimale è parte integrante della santa veglia. Essa ci fa prendere coscienza che ogni uomo e donna battezzati entrano nella morte di Cristo e con lui risorgono, grazie alla potenza della vita nuova che zampilla per l'eternità, una vita senza peccato e senza paura della morte. È questa l'esperienza della gioia profonda che nasce dalla risurrezione.

Tutti noi rinnoveremo le promesse battesimali con la rinuncia a Satana e la professione di fede: rinuncia a quanto è in noi collegato alla morte, al desiderio di soddisfare noi stessi, al disimpegno, al disfattismo; fede proclamata non solo a parole e vissuta nell'intimo del cuore, bensì espressa nelle realtà della vita, a confronto con le sfide della storia, e in scelte quotidiane evangeliche.

Chiediamo alla Madonna, che per prima ha cantato la gioia del suo Figlio risorto, di aprirci ad accogliere Gesù con la sua parola e la sua vita nei sacramenti pasquali, in questa eucaristia; di lasciarci sospingere dal fuoco dello Spirito che ci svela il vero senso di Dio e della nostra vocazione cristiana nel mirabile evento della risurrezione di Cristo.

28

LA PASQUA DI GESÙ

La rivelazione dell'amore del Padre

L'uomo pienamente aperto al mistero di Dio trova in Gesù la Parola vivente del Padre, colui nel quale Dio ha rivelato pienamente il proprio amore per l'umanità: «Allora quel discepolo, che Gesù amava, disse: È il Signore!» (Gv 21,7). Questa pienezza di rivelazione raggiunge il suo culmine nella Pasqua [...].

Talvolta ci limitiamo a collegare l'eucaristia con la Pasqua in maniera generica e ci accontentiamo di spiegare l'efficacia della Pasqua affermando che essa ha una potenza salvifica infinita, perché è un gesto di Dio stesso. Ma non dobbiamo dimenticare che questo gesto di Dio si compie in Gesù di Nazaret. Ha quindi una struttura umana che deve essere compresa, se poi vogliamo comprendere la sua riattualizzazione nell'eucaristia.

Nel sacrificio pasquale Gesù vive in modo pieno la sua obbedienza al Padre e la sua partecipazione alla vicenda degli uomini, perché affronta lo scontro definitivo, mortale con il peccato del mondo.

Anziché lasciarsi attrarre dalla spirale dell'odio e della violenza, Gesù vive la vicenda della morte in croce lasciandosi attrarre dall'amore del Padre, con il quale egli, nelle profondità del suo essere, è una cosa sola. Egli obbedisce, ama, perdona, prega, spera, mentre sperimenta fino in fondo, con un dolore mortale, che cosa significa, da un lato, essere pienamente partecipe dell'amore di Dio per l'uomo e, dall'altro, essere solidale con un uomo che è peccatore e separato da Dio.

Nel medesimo tempo, l'amore umano di Gesù è l'attuazione perfetta dell'amore dell'uomo verso Dio. È un amore che non viene meno, anzi si intensifica, si arricchisce di confidenza, di obbedienza, di dedizione, proprio attraverso la sofferenza e la morte.

Dice la Lettera agli Ebrei: «Benché fosse il Figlio di Dio, tuttavia imparò l'obbedienza da quel che dovette patire. Dopo essere stato reso perfetto, egli è diventato causa di salvezza eterna per tutti quelli che gli obbediscono» (5,8-9).

L'affidamento dell'uomo a Dio

Nella Pasqua Gesù, da un lato, rivela il mistero dell'amore di Dio per l'uomo; dall'altro, celebra e attua nel modo umanamente più perfetto l'amore, l'obbedienza, l'affidamento dell'uomo a Dio. L'aspetto singolare, eccezionale, unico del sacrificio pasquale è che la rivelazione e la celebrazione-attuazione sono una sola cosa, così come nell'essere di Gesù, Dio e l'uomo, pur rimanendo distinti, diventano una sola cosa.

La Pasqua di Gesù, proprio perché è quella manifestazione-celebrazione dell'amore di Dio ora descritta, tende a raggiungere ogni uomo, sia per manifestargli l'amore di Dio, per annunciargli che il suo peccato è perdonato, per dargli speranza di vita e di gioia oltre la sofferenza e la morte, sia per attrarre ogni uomo nello stesso movimento di celebrazione del mistero, di adorazione di Dio, di conformazione alla volontà del Padre che ha animato tutta la vita di Gesù suggellata nella Pasqua.

L'eucaristia è appunto la modalità istituita da Gesù nell'ultima cena per attuare questa intrinseca intenzione salvifica della Pasqua.

La singolarità dell'eucaristia

«Allora Gesù si avvicinò, prese il pane e lo diede a loro» (Gv 21, 18). Questa comunione di mensa tra Gesù e i suoi, anche se non è un'eucaristia propriamente detta, riprende il vocabolario eucaristico del Nuovo Testamento e ci invita a riflettere sulla cena e sull'eucaristia.

L'eucaristia, così come è accolta nella fede della Chiesa, presenta un aspetto sorprendente, che sconvolge l'intelligenza e commuove il cuore. Siamo di fronte a uno di quei gesti abissali dell'amore di Dio, davanti ai quali l'unico atteggiamento possibile all'uomo è una resa adorante piena di sconfinata gratitudine.

L'eucaristia non è solo la modalità voluta da Gesù per rendere perennemente presente l'efficacia salvifica della Pasqua. In essa non è presente soltanto la volontà di Gesù che istituisce un gesto di salvezza; in essa è presente semplicemente (ma quali misteri in questa semplicità!) Gesù stesso.

Nell'eucaristia Gesù dona a noi se stesso. Solo lui può lasciare in dono a noi se stesso, perché solo lui è una cosa sola con l'amore infinito di Dio, che può fare ogni cosa.

Certo, occorre badare anche agli strumenti umani, di cui Gesù si serve. Poiché la Pasqua rivela e insieme celebra l'amore di Dio che attrae l'uomo a sé, troviamo plausibile che Gesù nell'ultima cena abbia valorizzato la tensione alla comunione con Dio espressa nel gesto del mangiare insieme e soprattutto abbia fatto riferimento al valore commemorativo dell'alleanza, che era proprio della liturgia pasquale veterotestamentaria. È quindi normale e doveroso che la Chiesa, nel configurare concretamente la liturgia eucaristica, abbia assunto nel passato e debba assumere e aggiornare continuamente le espressioni celebrative provenienti dalla nativa ritualità umana e dalla liturgia veterotestamentaria.

Ma tutto questo è percorso e oltrepassato da una novità assoluta: è tale la forza di camminare manifestata e attuata nel sacrificio della croce, che essa rende presente nell'eucaristia il Cristo stesso nell'atto di donarsi al Padre e agli uomini per restare sempre con loro.

Gesù, che già in molti modi attrae a sé la Chiesa con la forza del suo Spirito e della sua Parola, suscita nella Chiesa la volontà di obbedire al suo comando: «Fate questo in memoria di me» (Lc 22,19).

E quando la Chiesa, nell'umiltà e nella semplicità della sua fede, obbedisce a questo comando, Gesù, con la potenza del suo Spirito e della sua Parola, porta l'attrazione della Chiesa a sé al livello di una comunione così intensa, da diventare vera e reale presenza di lui stesso alla Chiesa: il pane e il vino diventano realmente, per quella misteriosa trasformazione che è chiamata *transustanziazione*, il corpo dato e il sangue versato sulla croce; nei segni conviviali del mangiare, bere, festeggiare si attua la reale comunione dei credenti col Signore; le funzioni sacerdotali si svolgono non per designazione o delega umana, ma per una reale assunzione dei ministri umani nel sacerdozio di Cristo, secondo le modalità stabilite da Cristo stesso.

L'eucaristia si presenta così come la maniera sacramentale con cui il sacrificio pasquale di Gesù si rende perennemente presente nella storia, dischiudendo a ogni uomo l'accesso alla viva e reale presenza del Signore.

Si tratta di prodigi che fioriscono su quel prodigio di inesauribile amore, che è il mistero pasquale. D'altra parte si potrebbe dire che si tratta della cosa più semplice: Dio, nell'eucaristia di Gesù, prende sul serio la propria volontà di alleanza, cioè la decisione di stare realmente con gli uomini, di accoglierli come figli, di attrarli nell'intimità della sua vita.

29

IL GIORNO DELLA NASCITA IN DIO

Vita e morte nella luce del Risorto

Il Dio che ha fatto suoi il tempo e la morte, ha dato a noi la sua vita, nel tempo e per l'eternità. La Pasqua del Signore rivela la solidarietà del Dio vivente alla nostra condizione di abitatori del tempo, e insieme ci dà la garanzia di essere chiamati a divenire gli abitatori dell'eternità. Nella risurrezione di Cristo ci è promessa la vita, così come nella sua morte ci era assicurata la vicinanza fedele di Dio al dolore e alla morte. La Pasqua è l'evento divino nel quale ci è rivelata e promessa la destinazione del tempo al suo felice compimento nella comunione in Dio.

Lo spazio temporale che sta tra l'ascensione e il ritorno di Cristo nella gloria appare così come un estendersi del mistero pasquale all'intera vicenda umana: nella sofferenza e nella morte, che ancora caratterizzano la nostra storia, si fa presente la sofferenza della croce, perché la vita del Risorto sia pregustata da chi con Cristo percorre il suo esodo pasquale. L'intera vita del cristiano è un pellegrinaggio di morte e risurrezione continua, vissute con Cristo e in Cristo nello Spirito, portando anzi Cristo in noi, «speranza della gloria».

Vigilare è accettare il continuo morire e risorgere quale legge della vita cristiana; le condizioni della vigilanza evangelica non sono dunque la stasi o la nostalgia, bensì la perenne novità di vita e l'alleanza celebrata sempre nuovamente col Signore Gesù che è venuto e che viene.

Nella luce dell'evento pasquale si coglie allora il pieno significato cristiano della *morte fisica,* ultima vicenda visibile della nostra esistenza. La morte è evento pasquale, segnato contemporaneamente dall'abbandono e dalla comunione col Crocifisso risorto. Come Gesù abbandonato sulla croce, ogni morente sperimenta la solitudine dell'istante supremo e la lacerazione dolorosa; si muore soli! Tuttavia, come Gesù, chi muore in Dio si sa accolto dalle braccia del Padre che, nello Spirito, colma l'abisso della distanza e fa nascere l'eterna comunione della vita. Perciò, per la grande tradizione cristiana la morte è *dies natalis*, giorno della nascita in Dio, dell'uscire dal grembo oscuro della Trinità creatrice e redentrice per contemplare svelatamente il volto di Dio, in unione col Figlio, nel vincolo dello Spirito Santo.

Il "dopo" nella luce della Pasqua

Tutto ciò che segue alla morte viene letto dalla fede nella luce dell'evento pasquale di Gesù.

Il *giudizio* è l'incontro con lui che raggiunge la persona col suo sguardo penetrante e creatore e la porta alla piena conoscenza della verità su se stessa davanti all'eterna verità di Dio. La sua vigilante anticipazione avviene nel confronto della coscienza con la Parola, nella celebrazione del sacramento, in particolare della riconciliazione, nell'incontro con il fratello bisognoso di aiuto.

L'*inferno* è la condizione insopportabilmente dolorosa della separazione da Cristo, dell'esclusione eterna dal dialogo dell'amore divino; possibilità tragica e però necessaria se si vuol prendere sul serio la libertà che Dio ha dato all'uomo di accettarlo o di rifiutarlo. L'inferno, in quanto possibilità radicale, evidenzia la dignità suprema della vita umana, il valore sommo della vigilanza e la tragicità del male; proprio per questo e in tutto questo evidenzia l'amore del Dio che, creandoci senza di noi, non ci salverà senza di noi. Egli, infatti, che ci ha amati quando ancora eravamo peccatori, rimarrà separato da noi solo se noi ci ostineremo nell'essere separati da lui.

Il *purgatorio* è lo spazio della vigilanza esteso misericordiosamente e misteriosamente al tempo dopo la morte; è un partecipare alla passione di Cristo per l'ultima purificazione che consentirà di entrare con lui nella gloria. La fede nel Dio che ha fatto sua la nostra storia è il vero fondamento del credere a una storia ancora possibile al di là della morte, per chi non è cresciuto quanto avrebbe potuto e dovuto nella conoscenza di Gesù. L'anticipazione di tale spazio è il tempo dedicato alla cura della finezza dello spirito che si nutre di sobrietà, distacco, onestà intellettuale, frequenti esami di coscienza, trasparenza del cuore, unificazione della vita sotto la regia della sapienza evangelica: come pure dell'ascesi e della purificazione necessarie per fortificarci nella tentazione, sciogliercі dall'inerzia delle nostre colpe e liberarci dall'opacità delle nostre abitudini cattive.

Il *paradiso* è l'essere eternamente col Signore, nella beatitudine dell'amore senza fine: «Oggi sarai *con me* nel paradiso» (Lc 23,43). La parola del Crocifisso al ladrone pentito è la rivelazione di ciò che il paradiso è: un "essere con Cristo", un vivere eternamente in lui il dialogo dell'amore col Padre nello Spirito Santo. Questa relazione con il Signore, di una ricchezza per noi inimmaginabile, è il principio essenziale, il fondamento stesso di ogni beatitudine dell'esistere. La vigilanza si esercita nell'anticipazione della gioia dell'incontro con il Signore e nella letizia della comunione fraterna vissuta con tutti coloro che ne condividono il desiderio.

La figura di tale anticipazione è così profonda e delicata da farci comprendere l'importanza della vita contemplativa, pur se la sostanza dell'anticipazione appartiene a ogni vita di fede, sollecitata a diventare esperienza vissuta nella confidenza con il Signore e nella fiducia della sua tenera cura. La spiritualità del Cantico dei cantici – lo insegna una tradizione spirituale costante e sempre rinnovata del cristianesimo – è dunque una dimensione vitale della nostra relazione quotidiana con Dio; è il tempo dell'innamoramento, destinato a consumarsi nell'esuberanza dell'amore, da coltivare, custodire, impreziosire nell'intimità di un dialogo che raggiunge le fibre più sensibili del nostro essere.

La risurrezione della carne

Infine, nella luce della risurrezione di Gesù possiamo intuire qualcosa di ciò che sarà la *risurrezione della carne*. In essa l'essere con Cristo si estenderà ad abbracciare la pienezza della persona e la globalità dell'esperienza umana anche nella sua dimensione corporea, così come la risurrezione del Crocifisso nella carne ha portato nella vita eterna la carne del nostro tempo mortale, fatta propria dal Figlio di Dio. L'anticipazione vigilante della risurrezione finale è in ogni bellezza, in ogni letizia, in ogni profondità della gioia che raggiunge anche il corpo e le cose, condotte alla loro destinazione propria, che è quella delle opere dell'amore.

Non dobbiamo dimenticare che il cristianesimo, con alterne vicende, ha condotto una dura battaglia per respingere l'impulso al disprezzo del corpo e della materia in favore di una malintesa esaltazione dell'anima e dello spirito. L'esaltazione dello spirito nel disprezzo del corpo, come l'esaltazione del corpo nel disprezzo dello spirito, sono di fatto il seme maligno di una divisione dell'uomo che la grazia incoraggia a combattere e a sconfiggere. La vigilanza consiste nell'esercizio quotidiano dei sensi spirituali, ossia degli stessi sentimenti che furono di Gesù, nella coltivazione della sapienza evangelica che unifica l'esperienza e ci consente di apprezzare i legami fini e profondi del corpo con lo spirito. In tal modo possiamo custodire fin d'ora, in attesa che si compia la promessa della risurrezione della carne, il piacere della libertà del corpo da tutto ciò che è falso e ottuso, laido e volgare, avido e violento.

La fede nella risurrezione finale ci aiuta quindi a valorizzare e amare il tempo presente e la terra. La vigilanza cristiana, illuminata dall'orizzonte ultimo, non è fuga dal mondo, bensì capacità di vivere la fedeltà alla terra e al tempo presente nella fedeltà al cielo e al mondo che deve venire. Nella luce della Pasqua, i novissimi – morte, giudizio, inferno, purgatorio, paradiso e risurrezione finale della carne – sono tutte forme dell'essere con Cristo, che è promesso e donato all'abitatore del tempo e si configura a seconda del rapporto che, nella vigilanza o nel rifiuto, si stabilisce tra ogni persona umana e il Signore Gesù.

30

IL MESSAGGIO DEL RISORTO

Le apparizioni di Gesù

Se consideriamo le tre letture proclamate nel solennissimo giorno di Pasqua (At 1,1-8; 1 Cor 15,3-10; Gv 20,11-18), ci accorgiamo come vengono raccontati gli incontri di Gesù con diverse persone, in diversi tempi.

Gesù apparve ai suoi «per quaranta giorni parlando del Regno di Dio», dice Luca negli Atti. E san Paolo scrive che Gesù «apparve a Cefa e quindi ai Dodici. In seguito apparve a più di cinquecento fratelli in una sola volta [...]. Inoltre apparve a Giacomo» e poi allo stesso Paolo. L'evangelista Giovanni racconta l'apparizione di Gesù a Maria di Magdala.

Il Risorto dunque appare *ricostituendo* una serie di rapporti: con singole persone, con gruppi, con la folla, per donare a tutti quella forza della risurrezione che egli vive e che è il punto cruciale della storia; Gesù ha raggiunto questo punto nella sua unità gloriosa con il Padre, per poi diffonderla intorno a sé.

E tra le persone che Gesù incontra ci siamo anche noi, perché ciascuno di noi viene incontrato da lui come singolo, come gruppo e nell'ambito della comunità ecclesiale.

Il Risorto ci chiama per nome

Tra i tanti incontri del Risorto, Giovanni ce ne descrive uno più a lungo: quello, appunto, con Maria di Magdala, il primo incontro, dove Maria rappresenta la ricerca di ciascuno di noi verso Gesù risorto e Signore, la ricerca verso un senso compiuto e definitivo della vita, la ricerca verso un'amicizia che non tramonta, verso una pienezza di Dio che sola è capace di riempire il cuore.

E ciascuno di noi, come Maria di Magdala, per poco che si lasci prendere dall'ansia di tale ricerca, giunge al pianto, alla ricerca affannosa di segni di speranza, di segni della presenza di Dio; ricerca tanto più ansiosa, quanto più i segni sembrano deludere, quanto più ci sembra di incontrare solo silenzio dall'altra parte.

Tuttavia, il Vangelo ci mostra come la ricerca di Maria di Magdala sia sbagliata, perché non dà spazio alla novità radicale di Dio, che è vittoria sulla morte. Ella ricerca Gesù nella tomba, cioè nell'ambito delle cose mondane, dell'esperienza quotidiana cui è abituata; non permette che Dio le venga incontro dal di fuori di tale esperienza, al di là e al di sopra di essa, inserendovisi dentro, con piena naturalezza, ma con una forza che supera tutte le esperienze quotidiane.

Gesù risorto si manifesta a Maria con una presenza discreta, che è un appello di libertà: la *chiama per nome* – «Maria!» –, cosicché ella possa sentirsi interiormente appellata. E Maria, che con gli occhi non l'aveva riconosciuto, lo riconosce dalla voce, perché la voce esprime meglio l'interiorità.

Dunque, è nell'interiorità che noi possiamo oggi ascoltare e scoprire come Dio ci ama; è dentro di noi che possiamo sentirci chiamati e restituiti alla nostra identità profonda, alla nostra vocazione di figli. Quando la voce di Gesù risorto ci scuote, allora anche gli occhi si aprono e possiamo dire con Maria di Magdala: «Ho visto il Signore» e ora so che c'è per me una via da percorrere, una via lungo la quale amare Gesù e i fratelli come lui li ha amati.

Nella ricerca di questa donna cogliamo, perciò, la nostra ricerca, le nostre fatiche, e pure le nostre gioie improvvise, i nostri entusiasmi, allorché sentiamo che la voce di Gesù possiamo riascoltarla dentro e che essa concorda con quanto ci dicono le voci della Chiesa, della fede, della storia.

In questi momenti di luce, di gioia, di illuminazione interiore, noi comprendiamo che la risurrezione di Cristo ci rivela il senso della storia umana, di tutti gli eventi quotidiani; ci rivela la direzione di tutta la realtà, tesa verso la vita, verso la pienezza di espressione della nostra libertà. Comprendiamo che in Gesù risorto viene glorificato un frammento di corporeità, di storia, di cosmo e che questo è l'inizio di un'umanità nuova, è il destino dell'umanità.

È infatti a partire dalla Pasqua che incomincia il tempo della crescita del Regno, del lavoro comune tra la libertà umana e lo Spirito di Cristo, per abbracciare l'universo intero.

Un annuncio di grande speranza

Oggi dunque, riproponendo il grido della Pasqua, la Chiesa rivolge al mondo un *annuncio di speranza.* Ogni uomo, ogni donna di questa terra può vedere il Risorto, se acconsente a cercarlo e a lasciarsi cercare. L'evangelista Giovanni ci fa sapere che la prima creatura a scoprire i segni del Risorto è una donna piena di sensibilità, di affetto, di tenerezza. Tuttavia, Gesù si rivela anche a gruppi di persone, addirittura a cinquecento fratelli in una sola volta; gente cioè dai temperamenti disparati, dai cammini diversi, gente in situazioni morali differenti. Il Crocifisso risorto, Figlio unico del Padre, dona la risurrezione a tutta questa massa umana, ai fratelli e alle sorelle di ogni tempo e di ogni razza. La risurrezione segna quindi il passaggio mediante il quale noi rivediamo il nostro modo ristretto di concepire Dio, ci convertiamo dalla tristezza e dalla meschinità a una visione larga dell'universo, aperta sull'eternità.

In questo grido della risurrezione, nel nostro credere alla risurrezione, siamo invitati a cambiare vita, a cambiare modo di pensare e di vedere. Dobbiamo accettare che l'amore di Dio dissolve la paura, che la grazia rimette il peccato, che l'iniziativa di Dio viene prima di ogni nostro sforzo e ci rianima, ci rimette in piedi da ogni nostra caduta.

Questo annuncio di speranza riguarda tutti, tocca i singoli, le comunità, le società. Non ci deve essere oggi in noi la diffidenza, la tristezza, lo scoraggiamento, ma la disponibilità a dare spazio a quella speranza incredibile e pur vera che nasce dalla risurrezione di Gesù, dal messaggio che Dio è Padre, che dà la vita a tutti noi suoi figli e che nessuno è escluso da tale dono straordinario.

O Gesù, tu che sei risorto, dona a ciascuno di noi di comprendere che tu sei l'oggetto ultimo, vero, dei nostri desideri e della nostra ricerca. Facci capire che cosa c'è al fondo dei nostri problemi, che cosa c'è dentro le realtà che ci danno sofferenza. Aiutaci a vedere che noi cerchiamo te, pienezza della vita; cerchiamo te, pace vera; cerchiamo una persona che sei tu Figlio del Padre, per essere noi stessi figli fiduciosi e sereni. Mostrati a noi anche oggi in questa eucaristia, o Gesù risorto, perché possiamo ascoltare la tua voce che ci chiama per nome, perché ci lasciamo attirare da te, entrando così nella vita trinitaria dove sei col Padre l'unico Figlio, nella pienezza dello Spirito.

Il frutto di questa Pasqua sia la pienezza della gioia e della fiducia in Cristo risorto che ci rende figli del Padre e ci apre alla potenza rinnovatrice dello Spirito Santo.

31

UN INCONTRO COL SIGNORE RISORTO

Imparare a sperare

Il racconto dell'apparizione di Gesù ad alcuni discepoli dopo la pesca infruttuosa sul lago, nel suo svolgimento narrativo, condensa i temi principali della storia della salvezza.

L'avvio del racconto è una suggestiva descrizione della condizione umana. Sta sullo sfondo il buio della notte, che trapassa nella luce mattutina. Ma è una luce ancora incerta, che non permette una visione nitida delle cose. In consonanza con questa situazione ambientale è la situazione spirituale dei discepoli. Partono col piglio ardito e sicuro, espresso nella proposta di Pietro: «Io vado a pescare» (Gv 21,3).

Ma non prendono nulla. Toccano con mano che non c'è un'identità piena e certa tra i beni intesi dall'uomo e i beni effettivamente raggiunti. Nella ricerca della felicità e della gioia, la libertà umana deve fare i conti anche con fattori a essa estranei. Deve mettere in programma anche l'attesa, la pazienza, l'insuccesso. Deve imparare a sperare, a chiedere, ad accogliere.

Quello che i discepoli hanno cercato invano con la fatica infruttuosa della notte, viene loro concesso miracolosamente da Gesù. Egli colma lo scarto che separa il desiderio umano dal suo oggetto. Il gesto miracoloso provoca i discepoli a chiedersi chi è il misterioso personaggio apparso sulla riva del lago. Ma il miracolo suscita un cammino di fede: il cammino che il discepolo prediletto compie con i rapidi passi del cuore e che è percorso da Pietro, a nuoto, tra le onde del lago.

Il punto cruciale di questo cammino sta nel riconoscere che il Gesù risorto, che compie i desideri dell'uomo, è ancora il Gesù crocifisso, che ha affidato al Padre il compimento dei propri desideri. Ha uniformato la propria volontà alla volontà del Padre. Ha accettato di perdere la propria vita sulla croce, per compiere la missione di proclamare all'uomo peccatore e separato da Dio che il Padre non lo abbandona al fallimento, non lo rifiuta anche se è rifiutato; anzi gli dona il proprio Figlio, per mostrare che neppure il peccato impedisce a Dio di amare l'uomo e di attirarlo a sé in un gesto di perdono, che vince il peccato e la morte.

Tutto questo è implicitamente contenuto nel grido del discepolo prediletto, che rompe il silenzio del mattino: «È il Signore» (Gv 21,7). Questa espressione, infatti, rievoca le professioni di fede della Chiesa primitiva. Gesù, che si è umiliato nella morte, in obbedienza al Padre e per amore degli uomini, è stato glorificato dal Padre ed è stato proclamato Signore, cioè colui che reca pienamente in sé la forza d'amore e di salvezza che è propria di Dio stesso.

Gesù manifesta la sua capacità e volontà di comunicare agli uomini l'amore salvifico del Padre anche attraverso un gesto simbolico. Egli mangia con i discepoli.

L'umile, quotidiano gesto del mangiare è ricco di potenzialità espressive. Può prestarsi a esprimere la comunicazione di beni sempre più grandi e misteriosi, che approfondiscono il bene fisico del cibo e il bene psicologico della conversazione, scambiati durante il pasto comune.

Gesù assume questo gesto umano e lo carica di prodigiose potenzialità. Il pasto descritto nel cap. 21 di Giovanni non risulta essere un convito propriamente eucaristico. Rievoca però il convito di Jahvè col popolo degli ultimi tempi, annunciato nell'Antico Testamento. Si ricollega ai conviti messianici fatti da Gesù con i discepoli o con le folle. Allude all'ultima cena o ad altri conviti di Gesù risorto, che hanno caratteri più propriamente e chiaramente eucaristici e comportano quindi il trapasso del generico simbolismo conviviale nella reale comunione col Signore, che si rende presente trasformando il pane e il vino nella vita e misteriosa realtà del corpo donato e del sangue versato.

La missione dell'uomo nella grande opera di Dio

Questa comunicazione d'amore attrae gli uomini a Cristo e costituisce la comunità di coloro che corrispondono all'amore di Cristo. Nel dialogo che Gesù fa con Pietro dopo aver mangiato, si allude alla doppia modalità secondo la quale Gesù è il centro della comunità cristiana. Fondamentale è la modalità interiore: la Chiesa è la comunità di coloro che mettono Cristo al centro del loro amore, come fa Pietro con la triplice, sofferta, appassionata professione di amore. Ma c'è anche una modalità esteriore, visibile, istituzionale: i ministeri pastorali provengono direttamente da Gesù e vengono svolti nel suo nome e con la sua autorità, come appare dall'incarico di pascere il gregge, che Gesù affida a Pietro.

I compiti ecclesiali, per il profondo rapporto che hanno con Cristo stesso, sono animati dallo stesso dinamismo di amorosa obbedienza al Padre, che ha ispirato tutta la vita di Gesù e, in particolare, il sacrificio pasquale. Proprio per questo diventano un servizio per i fratelli, una missione verso gli uomini. Sono una testimonianza. Il cap. 21 di Giovanni ricorda la testimonianza di Pietro, che si suggellerà con il martirio, e la testimonianza del discepolo prediletto, che si attuerà nel proclamare con le parole e con gli scritti evangelici i fatti riguardanti Gesù. In tutti e due i tipi di testimonianza è sottolineata la totale disponibilità: Pietro dovrà lasciarsi cingere e portare dagli altri e il discepolo prediletto dovrà accettare di fare quello che il Signore vorrà.

Si ritorna in qualche modo all'impotenza umana descritta nella pesca infruttuosa, da cui l'episodio aveva preso l'avvio. Ma là era un'impotenza subita con rassegnazione o con disperazione. Qui è un'impotenza capita e accettata come segno di obbedienza e di amore. Nella debolezza dell'uomo si rivela la potenza di Dio. Rinunciando ai nostri progetti, il discepolo di Cristo testimonia il progetto del Padre. La sua missione nel mondo consiste appunto nel proclamare agli uomini che le loro opere hanno senso e pienezza solo nella grande opera di Dio.

32

LA GLORIA DI DIO NELLA VITA

L'itinerario sacramentale

La Pasqua di Gesù è l'evento in cui ha il suo culmine il grande itinerario educativo di Dio nei confronti dell'uomo.

Attraverso la profonda compassione della croce, nella quale il Figlio incarnato si consegna alla morte accettando di essere fatto peccato e maledizione per noi (2Cor 5,21; Gal 3,13), il Dio lontano si fa vicino ai senza Dio e ai maledetti da Dio. Assumendo la loro lontananza per abbattere il muro dell'inimicizia e rendere vicini i lontani (Ef 2,11-22).

La riconciliazione pasquale, che si compie nell'evento della risurrezione del Crocifisso e dell'effusione dello Spirito su ogni carne, ricolma i lontani, a cui il Figlio si è fatto prossimo nel nascondimento della passione, della luce e della forza della vita nuova veniente dall'alto. Attraverso la vicenda pasquale Dio Padre "porta fuori" i peccatori dalla loro condizione di separazione e di morte, li "e-duca" conducendoli verso i pascoli della vita mediante l'illuminazione del Risorto («Svegliati, tu che dormi, destati dai morti, e Cristo ti illuminerà!», Ef 5,14) e l'effusione della carità per mezzo dello Spirito (Rm 5,5).

La Pasqua è la rivelazione e l'esperienza più alta dell'azione educativa di Dio, che libera il suo popolo e lo riconcilia con sé. In essa si manifesta il "mistero", cioè il disegno divino di salvezza che viene realizzandosi nel tempo, la pedagogia divina che porta l'uomo a partecipare della vita di amore del Padre, del Figlio e dello Spirito Santo.

Nel mondo dei Padri latini il termine biblico paolino di «mistero» è stato reso con *sacramento*: il significato è il medesimo, quello, si potrebbe dire, della gloria di Dio che nel contempo si nasconde e si comunica sotto i segni della storia. In questo senso i Padri parlavano del Cristo come del grande sacramento di Dio: la sua umanità, la sua storia terrena è il luogo della presenza riconciliatrice di Dio («Dio era in Cristo riconciliante il mondo a sé», 2Cor 5,19). E poiché il Cristo grazie all'azione attualizzante dello Spirito, che si esercita sommamente negli eventi sacramentali, si fa presente sotto i segni della vita ecclesiale, la Chiesa stessa è pensata dai Padri come il "sacramento" di Cristo.

«Cristo sacramento di Dio: la Chiesa sacramento di Cristo». Questa totale sacramentalità della Chiesa, questo suo essere nella storia il segno e lo strumento privilegiato dell'economia e pedagogia salvifica di Dio rilevata e donata in Gesù Cristo, si esprime e viene a realizzarsi negli *eventi sacramentali*, segni visibili della grazia invisibile, che attraverso di essi efficacemente si comunica; atti in cui si compie di fatto la fedeltà dell'Eterno alla sua promessa.

Proprio perché radicati nella sacramentalità totale di Cristo partecipata nella Chiesa, i sacramenti non vanno presi isolatamente, ma all'interno di una globale dispensazione di grazia, di una "economia" totale, che ne evidenzi le profonde, reciproche connessioni e il comune radicamento nel mistero pasquale del Signore Gesù. Come Cristo è il sacramento di Dio e analogamente la Chiesa è sacramento di Cristo, così i singoli atti sacramentali e l'insieme dell'economia sacramentale sono il sacramento della Chiesa, corpo di Cristo e tempio del suo Spirito.

In ciascuno di essi Cristo stesso e la grazia della sua riconciliazione pasquale raggiungono situazioni e bisogni concreti e innestano la persona, che è in quelle situazioni e vive quei bisogni, nel mistero del Cristo via, verità e vita, capo della Chiesa.

L'economia sacramentale viene così a costituire per eccellenza l'attualizzazione *dell'itinerario educativo* che Dio ha fatto culminare nella Pasqua del Figlio suo: e i singoli sacramenti, così come sono stati definiti dal Magistero ecclesiale, si offrono come la ripresentazione del mistero pasquale del Signore nelle varie tappe in cui si scandisce la storia dell'uomo pellegrino in questo mondo.

Come l'itinerario educativo naturale della persona umana comprende un inizio fondante (la nascita), una meta (la maturità vissuta nella comunione con gli altri), e delle tappe (superamento della resistenza e della caduta, decisioni esistenziali fondamentali, esperienza della finitudine e della morte), così, con una certa analogia, l'itinerario educativo pasquale, che il Padre realizza per Cristo nello Spirito a beneficio di ogni uomo che crede, si compie nell'economia sacramentale attraverso un *inizio fondante* (il battesimo), una *meta (l'eucaristia)* e delle *tappe*.

Dall'inizio *fondante* dipende tutto il resto. Esso ci fa figli di Dio Padre, fratelli di Gesù Cristo, tempio dello Spirito Santo, eredi della vita eterna, capaci di un cammino spirituale nel senso di una compiuta figliolanza. Tutta la vita cristiana porta a maturazione ciò che è seminato nel battesimo.

L'eucaristia costituisce il culmine della vita cristiana ed ecclesiale: essa fa vivere la pienezza di comunione nella quale si situa la maturità personale, alla quale è orientata radicalmente la grazia del battesimo. Da questa maturità personale scaturisce il bisogno e la spinta verso una maturità comunionale sempre più grande tra tutti i redenti, anticipo e figura della patria eterna.

Le *tappe* dell'esistenza redenta comprendono il continuo superamento delle resistenze insite nella finitudine e nella peccaminosità dell'uomo attraverso un itinerario penitenziale permanente, di cui è segno e strumento la *riconciliazione*; e l'insieme delle decisioni esistenziali e fondamentali; che vanno dalla consapevole e matura adesione alla condizione di discepoli di Cristo nell'evento sacramentale della *confermazione*, alle decisioni più propriamente "situate", cioè del seguirlo nella vita del *ministero ordinato* per ripresentare in se stessi Cristo capo del corpo ecclesiale, segno e servo dell'unità, o in quella del sacramento del *matrimonio*, figura dell'unione tra Cristo e la Chiesa, o in quella della *consacrazione a Dio* con cuore indiviso, che non richiede un particolare segno sacramentale, perché è semplicemente un'espressione radicale dell'appartenenza battesimale ed eucaristica al Dio vivo.

Infine, l'esperienza – che si manifesta nella malattia e di fronte alla morte – della finitudine fisica e psicologica è raggiunta e vivificata dal mistero pasquale attraverso il sacramento dell'*unzione*, che attualizza la vittoria pasquale di Cristo nel gemito del cuore umano dolente.

Da queste brevi annotazioni emerge come l'economia sacramentale, vissuta in pienezza e con opportuni programmi di coscientizzazione, sia la forma più densa e globale che la Chiesa ci offre per entrare nell'itinerario salvifico educativo, da Dio donato al suo popolo nella Pasqua del Signore Gesù.

Con quanta maggiore maturità e consapevolezza i sacramenti saranno vissuti, con tanta maggiore intensità ed efficacia cresceranno la comunità ecclesiale e ogni persona in essa, secondo il progetto della pedagogia dell'amore divino.

Parola e sacramento

Quale posto occupa la Parola nell'insieme dell'economia sacramentale così descritta?

Nella visione biblico-patristica la Parola e il sacramento sono indissolubilmente congiunti: essi sono due momenti di un unico processo, l'unico farsi presente del Signore Gesù nella forma della parola (la Parola si offre attraverso le parole della rivelazione) e in quella del gesto comunicativo della vita che viene dall'alto.

È Cristo operante nel suo Spirito la radice profonda che unifica la Parola e il sacramento. È lui, secondo una bella immagine dei Padri, l'unico sole che illumina dei suoi raggi la luna che è la Chiesa: luna nascente, nella proclamazione della Parola; luna piena, nella celebrazione del mistero in cui Parola e gesto sacramentale formano un tutt'uno; luna calante, nella Parola detta attraverso il silenzio eloquente del dare la vita per amore.

Nell'unica dispensazione del dono di Dio si comunica l'unità del mistero proclamato, celebrato e vissuto: la Parola si offre come il sacramento udibile, e il sacramento come la Parola visibile. L'itinerario educativo che Dio compie per il suo popolo nel mistero pasquale si ripresenta così nell'economia sacramentale, che abbraccia in ogni momento Parola e sacramento, nella loro inscindibile unità. La Parola proclama e "dice" il sacramento; il sacramento "compie" e realizza la Parola.

La vita teologale del cristiano

Dalla comunione con la Trinità, originata dal battesimo, nasce la vita teologale (fede, speranza e carità) che è la suprema moralità del cristiano; da essa ricevono ispirazione, motivazione, guida e sostentamento le virtù dette cardinali o anche morali (prudenza, giustizia, fortezza, temperanza).

L'evento battesimale immette la creatura nella comunione della Trinità santa, innestandola a tal punto nella pienezza divina, che tutto lo sviluppo della vita cristiana può essere inteso come un'esplicitazione di ciò che nel battesimo è dato e nell'eucaristia è pienamente manifestato: figlio nel Figlio Unigenito del Padre!

«Diventa ciò che sei!» è allora il compendio in forma di precetto di tutto ciò che l'itinerario educativo dell'esistenza redenta deve realizzare. La comunione in cui il battesimo immerge si esprime anzitutto nella vita teologale, che sviluppa il peculiare rapporto del cristiano a ciascuna delle divine Persone, nel cui "nome" egli è stato battezzato: è così che la carità si offre come icona del Padre, principio senza principio dell'amore eterno, pura sorgività e gratuità d'amore; la fede come forma del Figlio, che è l'Amato, il puramente accogliente, colui che ci insegna come il ricevere non sia meno divino del donare, e la gratitudine non meno partecipativa del mistero santo della gratuità; la speranza, infine, si rivela icona dello Spirito, che non solo unisce il tempo e l'eterno, ma apre il cuore dei credenti alle sorprese di Dio. Il cristiano come figlio credente, speranzoso e innamorato è allora la vivente e densa immagine del suo Dio Trinità d'amore.

Se la vita teologale è l'impronta dell'eternità nel tempo, l'icona del dinamismo eterno dell'amore nelle opere e nei giorni dell'uomo, la vita etica nel suo svolgersi quotidiano in mezzo agli altri uomini, compendiata nelle virtù cardinali della fortezza, giustizia, prudenza e temperanza, è l'espressione della piena maturità umana che la vita teologale è capace di produrre, quasi temporalità che si fa anticipo d'eterno. Grazie a queste virtù, il credente-speranzoso-innamorato di Dio inserisce in maniera adulta ed equilibrata la propria vita nel divenire del tempo: la fortezza lo aiuta a superare la paura, che chiude al futuro; la giustizia gli fa vincere l'evasione e la fuga dal concreto, rendendolo capace di dare a ciascuna situazione e persona ciò che è giusto e buono che le venga dato; la prudenza e la temperanza liberano dall'impazienza, dalla fretta e dai condizionamenti negativi dei desideri sregolati. Permettono così un orientamento autentico verso il bene. Grazie alle virtù cardinali l'esistenza redenta, che partecipa della vita eterna mediante le virtù teologali, vive pienamente la sua inserzione nel tempo, senza fughe in avanti, senza ritorni all'indietro, senza stasi paralizzanti.

Nell'itinerario educativo del battezzato, la fede, la speranza e la carità rappresentano dunque la comunione divina da esplicitare fino alla pienezza dell'uomo interiore, mentre la fortezza, la giustizia, la prudenza e la temperanza vengono a significare la verità umana, l'autenticità storico-mondana in cui questa esplicitazione deve compiersi.

È per questo che senza virtù teologali non ci sarebbe vita cristiana, ma senza virtù cardinali l'esistenza redenta non sarebbe veramente umanizzante secondo il disegno di Dio e la dispensazione storica della salvezza che viene da lui.

ELENCO DELLE FONTI

1. Da: *Il sogno di Giacobbe*, Piemme, Casale Monferrato 1989.
2. Da: *«È il Signore!» (Gv 21,7)*, a cura della Federazione italiana esercizi spirituali, Cooperativa In dialogo, Milano 1983.
3. Da: *Avete perseverato con me nelle mie prove*, Centro Ambrosiano-Piemme, Milano-Casale Monferrato 1990.
4. Da: *Il sogno di Giacobbe*, cit.
5. Da: *«È il Signore!»*, cit.
6. Da: *Ripartiamo da Dio!*, Centro Ambrosiano, Milano 1995.
7. Da: *Preghiera e conversione intellettuale*, Centro Ambrosiano-Piemme, Milano 1992.
8. Da: *Cammino di riconciliazione*, Edb, Bologna 1984.
9. Da: *Avete perseverato con me nelle mie prove*, cit.
10. Da: *Avete perseverato con me nelle mie prove*, cit.
11. Da: *«È il Signore!»*, cit.
12. Da: *«È il Signore!»*, cit.
13. Da: *Sto alla porta*, Centro Ambrosiano, Milano 1992 (cit. da *Parola alla Chiesa, parola alla città*, Edb, Bologna 2002).
14. Da: *In principio la Parola*, ElleDiCi, Torino 1981, (cit. da *Parola alla Chiesa...*, cit.).
15. Da: *Preghiera e conversione intellettuale*, cit.
16. Da: *Aprite le porte a Cristo amore*, Cooperativa In dialogo, Milano 1984.

17. Da: *Perché il sale non perda sapore*, Edb-Centro Ambrosiano, Bologna-Milano 2003.
18. Da: «*Attirerò tutti a me*», Centro Ambrosiano, Milano 1982 (cit. da *Parola alla Chiesa, parola alla città*, Edb, Bologna 2002).
19. Da: *Perché il sale...*, cit.
20. Da: *Quale bellezza salverà il mondo?*, (cit. da *Parola alla Chiesa...*, cit.).
21. Da: *Avete perseverato con me nelle mie prove*, Centro Ambrosiano-Piemme, Milano-Casale Monferrato 1990.
22. Da: *Itinerario di preghiera con l'evangelista Luca*, Paoline, Milano 1987.
23. Da: *I racconti della Passione*, Morcelliana, Brescia 1994.
24. Da: *Itinerario...*, cit.
25. Da: *Perché il sale...*, cit.
26. Da: *La Madonna del sabato santo*, Centro Ambrosiano, Milano 2000 (cit. da *Parola alla Chiesa...*, cit.).
27. Da: *Perché il sale...*, cit.
28. Da: «*Attirerò tutti a me*», (cit. da *Parola alla Chiesa...*, cit.).
29. Da: *Sto alla porta*, Centro Ambrosiano, Milano 1992 (cit. da *Parola alla Chiesa...*, cit.).
30. Da: *I racconti...*, cit.
31. Da: «*Attirerò tutti a me*», (cit. da *Parola alla Chiesa...*, cit.).
32. Da: *Itinerari educativi*, Centro Ambrosiano, Milano 1988 (cit. da *Parola alla Chiesa...*, cit.).

CRONOLOGIA

1927: 15 febbraio. Nasce a Torino.
1944: 25 settembre. Conseguita la maturità classica, entra nella Compagnia di Gesù, dove compie gli studi di filosofia (all'Aloisianum di Gallarate) e di teologia (alla Facoltà teologica dei padri gesuiti di Chieri).
1952: 13 luglio. Viene ordinato sacerdote a Chieri.
1958: consegue la laurea in teologia fondamentale alla Pontificia Università Gregoriana, con una tesi dal titolo: *Il problema storico della Resurrezione nei teologi recenti.*
1962: pronuncia la solenne professione religiosa (2 febbraio). Inizia gli studi di Sacra Scrittura al Pontificio Istituto Biblico e contemporaneamente insegna teologia a Chieri.
1966: consegue la laurea in Sacra Scrittura al Pontificio Istituto Biblico, con una tesi dal titolo: *Il problema della recensionalità del Codice B alla luce del papiro Bodmer XIV.* Nello stesso anno gli viene assegnata la cattedra di critica testuale.
1969: viene nominato (29 settembre) rettore del Pontificio Istituto Biblico: ruolo che ricopre fino al 1978, quando è chiamato alla guida della Pontificia Università Gregoriana (18 luglio).
1979: 29 dicembre. Viene eletto arcivescovo di Milano.
1980: è consacrato vescovo in San Pietro (6 gennaio). Fa il suo ingresso ufficiale nella diocesi di Milano (10 febbraio).
1983: 2 febbraio. Viene creato cardinale con il titolo di santa Cecilia.
1984-85: presiede il Comitato organizzatore del Convegno ecclesiale di Loreto.
1987-93: presiede il Consiglio delle Conferenze episcopali europee.
1993: convoca (4 novembre) il 47° Sinodo diocesano di Milano, che si chiude il 1° febbraio 1995.

1995: 1° febbraio. Presenta le dimissioni al Papa, che vengono però respinte.
2002: 15 febbraio. Al compimento dei 75 anni, in conformità al Codice di diritto canonico, presenta le dimissioni. 11 luglio. Viene nominato il suo successore, il card. Dionigi Tettamanzi, che prenderà possesso dell'arcidiocesi il 14 settembre facendovi ingresso il 29 dello stesso mese.
2003: si stabilisce a Gerusalemme, conducendo vita di preghiera e di studio.
2007: 15 febbraio. Compie ottant'anni.
2008: Per ragioni di salute rientra in Italia da Gerusalemme, stabilendosi all'Aloisianum di Gallarate.

NOTA BIBLIOGRAFICA

Edizioni

Le edizioni in commercio degli scritti del card. Martini continuano ad essere particolarmente numerose: al 31 dicembre 2008 risultavano ben 220 edizioni recanti il suo nome. Per una dettagliata «Bibliografia generale» (fino al 2004), si rimanda al saggio di Damiano Modena, *Carlo Maria Martini. Custode del Mistero nel cuore della storia*, Milano, Paoline, 2005, pp. 329-374. Dal 2005 al 2008 sono uscite altre 34 edizioni.

Saggi

Un'analisi sistematica dal punto di vista teologico, ma ricco di riflessioni e spunti anche su altri fronti è il saggio citato di Damiano Modena, base di partenza per ogni studio. Fra le monografie vanno però almeno segnalati i due volumi di Marco Garzonio, *Cardinale a Milano in un mondo che cambia* (Milano, Rizzoli, 1985) e *Carlo Maria Martini* (Cinisello Balsamo, San Paolo, 1993). Più recenti i contributi di Paolo Sartor, *Martini. L'avventura del predicare* (Milano, Centro Ambrosiano, 2005) e Giovanni Bianchi, *Martini "politico" e la laicità dei cristiani* (Milano, San Paolo, 2007). Molto utili anche le prefazioni ai volumi annuali editi dalla Edb; il saggio-antologia della Caritas ambrosiana, *Ripartire dagli ultimi* (Milano, Ancora, 1984); l'intervista di Alain Elkann pubblicata in *Cambiare il cuore* (Milano, Bompiani, 1993) e di Silvia Giacomoni nell'antologia *L'ira di Dio e altri scritti (1962-1994)* (Milano, TEA, 1997^2); le testimonianze di varie personalità raccolte nel volume fotografico *Carlo M. Martini da 15 anni sulla cattedra di Ambrogio* (Cinisello Balsamo, San Paolo, 1995). Sullo stile letterario, si veda il paragrafo *Martini: la pregnanza della sobrietà* (pp. 334-338) del contributo di Giuliano Vigini, *Lo sti-*

le letterario degli arcivescovi di Milano da Schuster a Martini, in *Studi in onore di mons. Angelo Majo per il suo 70° compleanno*, a cura di Fausto Ruggeri, Milano, NED, 1996, pp. 313-338. Da segnalare inoltre il supplemento al n. 3/marzo 1997 di «Il Segno» dedicato a Martini per i suoi settant'anni.

INDICE

Stampa 2009
Litopres - Druento (TO)
Printed in Italy